Segel-Lehrplan 6

Deutscher Segler-Verband

Toni Bäurle
Roland Denk
Gerd Keglmaier

Segelsurfschein mit Grundschein

BLV Verlagsgesellschaft München Wien Zürich

Fachredaktion: Roland Denk

Bildnachweis

Alle Fotos Dieter Birkner außer:
Archivfoto Akutec S. 62, 73
Roland Denk S. 107
Bruno Herdt, Archivfoto Klepper S. 117
Friedrich Krügler S. 83
Archivfoto Mistral S. 1
Archivfoto Nico-Pyrotechnik S. 46
Sigi Pertramer S. 70, 95, 101, 124
Archivfoto Ufer S. 61

Grafiken: Egon Quitta

Ausschnitte aus dem Nordsee-Handbuch und aus dem »Tidenkalender« 1980 werden mit freundlicher Genehmigung des Deutschen Hydrographischen Instituts wiedergegeben.

CIP-Kurztitelaufnahme der Deutschen Bibliothek

Segel-Lehrplan / Dt. Segler-Verb. – München; Wien; Zürich: BLV Verlagsgesellschaft
Teilw. mit d. Erscheinungsorten München, Bern, Wien

NE: Deutscher Segler-Verband

6. → Bäurle, Toni: Segelsurfschein mit Grundschein

Bäurle, Toni:
Segelsurfschein mit Grundschein / Toni Bäurle; Roland Denk; Gerd Keglmaier. – München; Wien; Zürich: BLV Verlagsgesellschaft, 1984.
(Segel-Lehrplan; 6)
ISBN 3-405-12281-3

NE: Denk, Roland:; Keglmaier, Gerd:

Gesamtherstellung: Passavia Passau
Printed in Germany · ISBN 3-405-12281-3

Vorwort

Dies ist ein Segelsurf-Lehrbuch für Anfänger und Fortgeschrittene, verfaßt von einem kompetenten und erfahrenen Autorenteam nach den neuesten Erkenntnissen der Segelsurf-Lehrweise und -Technik.

Das Buch ist in drei Abschnitte gegliedert:

1. Grundschein
2. Segelsurfschein
3. Ausblick auf die Fortgeschrittenen-Technik.

Im Teil 1 wird Schritt für Schritt die ganze Segelsurf-Praxis für den Anfänger behandelt, wobei die einzelnen Bewegungsabläufe detailliert durch Abbildungen und exakte Beschreibungen dargestellt sind. Dieser Teil enthält auch das wichtigste erste Grundwissen, das für einen Anfänger einerseits zum näheren Verständnis, andererseits zum richtigen Verhalten im Hinblick auf die Sicherheit und den Wasserverkehr unumgänglich ist. Das bedeutet, daß dieser Abschnitt das ganze Prüfungswissen für den Grundschein Segelsurfen abdeckt.
Der Teil 2 enthält den Wissensstoff für den fortgeschrittenen und guten Segelsurfer, den er bei intensiver Betätigung in seinem Sport benötigt, der außerdem der Sicherheit dient. Bei diesem Fortgeschrittenen-Wissen (einschließlich der Kenntnisse aus dem Grundschein-Teil) handelt es sich um den gesamten Prüfungsstoff für den Segelsurfschein.
Im Teil 3 wird die Fortgeschrittenen-Praxis (die beim Segelsurfschein nicht geprüft wird) dargestellt. Die Autoren wollen die Anfänger, die ihre Lektionen brav gelernt haben und nun die einfacheren und zunächst mehr Erfolg versprechenden Anfangsmanöver beherrschen, nicht im Stich lassen und ihnen in diesem »Ausblick« zeigen, wie es weitergeht.

Bemerkenswert bei diesem Buchprojekt war die – in dieser Intensität bisher noch nie dagewesene – Zusammenarbeit zwischen Autoren, Verlag und dem Deutschen Segler-Verband. Hierbei ergänzten sich die Anliegen der Partner auf ideale Weise: Einerseits sollte ein qualifiziertes und im Hinblick auf Grundschein und Segelsurfschein maßgeschneidertes Lehrbuch entstehen, an dessen Gelingen auch der DSV interessiert war; andererseits stand gleichzeitig von Seiten des DSV an, den »Lernzielkatalog für den Grundschein Segelsurfen und den Segelsurfschein« einschließlich der Prüfungsfragen und Musterantworten zu durchforsten, neu zu durchdenken und neu zu formulieren, wobei an einer qualifizierten Bearbeitung die Autoren wiederum sehr interessiert waren.
Somit hat sich eine Zusammenarbeit und ideale Ergänzung in folgender Weise ergeben:

1. Die Autoren sind an den DSV (der ja als Herausgeber der ganzen Segel-Lehrplan-Reihe und damit auch dieses Bandes 6 fungiert) herangetreten, der das Manuskript geprüft hat. Wünsche, Anregungen, Tips und Korrekturen von Seiten des DSV wurden dabei aufgegriffen.
2. Der DSV ist an die Autoren herangetreten wegen fachlicher Beratung und Mitarbeit im Hinblick auf Lernzielkatalog und Prüfungsfragen. Das wirkt sich z. B. darin aus, daß ein großer Teil der Prüfungsfragen aus der Feder der Autoren stammt!

Ein Tip noch für Sie als Anfänger oder Fortgeschrittener: Auch wenn Sie kein »Scheinesammler« sind, also auf das Ablegen des Grundscheines und des Segelsurfscheines keinen Wert legen, so beschäftigen Sie sich doch genauer mit dem Inhalt dieses Buches und überprüfen anschließend Ihr Wissen mit Hilfe der beigegebenen Prüfungsfragen. Abgesehen von der Erweiterung Ihres Könnens und Wissensstandes im Segelsurfen dienen Sie Ihrer eigenen Sicherheit und der Sicherheit der anderen, wenn Sie sich als Verkehrsteilnehmer auf dem Wasser bewegen.

Deutscher Segler-Verband
Hamburg, Mai 1984

Inhalt

1. Grundschein

2. Segelsurfschein

1 Segellatten in Lattentaschen
2 Mast in Masttasche
3 Masttopp
4 Gabelbaum
5 Belegklemme
6 Trimmschot
7 Masttampen
8 Vorliekstrecker
9 Aufholleine
10 Gummibändsel
11 Riggsicherungsleine
12 Mastfuß
13 Schwert
14 Finne

1. Grundschein

Grundlagen und Grundfertigkeiten

Das Segelsurfgerät

Brettypen, Einzelteile

Je nach Verwendungszweck und Fahrkönnen lassen sich die verschiedenen Konstruktionen eines Segelsurfbrettes in drei Klassen einteilen:

1. Regattabrett (für den Wettkampfsportler)
2. Allroundboard oder Allroundfunboard
3. Funboard (für den erfahrenen Starkwindsurfer)

Ein 3,50–3,70 m langes Allroundboard oder Allroundfunboard mit flacher Brettunterseite und Klappschwert ist kippstabil und ergibt gute Leichtwindeigenschaften. Dies ist das richtige »Einsteigerbrett«! Eine robuste Außenhaut mit rutschfester Standfläche schützen das Brett vor Beschädigungen und den Lernenden vor Verletzungen (siehe auch bei »Material«, S. 63ff.).
Die rasche Verbreitung des Segelsurfens als Freizeitsport ist nicht zuletzt auf die Einfachheit des Gerätes zurückzuführen.

Auch wenn die Zahl der Einzelteile und ihre Bezeichnungen anfänglich verwirrend erscheint, ist der Zusammenbau schnell und einfach durchführbar.
Die einschlägigen Fachbegriffe eines Segelsurfbrettes sollten zum festen Sprachgebrauch eines Segelsurfers gehören.

Die auffälligsten Teile eines Segelsurfbrettes sind das »Boot«, üblicherweise *Brett* (manchmal auch *Board*) genannt mit *Schwert* und *Finne*, und das *Rigg*, im wesentlichen aus *Segel, Mast, Mastfuß, Gabelbaum* und dem notwendigen Tauwerk (*Schoten* und *Leinen)* bestehend.

Teile eines Segelsurfbrettes.

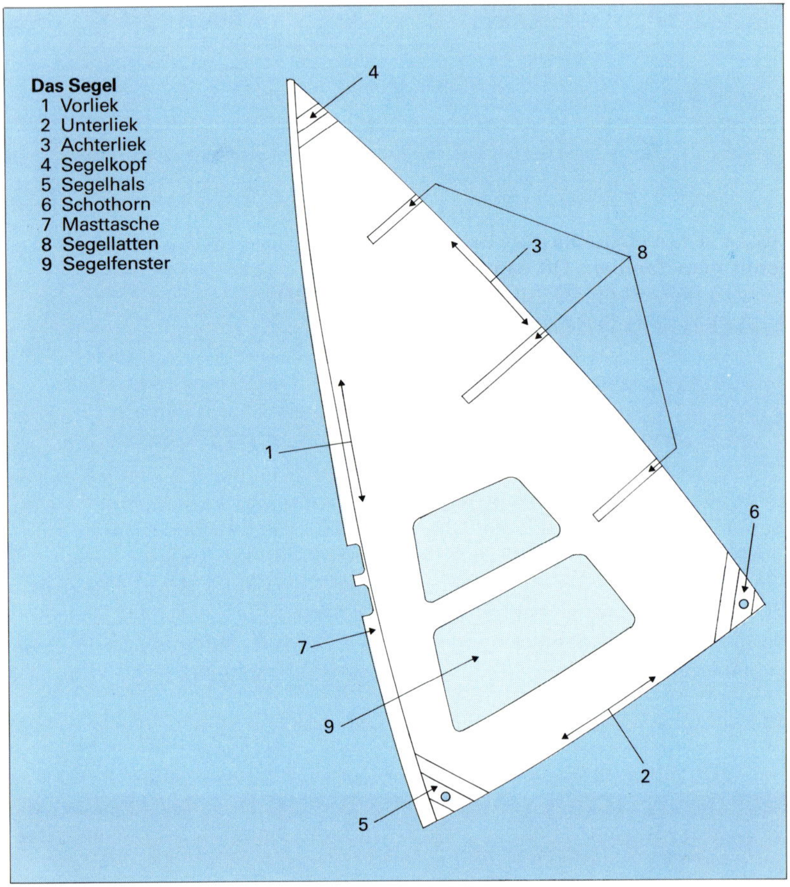

Bezeichnungen am Segel

Lieken: Die 3 Seiten eines Segels = *Vorliek* (vordere Seite), *Unterliek* (untere Seite) und *Achterliek* (hintere Seite).
Segelkopf: Spitze des Segels, manchmal auch *Segeltopp* genannt (entspricht dem Wort Masttopp für Mastspitze).
Segelhals: Untere Ecke des Segels.
Schothorn: Hintere Ecke des Segels.
Lattentaschen: Taschen zur Aufnahme der Segellatten.
Masttasche: Tasche zur Aufnahme des Mastes.
Segelfenster: Durchsichtiger Ausschnitt im Segel (Klarsichtfolie).

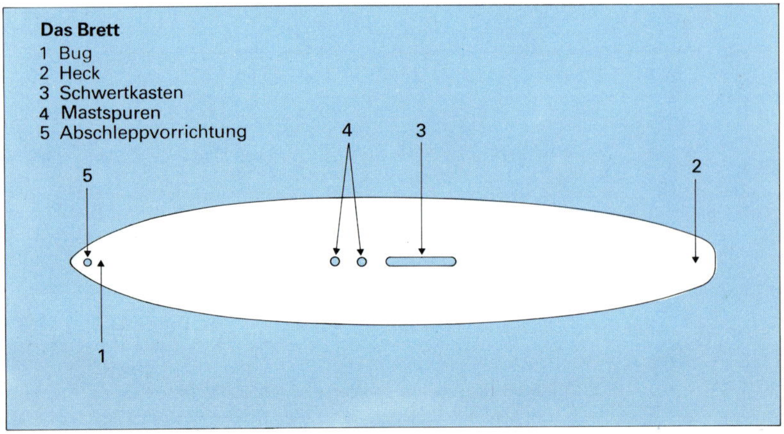

Grundbegriffe am Brett

Bug: Vorderster Teil des Brettes.
Heck: Hinterster Teil des Brettes.
Schwertkasten: Aussparung (Buchse) zur Aufnahme des Schwertes.
Mastspur: Aussparung zur Aufnahme des Mastfußes.
Abschleppvorrichtung: Dient zur Befestigung der Abschlepp- und Riggsicherungsleine.

Die Funktion der Teile von Brett und Rigg:

Schwert: Vermindert die Abdrift und erhöht die Kippstabilität.
Finne: Bewirkt die Richtungsstabilität.
Mastfuß: Ermöglicht Bewegungen des Riggs in alle Richtungen.
Vorliekstrecker: Verbindet Segel und Mastfuß und spannt das Vorliek.
Masttampen: Verbindet den Gabelbaum mit dem Mast.
Segellatten: Verbessern den Stand des Segels am Achterliek.
Gabelbaum: Dient zum Einspannen des Segels und zum Bewegen des Riggs.
Belegklemmen: Halten gespannte Leinen fest.
Riggsicherungsleine: Verhindert, daß sich nach einem Sturz Brett und Rigg trennen.
Aufholleine: Dient zum Aufholen des Riggs.
Trimmschot: Spannt das Segel im Gabelbaum.

Tauwerk und Knoten

Tauwerk

Unter *Tauwerk* versteht man aus Kunst- oder Naturfaser gefertigte *Leinen*. Die Endstücke von Leinen nennt man *Tampen*. Oft sagt man auch zu einem kurzen Stück Leine *Tampen* (z. B. *Masttampen*).Eine dünne Leine heißt auch *Bändsel*. Hergestellt wird das Tauwerk entweder durch Verflechten der einzelnen Fasern *(geflochtenes Tauwerk)* oder durch ein Verdrehen der Fasern gegeneinander *(geschlagenes Tauwerk)*. Beim Surfen wird vorwiegend geflochtenes Tauwerk aus Kunstfasern (Polyamide, Polyester u.ä.), das möglichst vorgedehnt *(vorgereckt)* sein sollte, verwendet.
Es ist unempfindlich gegen Nässe, weist hohe Bruchfestigkeit auf und ist durch Verschmelzen der Tampen leicht vor dem Ausfransen zu sichern *(Takling)*. Während bei Naturfaser diese Sicherung durch eine Umwicklung mittels Takelgarn (= Behelfstakling oder genähter Takling) erfolgen muß, genügt beim Kunstfasertauwerk ein Feuerzeug. Der erhitzte Tampen schmilzt und kann dann mit den Fingern geformt werden (Vorsicht vor verbrannten Fingern!).
Die Tampen sollten nach dem Verschmelzen nicht dicker als die Leine sein, um ein Einfädeln in Klemmen, Öffnungen oder Rollen zu gewährleisten.

Wichtig: Tauwerk aus Kunstfaser weist hohe Festigkeit auf, ist jedoch empfindlich gegen Scheuern an Kanten. Dies ist besonders häufig beim Masttampen der Fall. Ein angescheuerter oder ausgefranster Masttampen sollte umgehend erneuert werden.

Knoten

Bevor mit dem Zusammenbau des Riggs (= *aufriggen*) begonnen werden kann, sind einige seemännische Knoten zu erlernen.
Diese Knoten müssen
1. einfach herzustellen sein,
2. zuverlässig halten bei Belastung,
3. leicht wieder lösbar sein,
4. bestimmte Funktionen erfüllen (halten, sichern, verbinden, klemmen).

Die **Grundelemente** der seemännischen Knoten sind *Bucht*, *Auge* und *Törn*. Bei den Knoten selbst kommen beim Segelsurfen die auf S. 12 dargestellten in Frage.

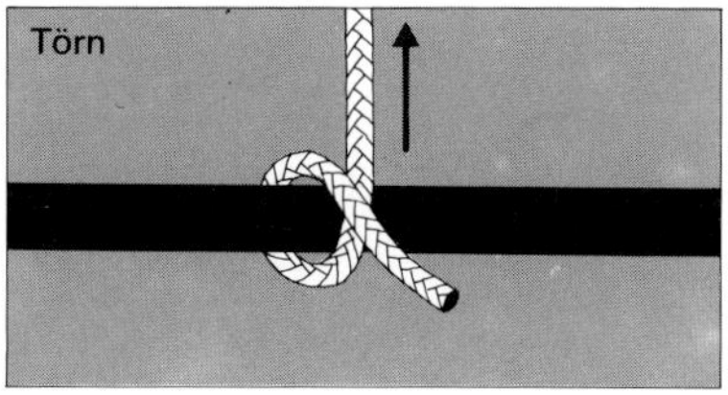

1

2

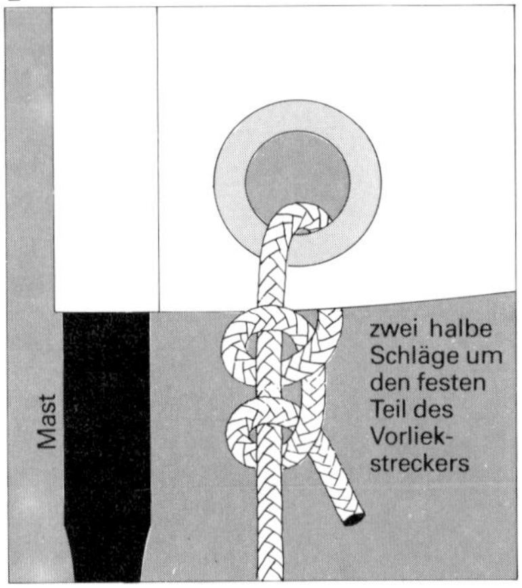

3

4

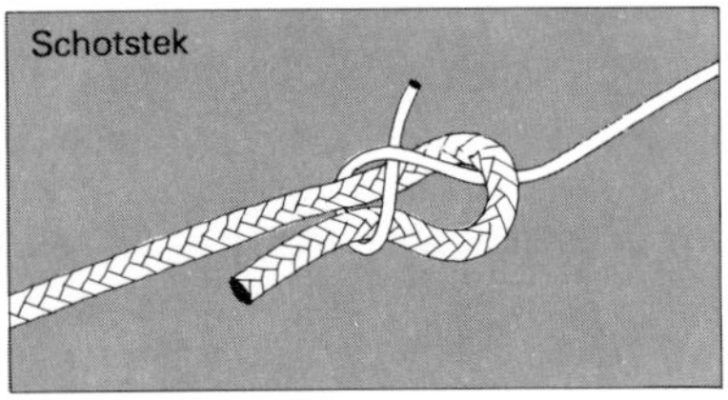

5

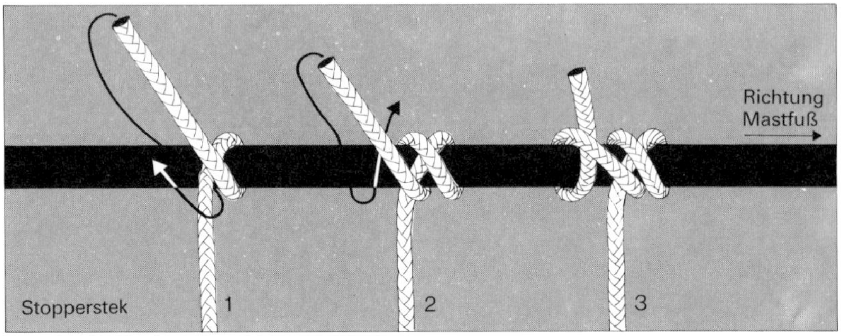

6

1 **Achtknoten:** Er verhindert das Herausrutschen (Ausrauschen) eines Tampens aus einer Klemme.

2/3 **Halber Schlag:** Ein oder mehrere halbe Schläge sichern freihängende Tampen. Durch zwei halbe Schläge kann man auch eine Leine befestigen, z. B. den Vorliekstrecker am Segelhals.

4 **Kreuzknoten:** Man verbindet damit zwei gleichstarke Tampen, z. B. bei einer Schwimmweste oder Rettungsleine.

5 **Schotstek:** Er dient ebenfalls zur Verbindung zweier Leinen, die auch unterschiedliche Stärken aufweisen dürfen.

6 **Stopperstek:** Eine Möglichkeit zur Herstellung der Verbindung zwischen Mast und Gabelbaum.

7 **Palstek:** Er bildet eine Schlinge, die sich nicht zusammenziehen kann (= *Auge*). Verwendbar zum Befestigen des Vorliekstreckers am Mastfuß oder zur Befestigung der Sicherungsleine.

8 **Mastschlinge:** Eine weitere Möglichkeit der Mast-Gabelbaumverbindung.

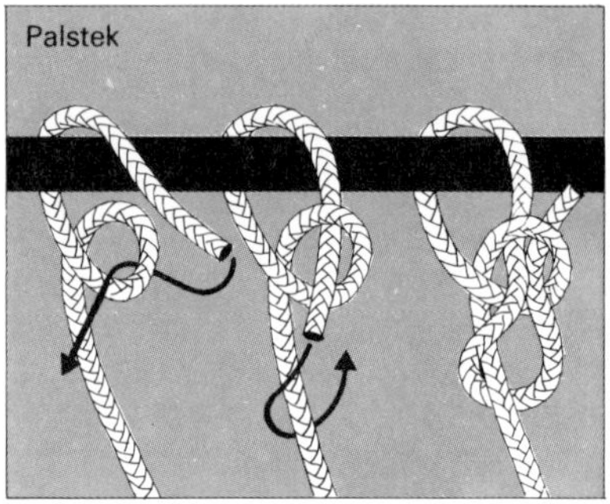

7

Hinweis: Üben Sie die notwendigen Knoten immer wieder, um sich selbst zu überprüfen.
Lösen Sie nach ein paar Surftagen alle festsitzenden Knoten (Ausnahme Aufholleine), um ihre Lösbarkeit sicherzustellen.

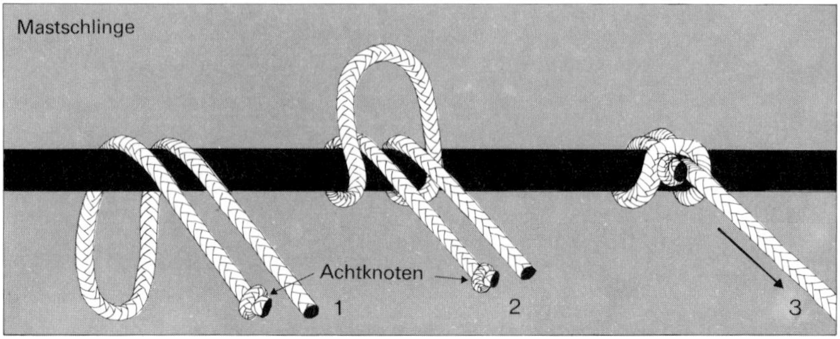

8

1 Aufholleine am Gabelbaum befestigen.

2 Am vorletzten Knoten der Aufholleine das Gummibändsel anbringen.

3 Mast in Masttasche schieben.

Aufriggen

Der Zusammenbau der Einzelteile eines *Riggs* ist in vielen Details von den einzelnen Herstellern auf unterschiedliche Weise gelöst. Beim Neukauf eines Segelsurfgerätes sollte man darauf achten, daß eine Aufbauanleitung mitgeliefert wird. Nach einem Neukauf gehen Sie folgendermaßen vor:

- Breiten Sie alle Einzelteile aus, und überprüfen Sie die Vollständigkeit aller Teile.
- Führen Sie die dicke Aufholleine durch die große Bohrung an der vorderen Gabelbaumverbindung und knüpfen Sie einen einfachen Knoten auf der Seite des Gabelbaumes, auf der die Belegklemmen sitzen (Oberseite des Gabelbaumes) (Bild 1).
- Im Abstand von 30–40 cm machen Sie nun 3–4 einfache Knoten, wobei der letzte Knoten am Ende der Aufholleine sitzt.
- In Höhe des vorletzten Knotens befestigen Sie das beiliegende Gummibändsel mit mehreren halben Schlägen (Bild 2). An das andere Ende der Gummileine bringen Sie den Kunststoffkarabiner.

Diese Arbeiten müssen Sie nur beim Neukauf durchführen, da diese Teile künftig am Gabelbaum verbleiben. Beim weiteren Aufbau gehen Sie am besten in folgenden Schritten vor:

- Breiten Sie das Segel aus und schieben Sie den Mast in die *Masttasche* des Segels (Bild 3).
- Stecken Sie den *Mastfuß* in den Mast und spannen Sie das Vorliek mit Hilfe des (ca. 1 m langen) *Vorliekstreckers* (Bild 4). Dazu führen Sie den Vorliekstrecker (mit Palstek am Mastfuß befestigt) durch die Öse am Segelhals, zurück durch die Schlinge des Palsteks und sichern ihn durch halbe Schläge.

4 Mastfuß in Mast, Vorliek spannen.

5 Masttampen in Augenhöhe befestigen.

6 Mast und Segel in den Gabelbaum schieben.

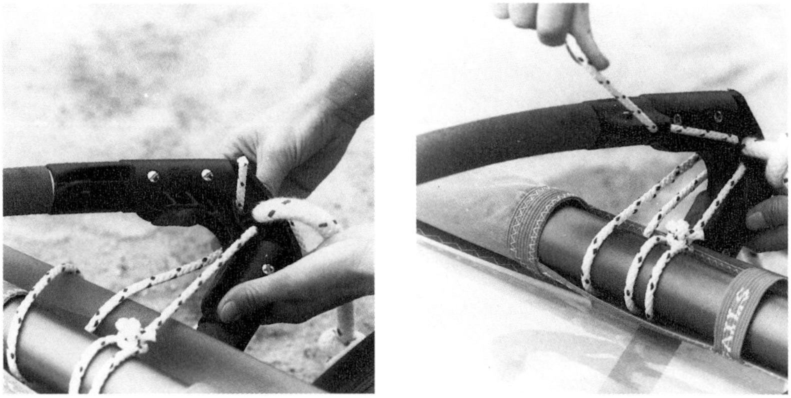

7a/b Masttampen durch die Bohrungen und um den Mast führen.

- Befestigen Sie in Augenhöhe den (ca. 1,30 m langen) *Masttampen* am Mast mit Hilfe eines Stoppersteks oder einer Mastschlinge (Bild 5).
- Schieben Sie Mast und Segel in den *Gabelbaum*, so daß die Aufholleine zum Mastfuß zeigt (Bild 6).
- Führen Sie den *Masttampen* von oben durch eine der beiden kleinen Bohrungen im Vorderteil des Gabelbaums, legen den Tampen um den Mast herum und gehen dann von unten nach oben in die zweite kleine Bohrung (Bild 7). Achten Sie auf eine kreuzungsfreie Führung des Masttampens.
  Nachdem Sie den Mast eng an den Gabelbaum herangezogen haben, legen Sie den Masttampen in die vorgesehene Belegklemme und sichern den übriggebliebenen Tampen mit mehreren halben Schlägen (Bild 8).
- Schieben Sie die *Segellatten* in die mit Gummizügen versehenen *Lattentaschen* und achten Sie darauf, daß die Latten in den kleinen Taschen am Achterliek fixiert und so vor Verlust geschützt sind (Bild 9).
- Führen Sie die *Trimmschot* von einer der Belegklemmen durch eine der Bohrungen oder Rollen am Gabelbaumende, dann durch die Öse am Schothorn und kreuzungsfrei zurück durch die andere Bohrung oder Rolle in die zweite Belegklemme (Bild 10). Nach dem Spannen des Segels werden hinter jeder Belegklemme die Tampen durch halbe Schläge und Achtknoten gesichert (Bild 11).
- Bei nur einer Belegklemme befestigen Sie die Trimmschot mit Palstek an der Öse des Schothorns. Führen Sie dann die Schot durch eine der beiden Rollen oder Bohrungen, dann zurück in die Öse und durch die zweite Bohrung oder Rolle. Be-

8 Masttampen in Klemme legen und durch halbe Schläge sichern.

9 Latten in die Lattentaschen stecken (bei bis zur Masttasche durchgehenden Latten zuerst das Segel trimmen!).

10 Trimmschot kreuzungsfrei von den Klemmen durch die Rollen (oder Bohrungen) führen.

11 Trimmschot spannen und sichern.

12 Gummibändsel am Vorliekstrecker befestigen.

legen Sie die Schot in der Klemme.

- Haken Sie zuletzt noch den Karabiner des Gummibändsels am Vorliekstrecker ein, um die Aufholleine vom Brett aus in erreichbarer Nähe zu haben (Bild 12).

Hinweis: Manche Hersteller verwenden mechanische Verbindungen oder Klemmechanismen zur Mast-Gabelbaumverbindung. Beachten Sie die Aufbauanleitungen.

Segeltrimm

Ein Segel zu trimmen heißt, ihm die gewölbte Form (= das *Profil*) zu geben, die der Segelmacher vorgesehen hat. Durch Spannen oder Entspannen von Trimmschot und Vorliekstrecker können die Segelwölbung und die Lage des tiefsten Punktes der Segelwölbung (Segelbauch) verändert werden.

Grundsätzlich sollte versucht werden, das Segel faltenfrei zu trimmen. Dies wird nur durch sorgfältiges Abstimmen der Spannung an Trimmschot und Vorliekstrecker erreicht. Gehen Sie dabei folgendermaßen vor:

- Legen Sie das Rigg vor dem Trimmen kurz ins Wasser, um die Dehnung des Materials im nassen Zustand zu berücksichtigen.
- Spannen Sie das Vorliek mit Hilfe des Vorliekstreckers.

- Stützen Sie dann das Gabelbaumende gegen Ihren Bauch und ziehen Sie mit einer Hand das Schothorn so weit zum Gabelbaumende, bis die Falten am Vorliek verschwunden sind. Mit der zweiten Hand halten Sie die Trimmschot straff. Während Sie nun die Spannung des Segels durch Umfassen des Gabelbaums und der Trimmschot halten, können Sie mit der freien Hand die Trimmschot in der Belegklemme befestigen.
- Sichern Sie die Trimmschot hinter den Klemmen, mit mehreren halben Schlägen und einem Achtknoten.
- Querfalten im Segel entfernen Sie durch ein Nachspannen des Vorlieks.
- Richten Sie das Rigg auf und stellen Sie es an den Wind (siehe Kapitel »Die ideale Segelstellung«). Das Segel sollte jetzt faltenfrei mit der gewünschten Wölbung stehen.

Für die **Praxis** gilt:

- Die Trimmschot gerade so weit spannen, daß die Längsfalten verschwinden.
- Den Vorliekstrecker so weit spannen, daß Querfalten im Segel verschwunden sind.
- Extrem starkes Trimmen des Segels nur in Ausnahmefällen.
- Am Ufer die Spannung an Vor- und Achterliek lösen.

Gabelbaum gegen den Bauch stemmen, Segel spannen und Trimmschot sichern.

Überprüfung der Ausrüstung

Trotz unkomplizierter und relativ robuster Segelsurfausrüstung ist es aus Sicherheitsgründen erforderlich, diese und insbesondere einige Schwachpunkte regelmäßig zu überprüfen, bevor man auf das Wasser geht.
Überprüfen Sie regelmäßig

- Brett, Schwert und Finne auf Risse oder Absprengungen
- das Schwert auf Gängigkeit des Klappmechanismus
- den festen Sitz von Schwertkasten, Finnenkästen, Mastspur und Abschleppvorrichtung
- den Zustand der Leinen, insbesondere des Masttampens, der oftmals durch Scheuern am Gabelbaum beschädigt wird
- die Festigkeit der Gabelbaumbeschläge
- die Funktionsfähigkeit des Mastfußsystems
- das Gummigelenk des Mastfußes auf Einrisse
- das Segel auf Festigkeit von Nähten und Ösen
- den Mast auf Risse, insbesonders im Bereich des Mastfußes und des Gabelbaumes.

Hinweis: Überprüfen Sie vor jedem Surftag **noch zuhause** die Vollständigkeit und Funktionstüchtigkeit Ihrer Segelsurfausrüstung.

Tragen von Brett und Rigg

Tragen zum Wasser

Nach dem Zusammenbau des Riggs und der Kontrolle der Ausrüstung werden Brett und Rigg nacheinander zu Wasser gebracht. Dabei ist besonders auf eine mögliche Gefährdung anderer sowie auf möglichst kraftsparende Technik zu achten.
Grundsätzlich sollte vermieden werden, die Ausrüstung über lebhaft besuchte Strände zu tragen und dadurch Badegäste zu belästigen oder gar zu gefährden.

Hinweis: Wählen Sie für Ihren Start an Badestränden die am wenigsten belebte Zone aus.

Bei starkem oder böigem Wind darf das Rigg nie in gespanntem Zustand über belebte Uferbereiche getragen werden. Bei solchen Verhältnissen erweist es sich als besser und sicherer, das Rigg erst unmittelbar am Ufer aufzubauen.
Ist der geeignete Startplatz gefunden, wird **zuerst das Rigg** zu Wasser gebracht, da es kaum abtreibt; erst dann soll das Brett nachfolgen.
Gehen Sie am besten folgendermaßen vor:

- Legen Sie das gespannte Rigg so auf den Boden, daß sich der Mast quer zum Wind und das Gabelbaumende auf der windabgewandten Seite befinden.
- Greifen Sie mit einer Hand oberhalb des Gabelbaumes an den Mast, mit der anderen Hand an den Gabelbaum oder in das Segel.
- Heben Sie das Rigg über den Kopf – der Wind trägt einen Teil des Gewichtes mit – und tragen Sie das Rigg, den Mast quer gegen den Wind haltend, zum Ufer.
- Bei schwachem Wind und freier Wasserfläche können Sie nun das Rigg über den Kopf ins Wasser werfen.

Achtung: Bläst Ihnen am Ufer der Wind entgegen (auflandiger Wind), das Segel nicht werfen, sondern in das Wasser legen.

Das Rigg mit dem Mast quer zum Wind tragen.

- Tragen Sie nun das Brett mit eingesetztem Schwert und Finne so zum Wasser, daß das Brett dem Wind eine möglichst geringe Angriffsfläche bietet. Bei starkem Wind empfiehlt es sich, das Brett zu zweien zu tragen.
- In knie- bis hüfttiefem Wasser (Tiefgang von Schwert und Finne beachten) arretieren Sie nun den Mastfuß in der Mastspur und befestigen die Sicherungsleine.
  Jetzt sind Sie startklar!

Zurück vom Wasser

Beim Anlaufen des Ufers ist rechtzeitig – spätestens in hüft- bis knietiefem Wasser – das Segel niederzulegen, um die Fahrt zu stoppen. Zu beachten sind dabei die Reichweite des Riggs und die verbleibende Fahrgeschwindigkeit auch mit abgelegtem Rigg, um eine Gefährdung anderer oder Schäden am Gerät zu vermeiden.
Nach dem Lösen der Sicherungsleine und des Mastfußes wird **zuerst das Brett** ans Ufer getragen und dann erst folgt das Rigg, wiederum mit dem Mast quer zum Wind. Das anschließende Entspannen des Riggs durch Lockern von Trimmschot und Vorliekstrecker verhindert Schäden und ein Verziehen des Segels.

Das Segelsurfbrett als Spielgerät

Gibt man Kindern am Wasser ein Segelsurfbrett, wird es sofort als Badeinsel und Spielgerät genutzt. Es dient als Absprungbasis, als Boot zum Fortbewegen oder als Balanciergerät und schult das Gleichgewicht und die Geschicklichkeit. Viele der Übungsformen, die Kinder kreativ, spontan und spielerisch entdecken, bieten sich auch dem Erwachsenen als gute Möglichkeit an, sich mit dem Brett und seinen Eigenschaften vertraut zu machen.

Wichtig: Bei allen Spielformen muß die Wassertiefe mindestens 1,50 m betragen. Sehr rauhe Brettoberflächen erfordern einen Anzug als Schutz gegen Hautabschürfungen.

Paddeln mit den Händen.

Wie komme ich paddelnd am schnellsten und kraftsparend vorwärts?
Legen Sie sich bäuchlings etwa in die Brettmitte und paddeln mit beiden Händen gleichzeitig oder wechselseitig. Als Paddel können auch Schwert oder Mast verwendet werden.

Spielformen:
- Paddeln Sie mit beiden Händen in verschiedenen Positionen: knieend, auf dem Bauch liegend, in Rückenlage.
- Paddeln Sie auf dem Bauch liegend mit beiden Händen gleichzeitig oder im »Kraulstil«.
- Versuchen Sie knieend oder sitzend das Schwert als Paddel einzusetzen.
- Paddeln Sie sitzend, kniend oder stehend mit dem Mast (Mastfuß herausnehmen).

Paddeln mit dem Schwert.

Wie erreiche ich paddelnd bestimmte Ziele?
Paddeln Sie zum Ändern der Richtung nur mit der kurvenäußeren Hand vorwärts, während Sie mit der kurveninneren Hand durch Eintauchen bremsen oder für schnelleres Drehen des Brettes rückwärts paddeln.

Spielformen:
- Versuchen Sie um eine Boje einen Kreis zu paddeln.
- Versuchen Sie rückwärts paddelnd ein Ziel anzusteuern.

Wie steige ich am besten im tiefen Wasser auf das Brett?
Stützen Sie in der Nähe des Schwertkastens beide Hände in Brettmitte auf. Nach kurzem Eintauchen des Oberkörpers strecken Sie beide Arme, unterstützt durch Schwimmbewegungen der Beine, und heben erst das eine, dann das zweite Knie auf das Brett.

Spielformen:
- Versuchen Sie über das Heck oder den Bug auf das Brett zu klettern.
- Fassen sie im Wasser schwimmend mit beiden Händen die gegenüberliegende Brettkante und kippen sie das Brett um. Drehen Sie das Brett am Heck oder am Schwert wieder zurück und steigen Sie in Brettmitte auf.

Schaukeln des Brettes, Füße parallel zur Brettlängsachse.

Schaukeln des Brettes, Füße quer zur Brettlängsachse.

Heckwärts gehend, bleibt das Brett ziemlich stabil.

Wie verhält sich das Brett bei unterschiedlichen Standpositionen und Verlagerung des Körpergewichts?

Sie stehen am sichersten auf dem Brett in gut hüftbreiter Position, Füße links und rechts parallel neben dem Schwertkasten, den Blick zum Heck oder Bug gerichtet. Bei einseitiger Belastung einer Brettkante beginnt das Brett zu kippen. Gehen Sie Richtung Bug, wird das Gerät rasch instabil, Richtung Heck bleibt es relativ stabil. Stehen Sie mit den Füßen quer zur Brettlängsachse, so stehen Sie genau in der Mitte. Schaukelbewegungen des Brettes um die Längsachse gleichen Sie aus durch Beugen von Sprung-, Knie- und Hüftgelenken.

Spielformen:

- Setzen Sie die Füße links und rechts neben den Schwertkasten und versuchen Sie, sich aus der Hocke zum Stand aufzurichten.
- Schaukeln Sie das Brett um die Längsachse durch wechselseitiges Eindrücken einer Brettkante. Der Körperschwerpunkt soll dabei über der Brettmitte bleiben.
- Führen Sie mit dem Körper eine halbe, später eine ganze Drehung aus.
- Gehen Sie mit kleinen Schritten vorwärts Richtung Bug oder Heck und jeweils rückwärts zur Brettmitte zurück.
- Gehen Sie rückwärts Richtung Bug oder Heck, drehen Sie sich um und gehen Sie zurück.
- Stellen Sie sich in die Brettmitte, Füße quer zur Brettlängsachse, und gehen Sie mit kleinen Schritten seitwärts Richtung Bug oder Heck.
- Stellen Sie sich in die Brettmitte, Füße quer zur Brettlängsachse, und schaukeln Sie das Brett durch abwechselnde Belastung von Fersen und Fußballen.

Wie verbessere ich meine Geschicklichkeit und Sicherheit?

Spielformen:

- Lassen Sie sich rückwärts vom Brett ins Wasser fallen.
- Tauchen Sie in Nähe des Bugs unter dem Brett durch (auf das Schwert achten!).
- Gehen Sie rückwärts so weit zu Heck oder Bug, bis das Brett absinkt.
- Versuchen Sie, in Brettmitte auf einem Bein zu stehen.
- Springen Sie mit beiden Beinen leicht ab und landen Sie wieder in Brettmitte.

Abriggen auf dem Wasser

Ein zweckmäßiges Zusammenlegen des Riggs ist auf dem Wasser immer dann notwendig, wenn

- Schäden am Gerät auftreten, die ein Segeln nicht mehr ermöglichen,
- man aus eigener Kraft nicht mehr segelnd das Ufer erreichen kann und paddeln muß, oder abgeschleppt wird,
- abflauender Wind ein Segeln nicht mehr möglich macht.

Gerade in schwierigen Situationen sollte man sorgfältig und ohne Hast das Rigg zusammenlegen. Diese Sorgfalt wird anschließend durch geringeren Kraftaufwand beim Paddeln belohnt.

Die **einzelnen Schritte** zum bergungsfähigen Abbau des Riggs in folgender Bildreihe:

Bei starkem Wind und Welle erweist sich als günstiger, das zusammengelegte Rigg wieder in der Mastspur zu befestigen und nachzuschleppen.
Bei Flaute, glattem Wasser und längerer Wegstrecke empfiehlt sich ein kompletter Abbau des Riggs und ein Paddeln mit dem Mast. Handelt es sich um eine kurze Wegstrecke, so kann man sich auch unter das aufgespannte Rigg legen und paddeln. Eine stabile Lage des Riggs tritt ein, wenn der Körper zwischen Gabelbaum und Segel liegt.

Wichtig: Üben Sie das Abriggen zuerst an Land, um die einzelnen Handgriffe sicher zu beherrschen.

Abschleppen und abgeschleppt werden

Abschleppen durch einen Segelsurfer

Zur Sicherheitsausrüstung eines Segelsurfers gehört eine ca. 6 m lange und 6 mm starke Ersatzleine (Schleppleine), die in der Trapeztasche steckt oder im Anzug verstaut ist. Der Abschleppende befestigt die Ersatzleine mit Hilfe eines Palsteks an seinem Mastfuß, während der Abzuschleppende das andere Ende der Ersatzleine mit Palstek an die Abschleppvorrichtung knotet. Fehlt eine solche Vorrichtung, so muß die Leine gehalten werden, wozu man sich mittels Palstek eine nicht einschnürende Schlinge *(Auge)* fertigt.

Sitz auf dem Brett, Beine links und rechts im Wasser, Mastfuß und Riggsicherungsleine lösen.

Trimmschot an einer Seite des Gabelbaumes lösen, Segel vom Unterliek her möglichst eng zusammenrollen, Segellatten in den Taschen lassen oder herausnehmen und in das Segel einwickeln.

Gabelbaum Richtung Segelkopf an den Mast klappen, mit dem freien Teil der Trimmschot das Segel zum Mastfuß hin umwickeln, Tampen in der freien Klemme oder durch halbe Schläge um Mast und Segel sichern.

Fehlt eine Abschleppleine, legt sich der Abzuschleppende an die dem Wind zugewandte Seite des Abschleppenden und hält sich mit einer Hand am Mastfuß, Schwertknopf, Schwertband o.ä. fest.

Einige **Tips** zum Abschleppen:

- Versuchen Sie auf direktem Weg das Ufer zu erreichen. Vermeiden Sie das Aufkreuzen (siehe bei »Kreuzen«) gegen den Wind!
- Fahren Sie nach Möglichkeit mit der Welle, nicht gegen die Welle.
- Starten Sie langsam unter dosiertem, mehrmaligem Anholen und Auffieren, um nicht durch den Ruck beim Anfahren vom Brett gerissen zu werden.

Abschleppen mit Schleppleine.

Abschleppen durch Motorboot

Beim Abschleppen mit Hilfe eines Motorbootes wird das zusammengelegte Rigg am besten in das Boot übernommen. Anschließend wird das Brett an einer Leine hängend (Befestigung an der Abschleppvorrichtung) nachgezogen.

Aufholleine um Mast und Segel in Richtung des Mastfußes wickeln und Karabiner wieder am Vorliekstrecker einhaken.

Das zusammengelegte Rigg – (Mastfuß zum Bug zeigend) – auf das Brett legen: Auf dem Rigg liegend paddeln oder abschleppen lassen.

Abschleppen ohne Schleppleine.

Beim Abschleppen durch ein Motorboot muß das Schwert herausgenommen werden, sonst stellt sich das Brett quer zur Fahrtrichtung.

Im Notfall löst man nur die Trimmschot, holt die Person an Bord des Bootes und schleppt Rigg und Brett nach.

Wichtig: Schwimmen Sie **nie** an das Heck eines Motorbootes (Verletzungsgefahr durch die Schiffsschraube). Verständigen Sie sich mit dem Bootsführer.

Das Aufholen des Riggs

Aufholen als erste Aufgabe: Das Hochziehen des Riggs aus dem Wasser als erste Aufgabe beim Umgang mit dem kompletten Surfgerät mag manchem als unbedeutend und kaum eingehender Betrachtung wert erscheinen. Doch wissen wir von medizinischer Seite und aus praktischer Erfahrung, daß fehlerhafte Ausführungen zu enormen Belastungen der Wirbelsäule und damit auch zu Verkrampfungen, Schmerzen und sogar Schäden führen können.

Manchem Anfänger verleidet der große Kraftaufwand beim Segelaufholen (= Aufholen des Riggs), bedingt durch schlechtes Material

1 Ausgangsstellung: Aufholleine am Ende fassen, Oberkörper gerade, Kopf hoch, Arme gestreckt.

2 Beine strecken, Körper zurücklehnen.

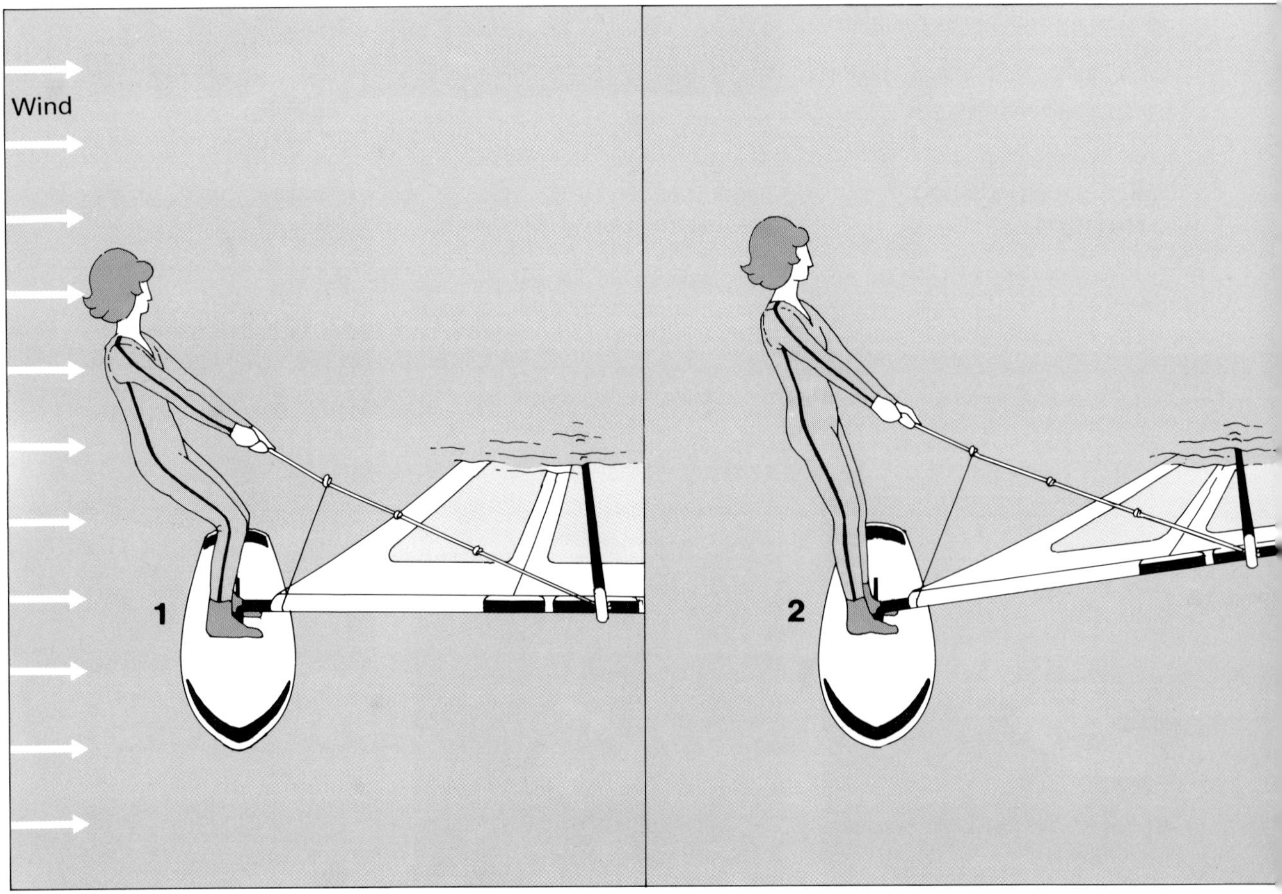

und falsche Ausführung, den Spaß an diesem Sport.
Dem Anfänger erleichtern das Aufholen des Riggs:

- ein kleines Segel
- ein kurzer Gabelbaum
- ein kurzer, weicher Mast
- eine bis zum Brett reichende Aufholleine oder eine solche Leine mit eingesetztem Gummimaterial (»Hawaiischot«).

Vertraut machen mit dem Wind:
Bevor nun mit dem Aufholen des Riggs begonnen wird, gilt es, sich mit dessen Antriebsmittel, dem Wind, vertraut zu machen. Man spürt den Wind, kann aber seine Richtung nur an äußeren Erscheinungsbildern erkennen, an der

- Bewegungsrichtung von Wellen an Binnenseen
- Bewegung von Zweigen und Blättern
- Flugrichtung von hochgeworfenem Gras
- Rauch- oder Fahnenrichtung
- Richtung von an Bojen festgemachten Booten.

Eine einfache Möglichkeit, die Windrichtung zu erkennen, bietet dem Segelsurfer ein an Land aufgerichtetes Rigg. Hält man es am

3 Hand über Hand an der Aufholleine höher greifen.

4 Mast fassen, Körper gerade, Arme gestreckt, Grundposition.

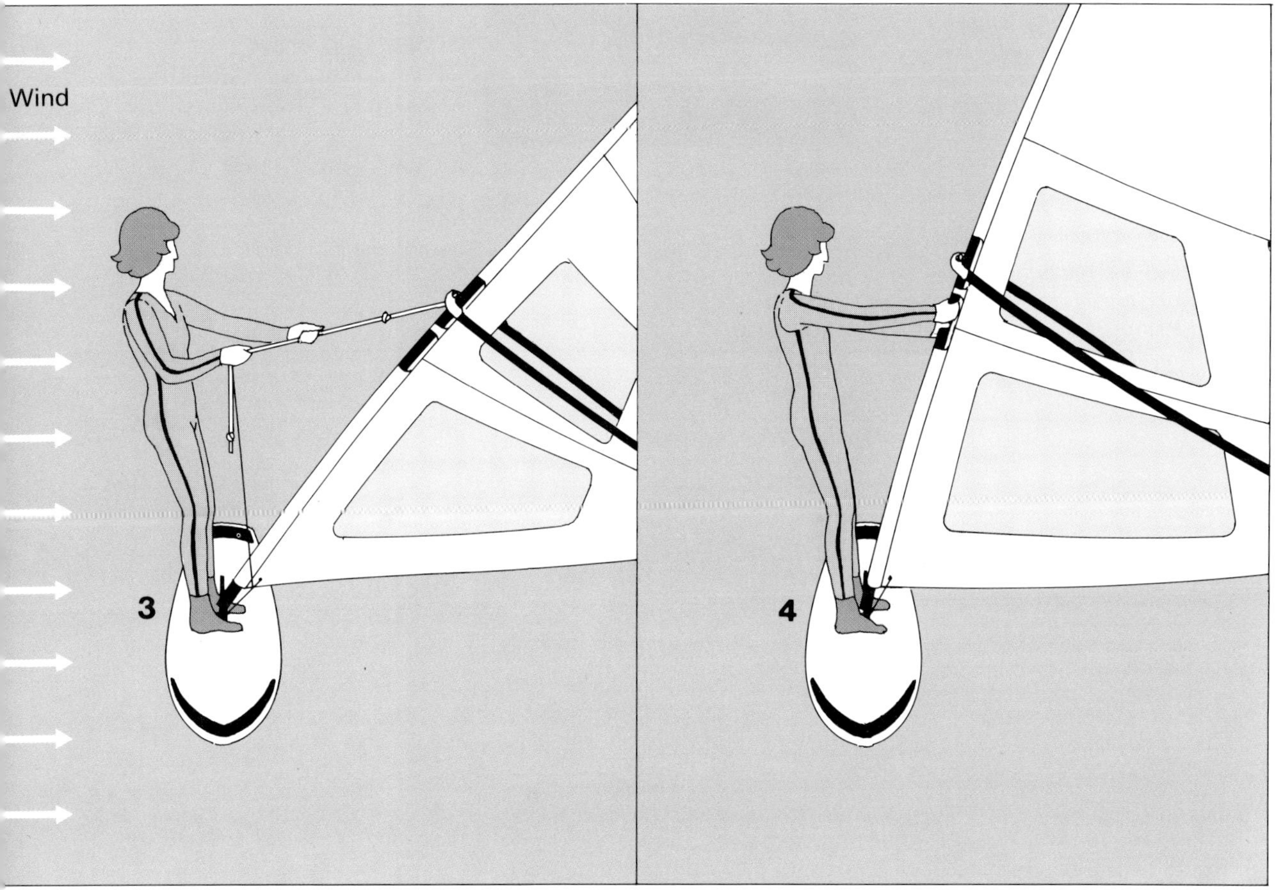

Mast in Höhe des Gabelbaumes fest, weht es aus und zeigt exakt die vorherrschende Windrichtung an.
Man unterscheidet die dem Wind zugewandte Seite, die **Luvseite** und die dem Wind abgewandte Seite, die **Leeseite.** Die Begriffe *Luv* und *Lee* werden immer in Bezug zu bestimmten Objekten verwendet. So spricht man von der Luv- bzw. Leeseite des Segelsurfbrettes. Auch am Körper kann man von einer windzugewandten (Luvseite) bzw. windabgewandten Seite (Leeseite) sprechen. Den Raum auf der windzugewandten Seite nennt man **Luvraum,** auf der windabgewandten Seite spricht man vom **Leeraum.**

Aufholen: Füße links und rechts neben dem Mastfuß, Fußspitzen zeigen zum Masttopp.

Merke: Vor dem Aufholen des Riggs muß das Rigg stets auf der Leeseite des Brettes liegen.

Liegt das Rigg in Luv, muß es vor dem Aufholen nach Lee gebracht werden (siehe S. 25).

Bewegungsablauf beim Aufholen:

- Stellen Sie sich, die Füße hüftbreit links und rechts vom Mastfuß gleichweit entfernt, genau auf die Brettlängsachse. Die Fußspitzen zeigen zum Masttopp.
- Fassen Sie die Aufholleine an ihrem Ende und richten Sie nun den Körper so weit auf, wie es die Länge oder Dehnung der Aufholleine erlaubt. Halten Sie

Fehler und Korrektur:

Fehlerbild	Fehlerursache	Korrektur
Oberkörper nach vorne gebeugt	Aufholleine in der Mitte gefaßt oder Aufholleine zu kurz	Aufholleine am Ende fassen, längere Aufholleine anbringen
Mit dem Ziehen beginnt das Brett zu drehen	Beide Füße bug- oder heckwärts vom Mastfuß	Füße links und rechts gleichweit vom Mastfuß entfernt aufsetzen
Brett kippt, sobald das Rigg aus dem Wasser	Füße an der Lee- oder Luvkante des Brettes	Die Füße genau auf die Brettlängsachse stellen
Ziehen mit gebeugten Armen, Oberkörper nach vorn gebeugt	Aufholen nur durch Ziehen mit den Armen	Aufholen mit dem Aufrichten des Körpers beginnen (Strecken der Beine)
Sturz nach Luv durch plötzliche Abnahme des Rigg-Gewichtes	Keine Pause nach dem Anheben des Segelkopfes	Pause nach dem Anheben des Segelkopfes, um Wasser ablaufen zu lassen
Verlust des Gleichgewichtes	In der Grundposition das Rigg mit gebeugten Armen zu nahe an den Körper gezogen	Arme nahezu strecken, Körper gegen das Gewicht des Riggs lehnen
Gabelbaumende taucht ins Wasser, das Rigg wird wieder aufs Wasser gedrückt	In der Grundposition Oberkörper nach vorne gebeugt	Körper strecken, Balance erhalten durch Beugung in Knie- und Hüftgelenken

den Oberkörper gerade, den Kopf hoch, die Arme gestreckt.

- Liegt der Mast noch nicht im rechten Winkel zum Brett, dann ziehen Sie nun an der Aufholleine in Richtung Bug oder Heck, bis die *Querab-Position* (= rechter Winkel zwischen Mast und Brett) erreicht ist.
- Lehnen Sie nun Ihr Körpergewicht gegen den Widerstand des Riggs und heben Sie den Segelkopf durch langsames Strecken der Beine an, bei weiterhin gestreckten Armen und aufrechtem, geradem Oberkörper.
- Mit angehobenem Segelkopf warten Sie, bis das Wasser aus dem Segel abgelaufen ist.
- Ziehen Sie dann, Hand über Hand an der Aufholleine höhergreifend, das Rigg ganz aus dem Wasser.
- Greifen Sie nun mit einer oder beiden Händen an den Mast, dicht unterhalb des Gabelbaumes.
- Der gestreckte Körper ist gegen das Gewicht des Riggs leicht nach Luv gelehnt, die Arme sind nahezu gestreckt. Das Gabelbaumende befindet sich dicht über der Wasseroberfläche und das Segel flattert im rechten Winkel zur Brettlängsachse im Wind.

Flattert das Segel im Wind, spricht man von einem *killenden* Segel.

Schaukelbewegungen des Brettes werden durch Beugen von Sprung- und Kniegelenken ausgeglichen.

Diese Position, die ein Stabilisieren des Gleichgewichts und die Konzentration auf den Startvorgang ermöglicht, nennt man **Grundposition** oder Grundstellung.

Rigg in Luv

Liegt das Rigg auf der Luvseite des Brettes, muß es vor dem Segelaufholen nach Lee gebracht werden. Versucht man es in Luv liegend aufzuholen, schlägt der Wind das angehobene Rigg plötzlich und heftig nach Lee, was nicht nur einen Sturz, sondern auch Verletzungen zur Folge haben kann.
Es gibt zwei Möglichkeiten das Rigg von Luv nach Lee zu bekommen.

1. Rigg von Luv nach Lee ohne Drehung des Brettes:
Folgende Technik führt bei normalen Windverhältnissen zum Erfolg:

Rigg von Luv nach Lee ohne Drehen des Brettes: Rigg anheben und über Bug oder Heck ziehen.

- Nehmen Sie die Ausgangsposition zum Aufholen des Riggs ein.
- Heben Sie den Segelkopf durch Strecken der Beine an.
- Ziehen Sie nun das Rigg mit dem Mast voran über das jeweils näherliegende Ende des Brettes (Bug oder Heck). Folgen Sie mit kleinen Schritten um den Mastfuß der Bewegung des Riggs. Die Fußspitzen zeigen stets zum Masttopp.
- Haben Sie die Querab-Position des Mastes zum Brett erreicht, holen Sie das Rigg weiter auf.

2. Rigg von Luv nach Lee mit Drehung des Brettes:
Wollen Sie nach dem Aufholen des Riggs in entgegengesetzter Richtung starten, bietet sich bei Luvlage des Riggs folgender Weg an.

- Nehmen Sie die Ausgangsposition zum Aufholen des Riggs ein.
- Heben Sie nun den Segelkopf durch Strecken der Beine an

Rigg von Luv nach Lee mit Drehen des Brettes: Rigg anheben und auf Bug oder Heck ziehen; vom Wind drehen lassen.

und warten Sie in dieser Position, bis der am Vorliek angreifende Wind Brett und Rigg gedreht hat.

- Etwas schneller geht es so: Ziehen Sie das Rigg mit dem Mast voran zum jeweils näher liegenden Ende des Brettes (Heck oder Bug).
- Legen Sie das Rigg so auf Bug oder Heck, daß Mast und Vorliek frei von Wasser sind, das Gabelbaumende jedoch im Wasser liegt.
- Bleiben Sie, die Aufholleine haltend, aufrecht stehen, während der am Vorliek angreifende Wind das Brett dreht.
- Haben sich Brett und Rigg soweit gedreht, daß das Rigg in Lee liegt, ziehen Sie es an der Aufholleine bis in die Querab-Position.

Drehen des Brettes

Drehen mit dem Rigg

Schwenkt man in der Grundposition das Rigg Richtung Bug oder Heck, füllt sich das Segel, und es entstehen Kräfte, die es ermöglichen, das Brett in jede gewünschte Position zu drehen.

Schwenkt man das Rigg in Richtung des Hecks, so dreht der Bug nach Luv.
Schwenkt man das Rigg in Richtung des Bugs, so dreht das Heck nach Luv.

Das Drehen des Brettes mit dem Rigg ist nicht nur die einfachste Form der Richtungsänderung, sondern zugleich eine gute Schulung zur Gleichgewichtserhaltung mit Brett und Rigg.
Das Drehen des Brettes mit dem Rigg ist ferner für das Erhalten der Grundposition (Segel querab) und für das Erreichen einer günstigen Startposition (siehe S. 29) unbedingt erforderlich.

Halbe Drehung

Schwenkt man das Rigg Richtung Bug bzw. Heck und hält es in dieser Position an den Wind »angelehnt«, kann man das Brett um 180° oder weiter drehen, wobei die Möglichkeit besteht, das Brett entgegen der ursprünglichen Fahrtrichtung zu drehen (= *halbe Drehung*).
Der **Bewegungsablauf** der halben Drehung:

- Schwenken Sie in der Grundposition das Rigg mit einer oder beiden Händen und gestreckten Armen, Gabelbaumende nahe

Halbe Drehung: ▷

1 Grundposition.
2–7 Rigg zum Heck schwenken und an den Wind anlehnen, Arm gestreckt.
3–8 Mit kleinen Schritten um den Mastfuß, Fußspitzen zeigen zum Gabelbaumende.
8 Neue Grundposition.

Fehler und Korrektur:

Fehlerbild	Fehlerursache	Korrektur
Brett dreht nicht, Gleichgewicht gefährdet	Arme sind gebeugt	Arme bleiben während der Drehung gestreckt; das Gabelbaumende dicht über dem Wasser
Rigg muß nach begonnener Drehung losgelassen werden bzw. Sturz droht	Fußstellung bleibt unverändert, daher Verwindung des Körpers	kleine Schritte um den Mastfuß, Fußspitzen zeigen immer zum Gabelbaumende
Brett kippt, Gleichgewicht gefährdet	Füße weit entfernt vom Mastfuß	Füße nahe am Mastfuß
Brett dreht nicht	Versuchte Drehung durch Einsatz der Beine	Anlehnen des Segels an den Wind, so daß das Segel gefüllt ist

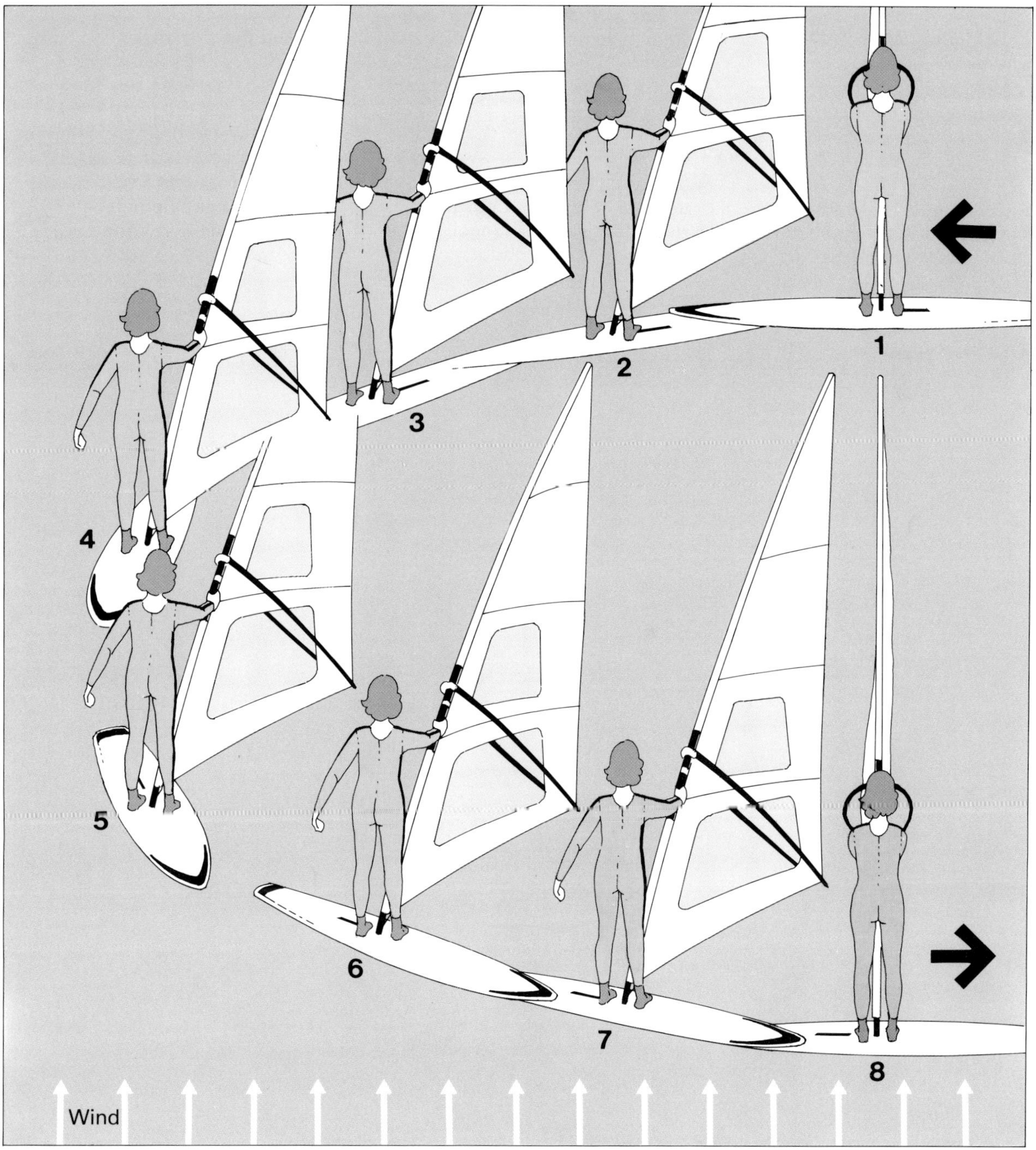
1
2
3
4
5
6
7
8
Wind

der Wasseroberfläche, zum Heck und halten Sie es an den Wind angelehnt.

- Während das Brett zu drehen beginnt, gehen Sie mit kleinen Schritten dicht um den Mastfuß herum, so daß ihre Fußspitzen zum Gabelbaumende zeigen.
- Drehen Sie das Brett durch beständiges Anlehnen des Riggs an den Wind, bis Sie die neue Grundposition erreichen.

Führt man die halbe Drehung durch Schwenken des Riggs Richtung Heck aus, vermeiden Sie ein Abtreiben und können sogar das Brett geringfügig nach Luv bewegen.

Achtung: Die halbe Drehung durch Schwenken des Riggs über den Bug ist stets mit einem Abtreiben nach Lee verbunden.

Übungsformen:
1. Schwenken Sie in der Grundposition das Rigg in Richtung Bug und Heck.
2. Schwenken Sie das Rigg in Richtung Heck (Bug), bis der Bug (das Heck) genau nach Luv zeigt.
3. Drehen Sie das Brett mit dem Rigg um 360°.

Starten: 1 Grundposition. 2 Lösen der hinteren Hand vom Mast. 3 Hinteren Fuß zurücksetzen. 4 Vorderen Fuß hinter den Mast, Startposition.

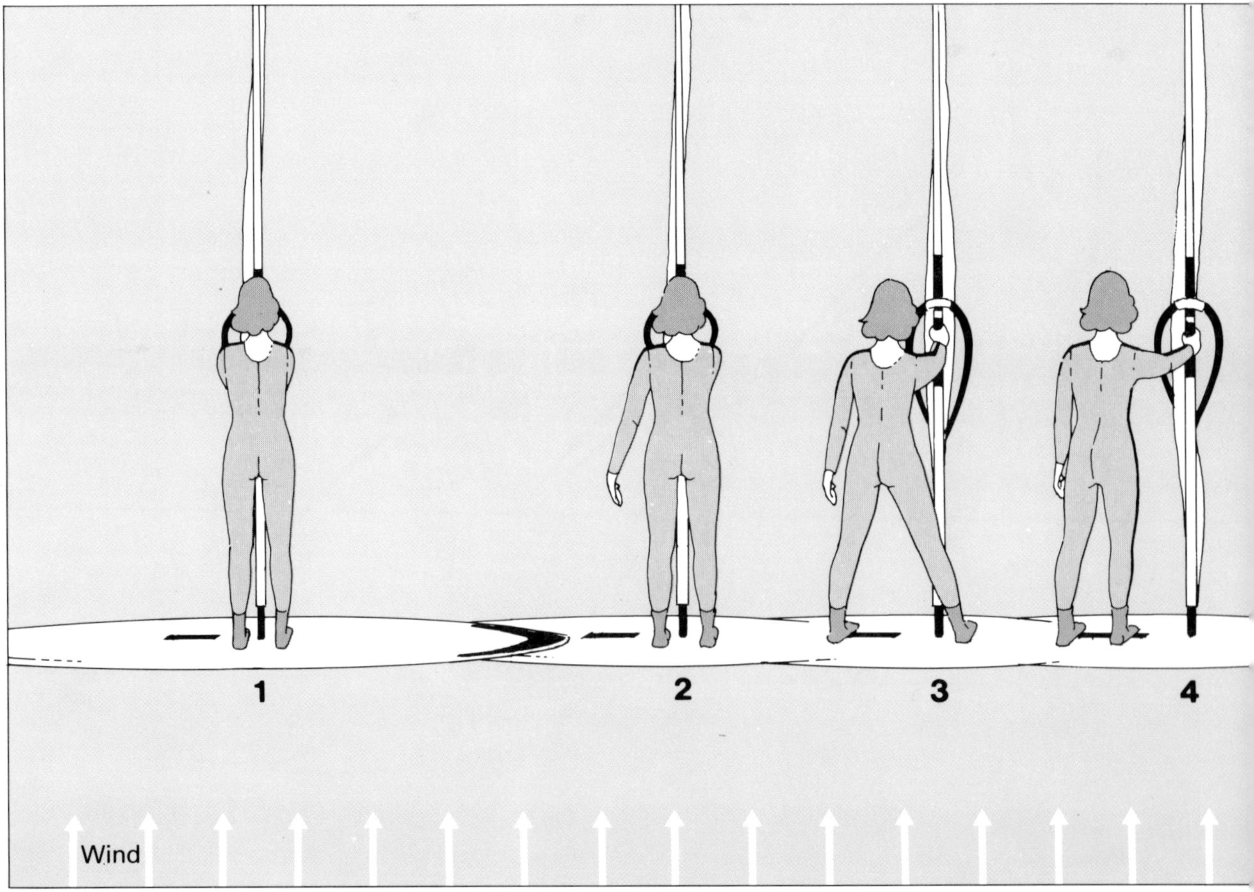

Starten

Das Erlernen eines fehlerfreien Startens ist für den Anfänger das zunächst bedeutendste Ziel. Ohne gelungenes Starten sind logischerweise keine weiteren Manöver durchführbar und erlernbar. Das Starten läßt sich im wesentlichen in zwei Phasen zerlegen:

1. Von der Grundposition zur Startposition.
2. Von der Startposition zur Fahrstellung.

Zur **ersten Phase** gehören:
- Kontrolle der Grundposition (rechter Winkel zwischen Brett und Rigg)
- Stabilisierung des Gleichgewichts
- Verändern der Fußstellung
- Kontrolle der Startposition (erneute Kontrolle des rechten Winkels zwischen Brett und Rigg).

Die **zweite Phase** beinhaltet:
- Führen des Riggs nach Luv
- Hände auf den Gabelbaum legen
- Anstellen des Segels an den Wind
- Einnehmen der Fahrstellung.

5 Rigg nach Luv ziehen, Körper nach vorne drehen.
6 Segelhand auflegen.
7 Masthand auflegen.
8 Körper rückdrehen, Armbeuge unverändert, Blick nach vorne, Fahrt aufnehmen.

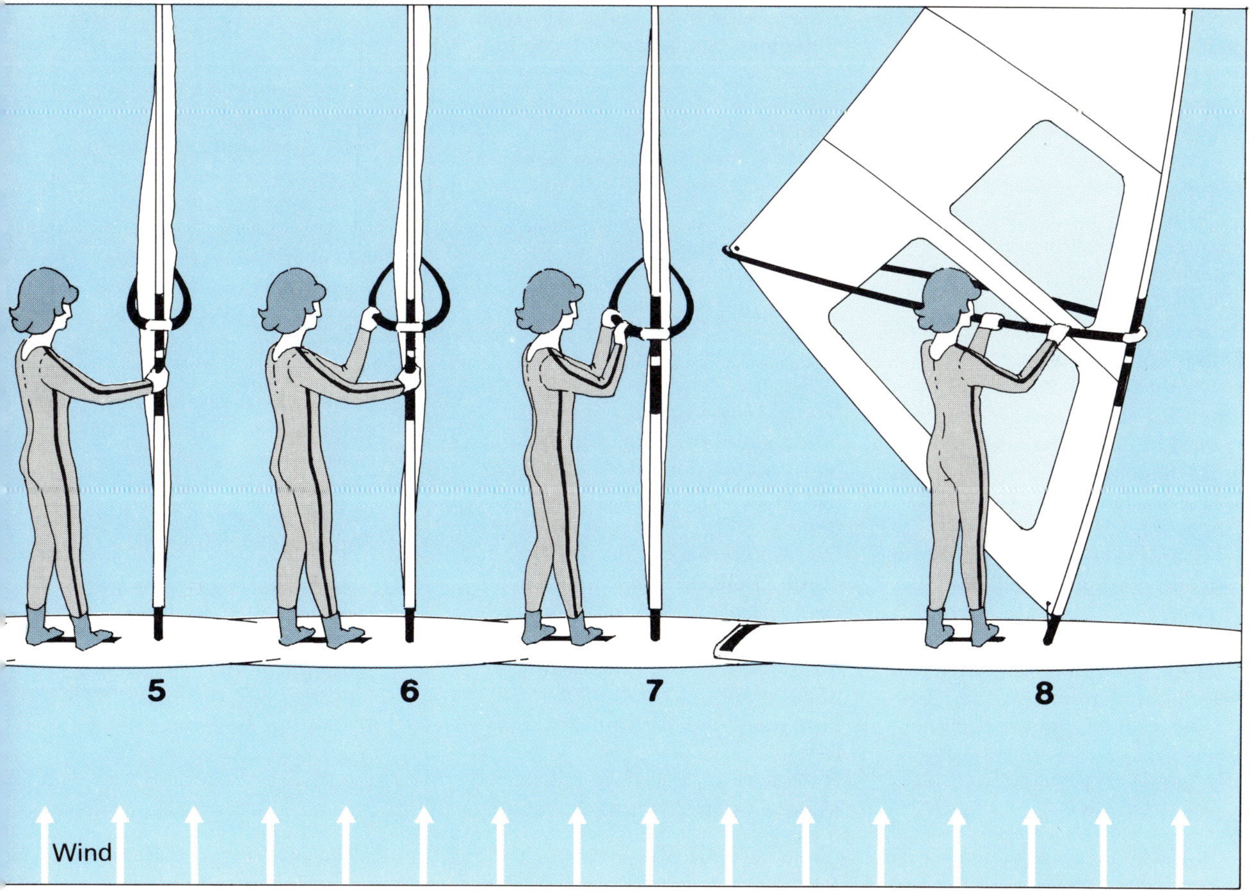

Wichtig: Vor dem Starten ist – wie auch jeweils vor dem Fahren eines Manövers – zu überprüfen, ob der Raum in der geplanten Fahrtrichtung frei ist!

Bewegungsablauf:

- Lösen Sie in der Grundposition die hintere Hand vom Mast.
- Treten Sie mit dem hinteren Fuß einen Schritt Richtung Heck in Nähe des Schwertkastens und setzen Sie den vorderen Fuß deutlich hinter den Mast.

Das Gabelbaumende bleibt weiterhin dicht über der Wasseroberfläche (vorderer Arm gestreckt).

- Korrigieren Sie durch Schwenken des Riggs in Richtung Bug oder Heck den rechten Winkel zwischen Brett und Segel.

Damit ist die *Startposition* erreicht!

- Ziehen Sie nun mit der Hand am Mast das killende Rigg so weit nach Luv, daß es sich nahezu im Gleichgewicht befindet. Drehen Sie, gleichzeitig mit dem Vorbeiziehen nach Luv, den Körper nach vorne. So stehen Sie unverkrampft und verwindungsfrei. Sie sehen durch das Segelfenster den Bug und überblicken den Raum in Fahrtrichtung.
- Legen Sie zuerst die freie hintere Hand auf den Gabelbaum, dann die vordere Hand vom Mast ebenfalls auf den Gabelbaum. Die Hände greifen gut schulterbreit voneinander entfernt, die Ellbogen der gebeugten Arme zeigen nach unten. **Wichtig:** Das Segel muß weiterhin killen!

Die hintere (mastentferntere) Hand am Gabelbaum heißt *Segelhand*, die vordere (mastnähere) Hand *Masthand*.

- Holen Sie nun das Segel durch Rückdrehen des Körpers so weit an, bis es gerade nicht mehr killt.
  Der Körper wird dem Druck des Segels entsprechend nach Luv gelehnt, um das Gleichgewicht zu erhalten.
  Den Blick nach vorne gerichtet nehmen Sie jetzt Fahrt auf.

Anholen* = Winkel zwischen Brett und Segel verkleinern.
Dichtholen* = möglichst stark anholen.
Fieren = Winkel zwischen Brett und Segel vergrößern.

Durch *Fieren* und *An-* oder *Dichtholen* kann der Segeldruck verringert und wieder erhöht, die Fahrt gebremst oder beschleunigt werden.
Das *Fieren* des Segels erfolgt durch Drehung des Körpers nach vorne, das *Anholen* des Segels durch Rückdrehung. Die Beugung der Arme und die Fußstellung bleiben dabei unverändert.
Eine mögliche Variante des Startens:
Nachdem Sie das Rigg mit der Masthand am Mast nach Luv gezogen haben, legen Sie nur die Segelhand auf den Gabelbaum und holen an. Nach Aufnahme der Fahrt greifen Sie mit der Masthand vom Mast auf den Gabelbaum.
Teilbewegungen des Startvorganges können an Land oder auf dem Wasser gezielt geübt und verbessert werden.

Übungen an Land:

1. Entfernen Sie Schwert und Finne aus Ihrem Brett. Legen Sie Brett und Rigg auf einen weichen Untergrund (Gras, Sand) und üben Sie den Startvorgang nach beiden Seiten.
2. Stellen Sie das Rigg an freier Stelle auf und ziehen Sie es so weit nach Luv, bis es sich im Gleichgewicht befindet.
3. Wie zuvor, versuchen Sie jedoch jetzt die Masthand zu lösen und das Rigg frei im Gleichgewicht stehen zu lassen.
4. Lassen Sie nach dem Anholen einen Partner auf der Leeseite des Segels durch vorsichtiges Ziehen am Gabelbaum einen erhöhten Segeldruck simulieren.

Übungen auf dem Wasser:

1. Drehen Sie in der Startposition das Brett durch Schwenken des Segels in verschiedene Positionen.
2. Fieren Sie nach dem Start das Segel und holen Sie wieder an.

* Anmerkung: In Surferkreisen und einschlägigen Büchern wird »großzügigerweise« häufig nur der Begriff »dichtholen« verwendet. Korrekt ist diese Unterscheidung zwischen »anholen« und »dichtholen«!

Eine Variante: Starten mit Masthand am Mast.

Rigg nach Luv ziehen, bis es sich im Gleichgewicht befindet.

Simuliert ein Helfer größeren Segeldruck, muß der Körper nach Luv gelehnt werden.

Fehler und Korrektur:

Fehlerbild	Fehlerursache	Korrektur
Brett dreht sich in der Startposition	Segel an den Wind gelehnt	rechter Winkel zwischen Brett und Rigg
Gleichgewichtsprobleme in der Startposition	Füße zu dicht am Mast, Mast zu nahe am Körper, Rigg mit stark gebeugtem Arm gehalten	Füße weiter hinter den Mast Arm strecken
Rigg kann nicht nach Luv gezogen werden	Rigg zu nahe am Körper gehalten Füße zu dicht am Mast	Rigg mit leicht gebeugtem Arm nach Luv ziehen vorderen Fuß weiter nach hinten setzen
Nach dem Anholen dreht das Brett in den Wind	Rigg nicht weit genug nach Luv gezogen Beim Anholen das Rigg nach hinten, unten gezogen	Rigg nach Luv ziehen, bis es sich im Gleichgewicht befindet, Gabelbaumende muß nach oben zeigen Beugestellung der Arme bleibt beim Anholen erhalten
Nach dem Anholen wird der Oberkörper nach vorne geneigt – Rigg hängt nach Lee	Körper bleibv beim Anholen aufrecht stehen	Körper entsprechend dem Segeldruck nach Luv lehnen

Notstopp

Beherrscht der Anfänger das Starten und die halbe Drehung, ist er bei günstigen Windverhältnissen und unter der Obhut eines Lehrers oder eines anderen sicheren Surfers in der Lage, erste Fahrversuche durchzuführen. Als »Verkehrsteilnehmer« auf dem Wasser müssen ihm einerseits die Vorfahrtsregeln bekannt sein, andererseits muß er sein »Boot« in kritischer Situation zum Halten bringen können.
Dieses Manöver, **Notstopp** genannt, kann in mehreren Varianten durchgeführt werden.
Die **einfachste Form:**
Nehmen Sie beide Hände vom Gabelbaum und drücken Sie das nach Lee fallende Rigg aufs Wasser. Diese auf allen Kursen anwendbare Form des Notstopps stellt eine sehr sichere Möglichkeit dar, rasch abzubremsen. Zu beachten:

- Der Raum in Lee des Brettes muß frei sein.
- Das Brett fährt während des Fallenlassens noch einige Meter weiter.

Man ist jedoch *manövrierunfähig*.

Notstopp durch Backhalten des Segels.

Eine **elegante Form:**
Fieren Sie das Segel weit auf und drücken Sie es bugwärts gegen den Wind *(= Backhalten)*.
Legen Sie dabei Ihr Körpergewicht – jetzt auf der Leeseite des Segels stehend – gegen den Segeldruck. Der Wind bringt das Brett rasch zum Stehen. Die *Manövrierfähigkeit* bleibt erhalten.
Zu beachten:

- Bei starkem Wind erfordert der Notstopp durch Backhalten des Segels große Erfahrung und Geschicklichkeit.
- Auf Raumwindkurs ist er sehr schwierig, auf Vorwindkurs und im vorwindnahen Bereich nicht mehr möglich.

Bei längerem Backhalten des Segels beginnt das Brett zu drehen. Das Heck dreht nach Luv, der Bug nach Lee. Diese Tatsache ermöglicht es, nach einem Stopp durch Backhalten des Segels die Fahrtrichtung zu ändern. Dreht man das Brett auf diese Weise bis in die entgegengesetzte Fahrtrichtung, spricht man von einer **Stopphalse.**

Notstopp durch Fallenlassen und Niederdrücken des Riggs.

Steuern mit dem Rigg

Richtungsänderungen auf dem Wasser lassen sich eindeutig festlegen, wenn man sich auf die Richtung des Windes bezieht.
Man kann die Fahrtrichtung nach Luv ändern, also hin zum Wind, oder nach Lee, also weg vom Wind

Änderung der Fahrtrichtung zum Wind = **anluven.**
Änderung der Fahrtrichtung weg vom Wind = **abfallen.**

Die Anwendung der Begriffe *abfallen* und *anluven* erfolgt unabhängig vom jeweiligen Kurs. Aus dem Amwindkurs können wir anluven, bis das Brett genau in Windrichtung liegt, oder abfallen auf Halbwind-, Raumwind- oder Vorwindkurs. Segelboote werden durch Änderung der Stellung des Ruderblattes gesteuert. Der Segelsurfer kann infolge des nach allen Seiten beweglichen Riggs auf ein Ruder verzichten.
Ein Verlagern des Angriffspunktes der Windkraft im Segel gegenüber der am Brett angreifenden Wasserkraft (siehe S. 56) erzeugt eine für den Laien erstaunliche Wendigkeit. Den wirkungsvollsten Steuereffekt erreicht man aber nur, wenn die Kraft im Segel innerhalb der Zeitspanne des Steuerns erhalten bleibt. Während der Drehung des Brettes bleibt der Anstellwinkel des Segels zum Wind unverändert. Es drehen sich also nicht Brett **und** Segel **und** der Körper, sondern **nur** das Brett,

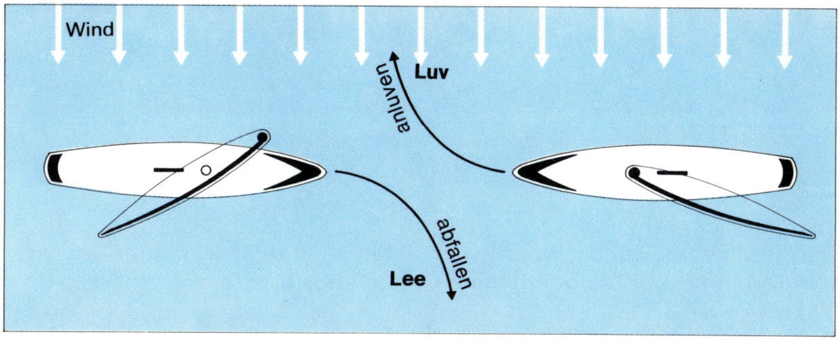

während der Segelsurfer das Rigg immer im richtigen Winkel zum Wind hält.
Das Segel darf beim Steuern weder killen noch zu dicht geholt werden.

Der Anstellwinkel des Segels zum Wind bleibt beim Steuern dann optimal, wenn das Rigg in Verlängerung der Segelsehne nach Luv oder Lee verschoben wird.

Bei der *Segelsehne* handelt es sich um eine gedachte Linie vom Schothorn zum Vorliek in Höhe des Gabelbaumes.
Hinweis: Den optimalen Winkel des Segels zum Wind findet man, wenn man fiert, bis das Segelprofil am Vorliek einzufallen beginnt und dann so weit anholt, bis dieses Einfallen gerade wieder verschwunden ist *(= ideale Segelstellung)*.

Zum Anluven verschiebt man das Rigg in Verlängerung der Segelsehne nach Lee, zum Abfallen in Verlängerung der Segelsehne nach Luv.

Wichtig: Die Drehbewegung des Brettes wird durch Zurücknehmen des Riggs in die Ausgangsposition gestoppt.

Bewegungsablauf:

Anluven:

- Kippen Sie das Rigg in Verlängerung der Segelsehne nach Lee. **Der hintere Arm wird dabei gestreckt, der vordere stark gebeugt.** Die vordere Hand befindet sich dicht vor dem Körper, das Gabelbaumende zeigt zum Wasser.

Abfallen:

- Kippen Sie das Rigg in Verlängerung der Segelsehne nach Luv. Der **vordere Arm wird gestreckt, der hintere Arm stark gebeugt.** Die hintere Hand befindet sich dicht vor dem Körper, das Gabelbaumende zeigt nach oben.

Hinweis: Neben der Steuerung mit dem Rigg kann insbesondere bei stärkerem Wind, auch das Brett zum Steuern eingesetzt werden, wie an anderer Stelle noch dargestellt wird.

Übungsformen:

1. Suchen Sie sich in der Grundposition feste Orientierungspunkte (Boje, Haus, Baum usw.) in Luv bzw. in Lee und steuern Sie nach dem Start diese Punkte an.
2. Versuchen Sie nahe dem Halbwindkurs »Schlangenlinien« zu fahren.
3. Wechseln Sie zwischen Fahren auf Amwind- und Raumwindkurs.
4. Wechseln Sie zwischen Fahren auf Halbwind- und Vorwindkurs.

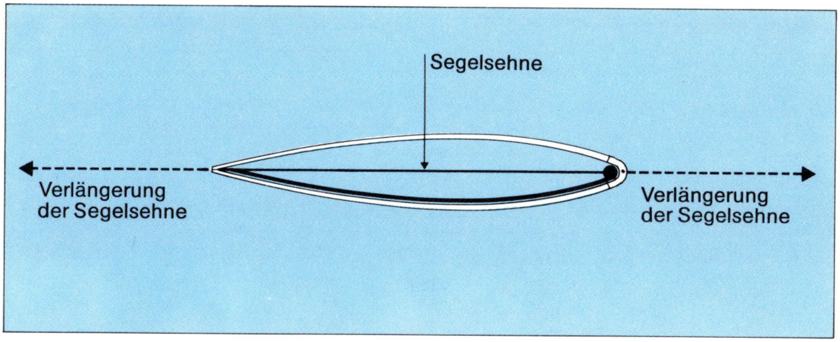

Abbildungen zum Anluven und Abfallen auf den beiden nächsten Seiten!

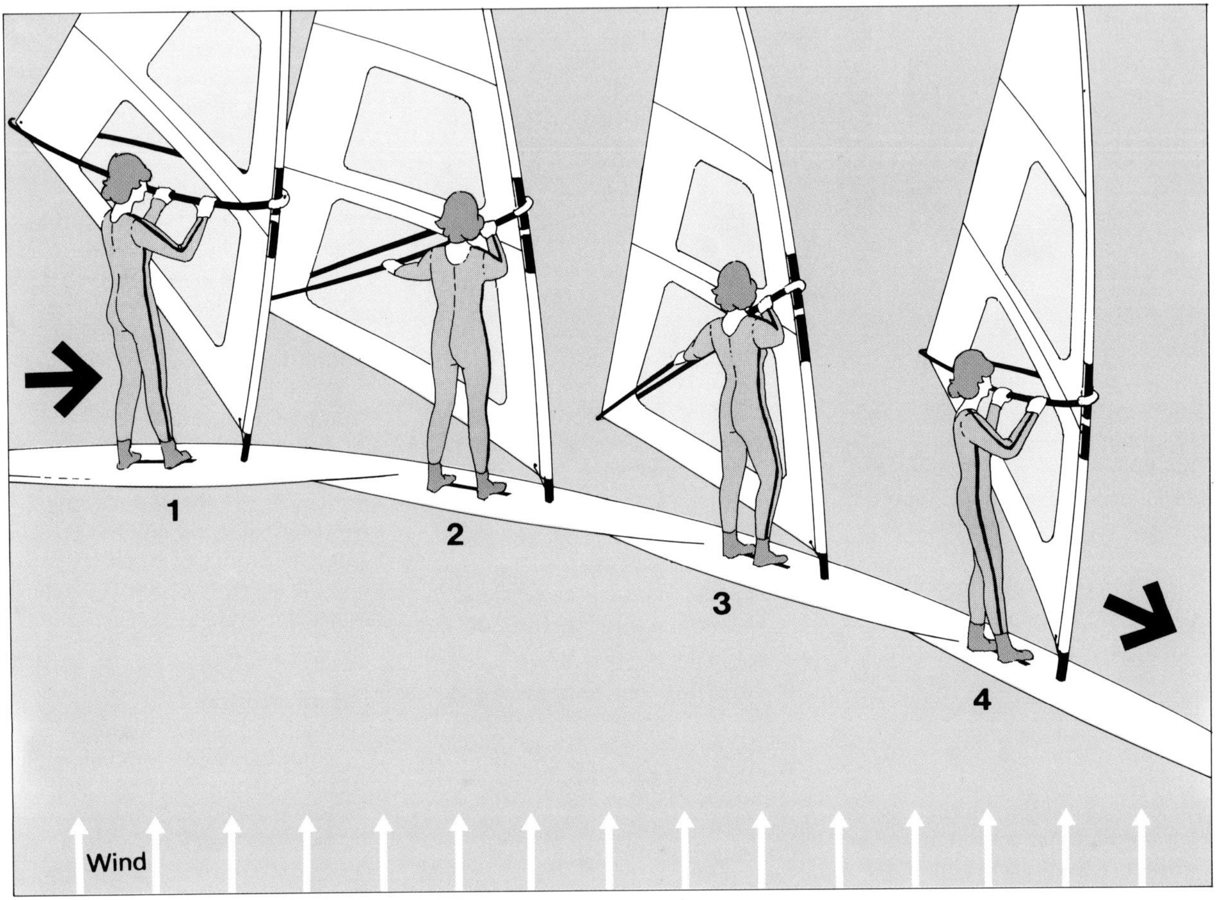

Anluven:

1 Geradeausfahrt.

2 Hinteren Arm strecken, vordere Hand vor dem Körper, Rigg in Verlängerung der Segelsehne nach Lee kippen.

3 Bug dreht zum Wind = anluven.

4 Rigg zurück in Ausgangslage, neue Geradeausfahrt.

Fehler und Korrektur: Anluven

Fehlerbild	mögliche Fehlerursache	Korrektur
Brett dreht nicht	1. killendes Segel 2. Rigg zu wenig nach Lee verschoben	1. anholen bis das Segel nicht mehr killt 2. Gabelbaumende zur Wasseroberfläche
Brett bleibt stehen	hinterer Arm zum Körper gezogen	fieren, jedoch nicht killen lassen, Rigg in Verlängerung der Segelsehne nach Lee
Brett dreht in den Wind, Segel killt	Drehen des Brettes nicht gestoppt	Drehen stoppen durch Zurücknehmen des Riggs in die Ausgangslage

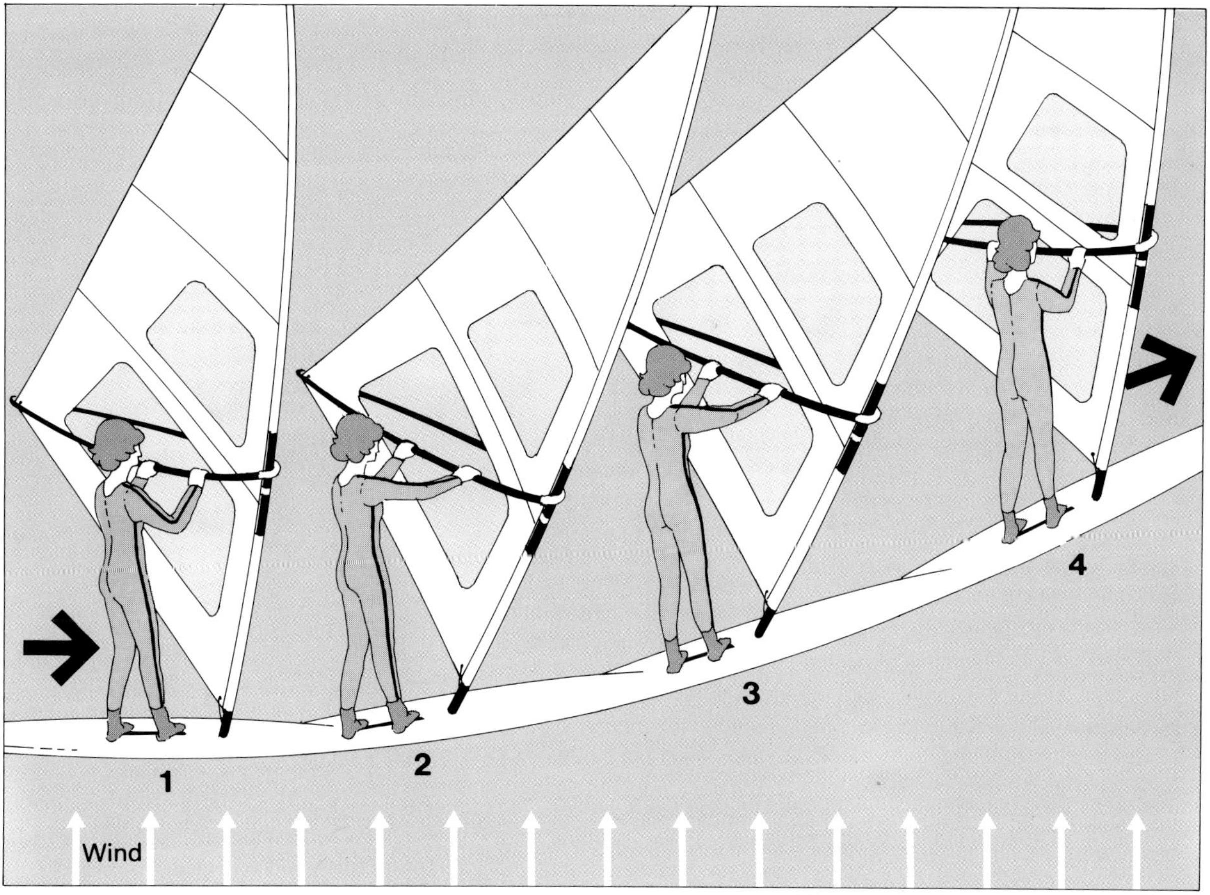

Abfallen:

1 Geradeausfahrt.

2 Vorderen Arm strecken, hintere Hand dicht vor den Körper, Rigg in Verlängerung der Segelsehne nach Luv kippen.

3 Bug dreht weg vom Wind = abfallen.

4 Rigg zurück in Ausgangslage, neue Geradeausfahrt.

Fehler und Korrektur: Abfallen

Fehlerbild	mögliche Fehlerursache	Korrektur
Brett dreht nicht	1. killendes Segel 2. Rigg zu wenig nach Luv verschoben	1. anholen bis Killen weg 2. Rigg in Verlängerung der Segelsehne nach Luv, Gabelbaumende hoch
Körper nach vorn gebeugt, Rigg kann nicht mehr gehalten werden	Segel zu dicht	Rigg in Verlängerung der Segelsehne verschieben
ruckhafter, plötzlicher Sturz nach vorne (»Schleudersturz«)	vorderer Arm Richtung Bug gestreckt, Stand zu nahe am Mast, Gewicht auf dem vorderen Fuß, Segel zu dicht	Rigg in Verlängerung der Segelsehne nach Luv Belasten des hinteren Beines

Wenden

Beim *Wenden* wird die Segelseite gewechselt und das Brett mit dem Bug durch den Wind gedreht. Das Manöver unterscheidet sich von der halben Drehung dadurch, daß es aus der Fahrstellung heraus durch Anluven bis in den Wind begonnen wird, während die halbe Drehung aus der Grundposition erfolgt. Das Wenden (auch: die *Wende*) ist beendet nach dem erneuten Start auf dem neuem Bug.

Wichtig: Durch das einleitende Anluven kommt man mit dem Wenden näher nach Luv, d.h., man gewinnt *Höhe* (siehe S. 51).

Das Wendemanöver läßt sich in vier Abschnitte gliedern:

1. Einleitendes Anluven bis in den Wind.
2. Vor den Mast gehen bei killendem Segel.
3. Weiterdrehen des Brettes durch Anlehnen des Segels an den Wind bis in die Grundposition.
4. Starten.

Bewegungsablauf:

- Greifen Sie mit der Masthand unterhalb des Gabelbaumes an den Mast.
- Luven Sie an.
- Setzen Sie während der Brettdrehung den vorderen Fuß dicht vor den Mast.
- Zeigt das Brett in den Wind (Gabelbaumende über dem Heck), dann drücken Sie sich vom hinteren Bein ab und treten vor den Mast. Gleichzeitig lösen Sie die Segelhand vom Gabelbaum und fassen jetzt mit beiden Händen den Mast.
- Drehen Sie das Brett weiter durch Anlehnen des Segels an den Wind bis in die Grundposition.
- Starten Sie.

Übungsformen:

1. Fahren Sie auf Halbwindkurs mit Griff der vorderen Hand am Mast.
2. Steuern sie mit der Masthand am Mast.
3. Luven Sie mit der Masthand am Mast an bis in den Wind, gehen Sie rechtzeitig vor den Mast und kontrollieren Sie, ob das Segel genau über der Längsachse des Brettes killt.

Wenden: ▷

1 Geradeausfahrt.
2 Masthand an den Mast.
3 Anluven.
4 Vorderen Fuß vor den Mast.
5 Bug im Wind, Segelhand lösen, vor den Mast gehen, beide Hände am Mast, Arme gestreckt.
6–7 Segel an den Wind lehnen, Brett drehen.
8 Grundposition.

Fehler und Korrektur:

Fehlerbild	Fehlerursache	Korrektur
Brett dreht nicht in den Wind	1. Segel killt, Segelhand zu nahe am Mast 2. Segelhand löst sich zu früh vom Gabelbaum	1. anholen bis Falten verschwinden, Segelhand bneibt in unveränderter Position am Gabelbaum 2. Segelhand lösen, wenn Gabelbaumende über dem Heck
Gleichgewicht beim Anluven gefährdet	1. vorderer Fuß nicht oder zu spät vor den Mast gesetzt 2. Körper zu spät vor den Mast	1. während des Anluvens vorderen Fuß vor den Mast setzen 2. vor den Mast gehen, wenn das Brett im Wind steht
Brett kann nicht in die Grundposition gedreht werden	Füße links und rechts heckwärts vom Mast	beide Füße vor den Mast (bugwärts)

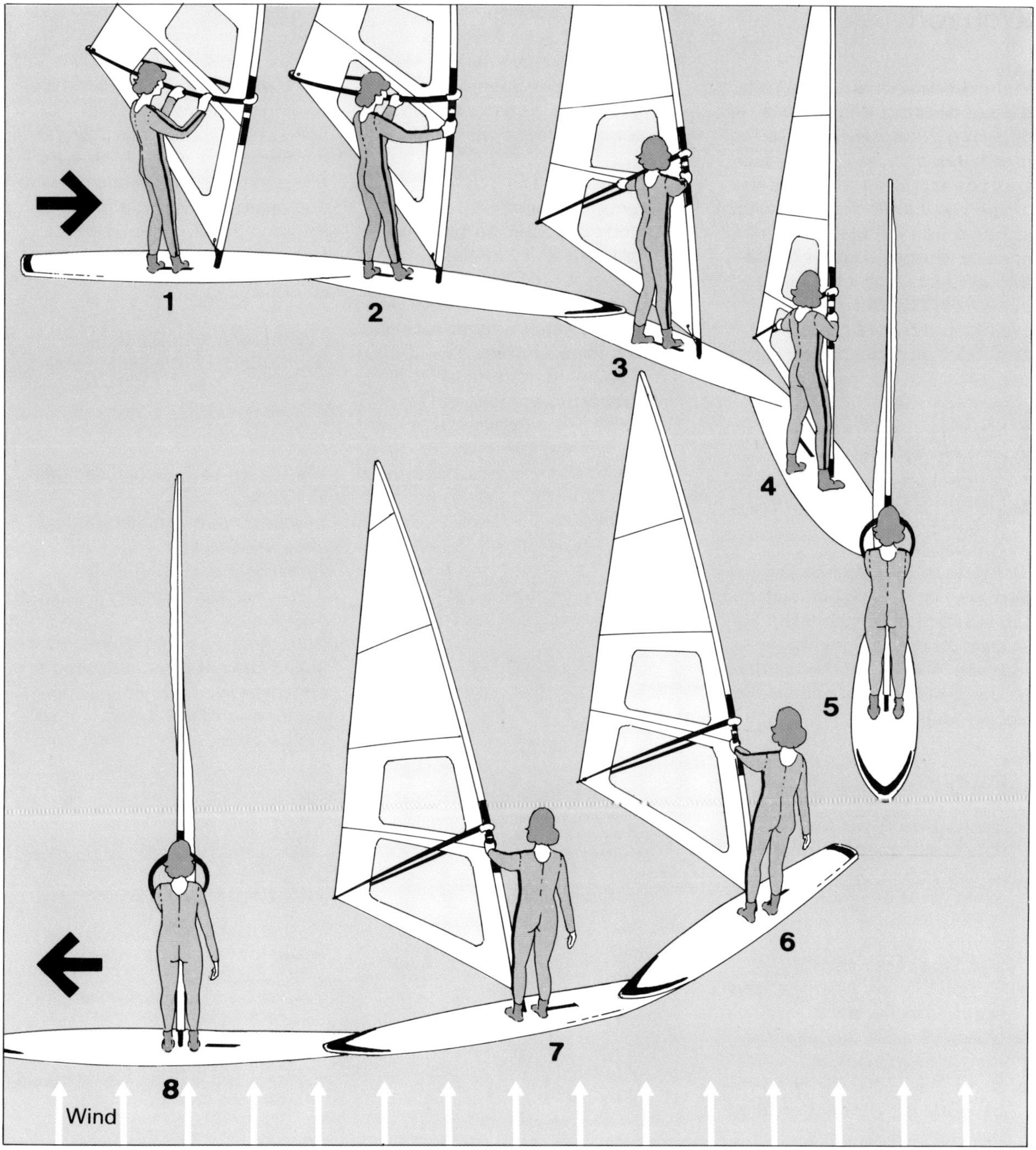
1
2
3
4
5
6
7
8
Wind

Kreuzen

Will man ein Ziel in Luv anlaufen, das auf direktem Weg nicht zu erreichen ist (siehe S. 51 ff.) so muß man *kreuzen* (oder einen *Kreuzkurs* fahren). Beim Kreuzen fährt man einen Amwindkurs auf wechselndem Bug mit dazwischenliegenden Wenden. Daraus ergibt sich ein Zick-Zack-Kurs gegen den Wind. Die Strecke zwischen zwei Wenden heißt *Schlag*.
Das Kreuzen ist also keine eigene neue Fertigkeit, sondern setzt sich zusammen aus

- Starten auf Halbwindkurs
- Anluven auf Amwindkurs
- Wenden
- Starten auf Halbwindkurs
- Anluven
- Wenden usw.

Das sichere Beherrschen dieser Fertigkeiten ist die Voraussetzung, um ein Ziel gegen den Wind ansteuern zu können. Mißlingen mehrere Manöver nacheinander, ist die jeweils gewonnene Höhe wieder verloren.

> Das Kreuzen ist für den Anfänger ein wesentliches Element zu seiner persönlichen Sicherheit, da damit ein Zurückkehren an den Ausgangspunkt gewährleistet ist.

Einige **Tips** zum Kreuzen:

- Führen Sie Ihre Manöver langsam und sicher durch.
- Überprüfen Sie die Segelstellung auf Amwindkurs.
- Kontrollieren Sie die gewonnene Höhe mit Hilfe fester Orientierungspunkte.
- Berücksichtigen Sie die starke Abdrift auf Amwindkursen.
- Beachten Sie den hohen Kraftaufwand bei Amwindkursen.
- Wenden Sie nicht erst dann, wenn die Arme ermüdet sind.

Übungsformen:
1. Versuchen Sie, zu bestimmten Zielen in Luv aufzukreuzen.
2. Fahren Sie hinter einem Partner nach und versuchen Sie beim Kreuzen die »Spur« zu halten.
3. Kreuzen Sie mit zwei Schlägen zu einem bestimmten Ziel.

Kreuzen

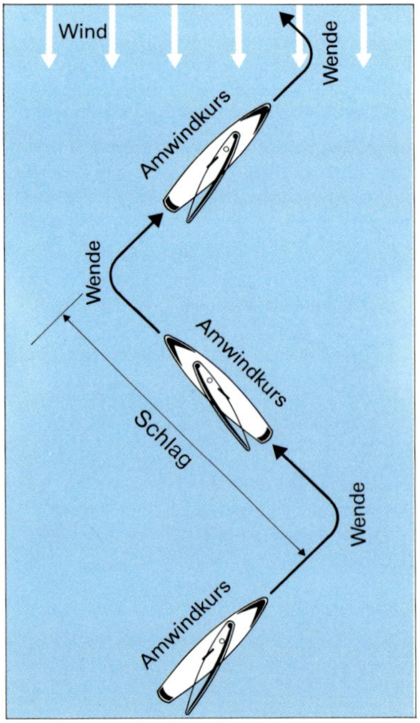

Halsen

Als *Halsen* (auch: die *Halse*) bezeichnet man ein Manöver, bei dem – genau wie beim Wenden – die Segelseite gewechselt wird. Im Gegensatz zum Wenden dreht aber jetzt das Heck durch den Wind.
Das Halsen ist immer mit einem Fahren nach Lee verbunden.

> **Hinweis:** Aus Sicherheitsgründen sollten Sie die Halse erst versuchen, wenn Sie das Kreuzen sicher beherrschen!

Die Halsen setzt sich zusammen aus dem
1. einleitenden Abfallen bis auf Vorwindkurs
2. Wechsel der Fußstellung
3. Wechsel der Segelseite
4. Starten.

Betrachtet man den Bewegungsablauf beim Halsen, erscheint er einfacher als der beim Wenden, da die Position des Körpers nur wenig verändert werden muß, um

Halsen: ▷

1 Geradeausfahrt.
2–5 Abfallen bis auf Vorwindkurs, Fußstellung dem jeweiligen Kurs anpassen.
5 Masthand an den Mast, Fußstellung ändern. Segelhand lösen.
6–7 Segel an den Wind anlehnen, Wechsel der Hand am Mast.
8 Startposition, Starten.
9 Neue Geradeausfahrt.

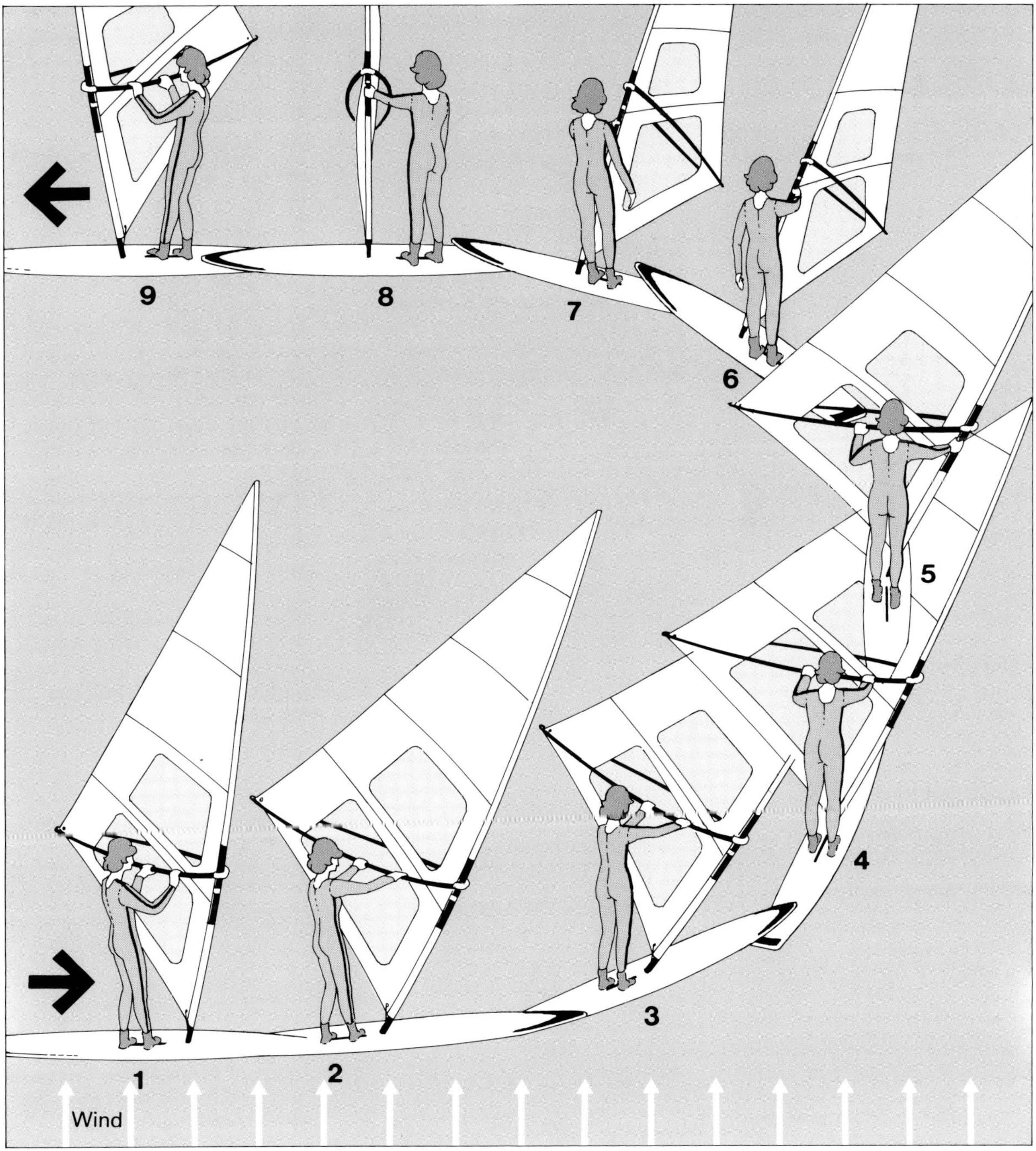
9
8
7
6
5
4
3
2
1
Wind

auf dem neuen Bug weiterzufahren. Probleme beim Halsen bereitet in erster Linie das Abfallen durch exakte Riggsteuerung bis auf Vorwindkurs. Versetzt man die Füße entsprechend der neuen, geplanten Fahrtrichtung, ermöglicht das anschließende *Schiften* des Segels ein Starten, ohne vorher die Grundposition einnehmen zu müssen. Der Verzicht auf die Grundposition erlaubt einen sehr flüssigen Bewegungsablauf der Halse.

Schiften = Das Segel um den Mast als Drehachse auf die andere Seite herumschlagen lassen!

Ein wichtiges Element der Halse ist das kurzzeitige Fahren auf Vorwindkurs.

Das Vorwindfahren:
Der Vorwindkurs weist folgende Kennzeichen auf:

- Das Heck zeigt genau gegen den Wind.
- Das Segel steht quer zur Brettlängsachse.
- Der Körper steht ebenfalls quer zur Brettlängsachse.
- Die Füße stehen etwa neben dem Schwertkasten, die Fußspitzen zeigen zum Bug.
- Der Segeldruck ist gering (siehe S. 76).
- Das Brett ist relativ kippelig.

Das Steuern auf Vorwindkurs erfolgt nach dem gleichen Prinzip wie auf allen anderen Kursen. Da man jedoch nicht mehr im Auftriebsbereich sondern im Widerstandsbereich (siehe S. 54) segelt, ist das Rigg in Verlängerung der Segelsehne lediglich nach Steuerbord oder Backbord (nicht nach Luv oder Lee) zu neigen, um das Brett in Drehung zu versetzen.

Beim Neigen des Riggs auf Vorwindkurs nach rechts (Steuerbord), dreht das Brett nach links (Backbord) und umgekehrt.

Bewegungsablauf beim Halsen:

- Fallen Sie ab bis auf Vorwindkurs, passen Sie dabei Ihre Körperposition (Fußstellung) dem jeweiligen Kurs an.
  Gehen Sie gleichzeitig etwas heckwärts, wird das Drehen des Brettes erleichtert.
- Verändern Sie Ihre Fußstellung entsprechend dem neuen, geplanten Halbwindkurs.
- Greifen Sie mit der Masthand an den Mast.
- Lösen Sie die Segelhand und lassen Sie das Rigg am langen Arm um den Mast herumschwingen.
- Während das Brett jetzt weiterdreht, wechseln Sie die Hand am Mast.
- Nach Erreichen der Startposition ziehen Sie das Rigg mit der neuen Masthand nach Luv, bis es sich im Gleichgewicht befindet.
- Legen Sie erst die Segelhand, dann die Masthand auf den Gabelbaum und holen Sie das Rigg durch Rückdrehen des Körpers an.

Fehler und Korrektur:

Fehlerbild	mögliche Fehlerursache	Korrektur
Brett fällt nicht ab	1. Segel killt 2. Rigg zu wenig nach Luv geneigt	1. Segel anholen 2. Gabelbaumende hoch
Brett dreht nach dem Schiften nicht weiter	Rigg mit gebeugten Armen geschiftet	Arme strecken
Rigg kann auf neuem Bug nicht nach Luv gezogen werden	Fußstellung nicht verändert	Fußstellung entsprechend der neuen Fahrstellung verändern
Brett luvt nach dem Halsen stark an	Rigg zu wenig weit oder zu spät nach Luv gezogen	nach dem Wechsel der Hand am Mast Rigg zügig nach Luv ziehen, bis es im Gleichgewicht steht

Übungsformen:
1. Wechseln Sie nach dem Start zwischen Halbwind- und Vorwindkurs.
2. Fahren Sie auf Vorwindkurs.
3. Fahren Sie auf Vorwindkurs »Schlangenlinien«.
4. Schiften Sie auf Vorwindkurs das Segel und drehen Sie das Brett mit dem Segel in die Grundposition.
5. Fahren Sie mehrere Halsen nacheinander.
6. Versuchen Sie bis zu einem festen Punkt eine bestimmte Anzahl von Halsen zu fahren.

Fahren

Die nach einem erfolgreichen Start eingenommene Fahrstellung ist keine statische Position, sondern wird ständig den veränderten äußeren Umständen angepaßt. Sie hängt im wesentlichen ab von
- Änderungen der Windstärke
- der Fahrgeschwindigkeit
- der Fahrtrichtung.

Der Körper bildet das Gegengewicht zur Windkraft. Um Rigg und Körper im Gleichgewicht zu halten, müssen wir **bei stärkerem Wind** den Körper zunehmend – der Windkraft entgegen – nach Luv legen. Leicht gebeugte Arme unterstützen dies und entlasten die Armmuskulatur. Der Ermüdung beugt man auch durch gleichmäßige Belastung beider Arme vor. Dies erreicht man mit Hilfe folgender Übung:
- Wandern Sie mit den Händen am Gabelbaum zusammen, bis Sie das Rigg nahezu an einem

Körper gestreckt nach Luv gelehnt, Arme leicht gebeugt, Griff schulterbreit, Füße hüftbreit.

Manöverkreis

Der Manöverkreis als Lernzielkontrolle:
Fährt man um einen festen oder gedachten Punkt einmal im Kreis, so handelt es sich um das Befahren eines *Manöverkreises*. Ein Kreis im geometrischen Sinne ist jedoch nicht erreichbar und soll auch gar nicht angestrebt werden. Zum Lösen dieser »Kreisaufgabe« muß man alle wichtigen Manöver können, weshalb sich der Manöverkreis sehr gut als Kontrolle für die eigene Fahrkunst eignet.
Beginnt man in Luv einer Boje, müssen nacheinander folgende Manöver durchgeführt werden:
- Starten
- Abfallen
- Vorwindfahren
- Halsen
- Anluven
- Wenden
- Starten.

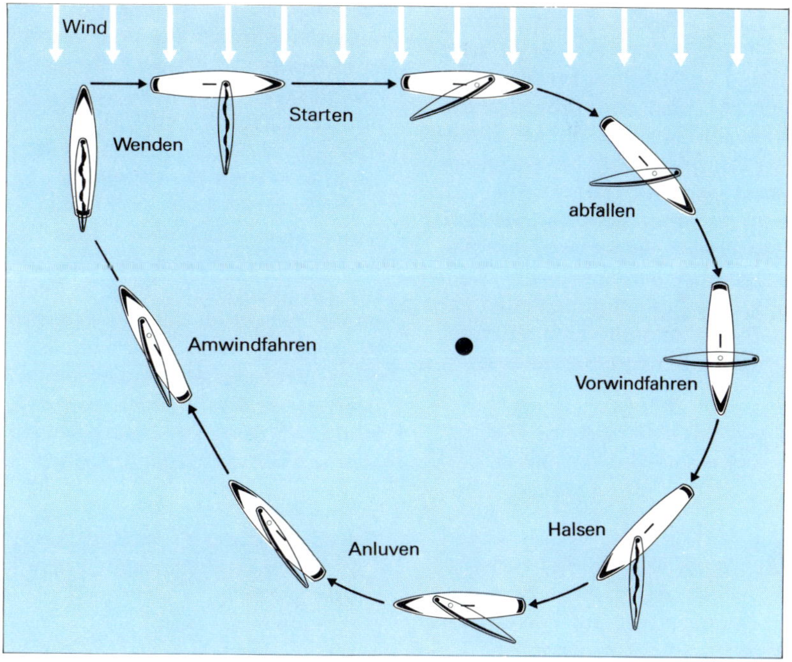

Punkt halten können. Rutschen Sie von dieser Stelle dann mit beiden Händen gleichweit auseinander, bis Sie Schulterbreite erreicht haben.

Mit **zunehmender Fahrgeschwindigkeit** verändert sich der Lateralplan (siehe S. 55 und 80) des Brettes, die Widerstandskräfte wirken näher am Heck. So kann man mit dem Rigg weiter heckwärts gehen, ohne die Geradeausfahrt des Brettes zu stören.

Bei Änderungen der Fahrtrichtung gilt es, die Veränderungen am Gerät (veränderte Winkelstellung zwischen Rigg und Brett) durch Bewegung des Körpers zu berücksichtigen. Die Stellung des Segels zum Brett, abhängig vom jeweiligen Kurs, bestimmt die Position des Körpers.

Um ermüdungsfrei und unverkrampft surfen zu können, soll sich der Körper des Surfenden in der Fahrstellung in einer **möglichst verwindungsfreien** Position befinden. Die Arme sind bei schwachem Wind in einer mittleren Beugestellung, bei stärkerem Wind sind sie gestreckt. Die Schulterachse steht parallel zum Gabelbaum. Erfüllt man nun die Forderung, daß der Körper in einer möglichst verwindungsfreien Lage sein soll, so ergibt sich automatisch die richtige Fußstellung.

> Die Füße müssen etwa im rechten Winkel zur Sehne der Segelkrümmung stehen.

Man steht also mit den Füßen auf Amwindkursen nahezu quer zur Brettlängsachse, auf Vorwindkurs parallel zur Brettlängsachse.

Sicherheit und Gesundheit

Um vermeidbare Risiken ausschließen zu können, sollte sich der Surfer Gedanken zu den Problemkreisen *Sicherheit* und *Gesundheit* machen, ehe er an die Praxis des Segelsurfens herangeht.

Unterkühlung, Hitzestau

Der Körper des Segelsurfers ist praktisch immer von Wind und – bedingt durch Stürze oder durch Spritzwasser – auch meistens von Wasser umgeben. Der Wind in Verbindung mit der besonders hohen Wärmeleitfähigkeit des Wassers entzieht dem Körper außergewöhnlich viel Wärme und **unterkühlt** ihn. Dieser Wärmeentzug steigt mit sinkenden Luft- und/oder Wassertemperaturen. Aber – und das zu wissen, ist sehr wichtig! – auch bei verhältnismäßig warmen Luft- und Wassertemperaturen wird dem Körper des Surfers soviel Wärme entzogen, daß der Wärmeverlust schon nach kurzer Zeit durch die körpereigene Wärmeproduktion nicht mehr ganz ausgeglichen werden kann. Dies erklärt die Tatsache, warum man beim Surfen in Badekleidung sehr schnell zu frieren anfängt.

> Badekleidung ist als Surfbekleidung denkbar ungeeignet und auf längere Sicht gesundheitsschädlich!

Als Surfer sollten Sie immer in einer der Situation angepaßten Wärmeschutzkleidung Ihren Sport betreiben und sich bewußt auf Anzeichen beginnender Unterkühlung kontrollieren. Solche Anzeichen sind:

> »Gänsehaut«, Kältezittern, bläuliche Lippen, blasse und kühle Haut, deutlich erhöhter Puls, große Schwierigkeiten in der Bewegungskoordination.

Treten diese Anzeichen auf, dann surfen Sie sofort ans Ufer und bleiben nicht im Windzug; anschließend führen Sie dem Körper von außen und innen Wärme zu.

Wärme von außen:

- Warm duschen, gut abtrocknen, sich in möglichst vorgewärmte Decken hüllen, warme und trockene Kleidung anziehen.

Wärme von innen:

- Warmen, süßen Tee trinken; keinen Alkohol, da er den Erwärmungsvorgang des Körpers nur scheinbar günstig beeinflußt.

Ist ein Surfer so unterkühlt, daß bereits ein apathisches Stadium eintritt und er kaum oder nicht mehr ansprechbar ist, dann gibt es für den Helfer nur eine Überlegung:

- Den stark Unterkühlten so schnell wie möglich zu einem Arzt oder in die nächste Klinik bringen!

Die erwähnten Mittel zur Wiedererwärmung des leicht unterkühlten Körpers könnten im fortgeschrittenen Stadium der Unterkühlung zu lebensbedrohenden Maßnahmen werden.
Aber nicht nur die Unterkühlung stellt eine Gefahr für den Wärmehaushalt des Körpers dar; der eng sitzende Surfanzug kann besonders bei Sonne, hohen Lufttemperaturen und wenig Wind im Körper des Segelsurfers einen **Hitzestau** hervorrufen. Ist es nicht möglich, den Anzug gegen einen leichteren auszutauschen, dann sollten Sie Reißverschlüsse öffnen und sich öfter mal abkühlen. Eine Kopfbedeckung schützt den Kopf bei wenig Wind vor allzu intensiver Sonnenstrahlung.

Surfbekleidung

An eine zweckmäßige Surfbekleidung sind grundlegende Ansprüche zu stellen. Sie soll bzw. muß

- den Körper vor Auskühlung und Sonnenbrand schützen
- bei Stürzen auf Brett oder Gabelbaum eine Art »Polster« darstellen, das Hautabschürfungen und Prellungen entgegenwirkt
- trotz eng sitzender Paßform gute Bewegungsfreiheit gewähren
- dem Körper im Wasser Auftrieb verleihen
- in einer Farbe gehalten sein, die den Surfer weithin sichtbar macht (Signalfarben!)

Die heute im Fachhandel erhältlichen Surfanzüge entsprechen weitgehend diesen Bedingungen. Die Anzüge werden meist aus einem speziellen Schaumstoff hergestellt, der unter dem Begriff *Neopren* bekannt wurde.
Die Innenseite des drei bis vier Millimeter dicken Anzugs ist mit einer Textilauflage versehen. Die Außenseite kann aus glattem Neopren bestehen *(Glatthaut)*, oder es ist ebenfalls – wie auf der Innenseite – eine Textilauflage aufgebracht. Solche Anzüge bezeichnet man als *kaschiertes Neopren*. Beide Anzugarten haben unterschiedliche Eigenschaften.
Der Fachhandel bietet folgende Neopren-Surfbekleidung an: Long John, Short John, Jacke mit Ärmeln, Kopfhaube, Stirnband, Füßlinge, Schuhe, Nierenschutzgürtel, Handschuhe.
Neben der Neoprenbekleidung gibt es noch leichte, speziell für hochsommerliche Verhältnisse gedachte Anzüge aus Kunststoff, die zwar sehr schick aussehen, aber praktisch kaum Wärmeschutz bieten und lediglich Wind und Wasserspritzer vom Körper abhalten.
Im Fachhandel werden auch *Trockenanzüge* angeboten. Solche Anzüge bestehen aus wasserdichtem Material und sind am Hals, an den Handgelenken und an den Sprunggelenken mit weichen und fest sitzenden Gummimanschetten abgedichtet. Diese Anzüge wärmen nicht, aber man kann darunter entsprechend den herrschenden Temperaturen warme Kleidung anziehen und bleibt trocken, da von außen kein Wasser eindringen kann.
Im Gegensatz zu den soeben beschriebenen Trockenanzügen bietet ein *wasserdichter Neopren-Trockenanzug* hohen Wärmeschutz. Der Surfer hat gute Bewegungsfreiheit, dazu gewährleistet das Neopren eine zusätzliche Auftriebshilfe.
Trockenanzüge sind nicht für Anfänger gedacht, sondern für Surfer, die auch unter extremen Bedingungen, z.B. im Spätherbst

	Glatthaut	**kaschiertes Neopren**
Wärmeschutz	etwas besser als bei kaschiertem Neopren	etwas schlechter als bei Glatthaut
Sicherheitsfarben	ungünstig, da nur in schwarz lieferbar	günstig, da in leuchtenden Signalfarben lieferbar
Elastizität	sehr elastisch	nicht sehr elastisch
Bewegungsfreiheit	sehr gut	engt etwas ein
Anfälligkeit für Beschädigungen	kann durch spitze oder scharfkantige Gegenstände leicht einreißen	reißt nicht leicht ein
Reparaturmöglichkeit	mit Neoprenkleber selbst reparierbar	selbst schlecht zu reparieren

oder vielleicht sogar im Winter, ihren Sport ausüben wollen. Für diese Jahreszeiten gibt es auch besonders dicke Neoprenkleidung. Wer vorwiegend in Gewässern surft, in denen die Wassertemperaturen im Normalfalle nicht deutlich über zwanzig Grad Celsius liegen, sollte sich *Surfschuhe* aus wärmendem Neopren mit rutschhemmenden Sohlen kaufen. Sohlen, die sich sehr weich anfühlen und kaum Profil haben, haften meist gut auf dem Surfbrett. Obwohl viele Surfer behaupten, barfuß hätte man das beste Gefühl für das Brett, sollte man doch aus Sicherheitsgründen mit Schuhen surfen.

Ob es sich um Verletzungen durch Finnen handelt, um einen zwischen Brett und Mast eingeklemmten Fuß oder um spitze Steine bzw. Glasscherben, die beim Absteigen in Strandnähe die Füße aufschneiden können:

- Schuhe sind in jedem Fall ein guter Schutz gegen Verletzungen und übermäßige Auskühlung des Körpers.

Trapez

Das *Trapez* – auch *Trapezgurt* genannt – erfüllt in erster Linie eine Sicherheitsfunktion. Wer die Technik des Trapezsurfens sicher beherrscht, kann nicht nur kraftsparend und damit länger surfen, er wird auch seltener Probleme haben, bei schwierigen Verhältnissen (z. B. bei kräftigem, ablandigem Wind) doch noch sicher das Ufer zu erreichen.

Unten links: einfacher Trapezhaken, unten rechts: Sicherheitstrapezhaken, oben: Sicherheitstrapezhaken auf breiter Hakenplatte, verteilt den Druck gleichmäßiger auf den Brustkorb.

An einen funktionsfähigen, auch der Sicherheit dienenden Trapezgurt sind folgende Anforderungen zu stellen:

- Er muß eine anatomisch günstige Paßform aufweisen, dabei muß er den Rücken stützen und darf den Brustkorb nicht einengen.
- Die Gurte sollten breit und möglichst gepolstert sein, damit Hautabschürfungen am Körper und Scheuerstellen am Neoprenanzug vermieden werden.
- In das Trapez sollte ein Rucksack eingearbeitet sein, damit der Surfer wichtige Kleinigkeiten mitnehmen kann (z. B. Abschleppleine, Autoschlüssel, Geld, Signalmittel im Küstenbereich usw.). Der Rucksack sollte einen Wasserablauf enthalten und durch einen kräftigen, nicht rostenden Reißverschluß zu schließen sein.
- Der Trapezhaken sollte als *Sicherheitshaken* ausgeführt sein, der sich bei einem Sturz automatisch vom Trapeztampen löst.
- Das Trapez muß mit einer *Schnellabwurfschnalle* bzw. einem *Schnellabwurfsystem* versehen sein. Durch Lösen dieser Schnalle muß sich der Trapezgurt schnell abstreifen lassen, falls sich mal bei einem Sturz ein Trapeztampen so unglücklich um den Haken wickelt, daß man sich nicht problemlos aushängen kann.
- Erstrebenswert ist eine Signalfarbe die den Segelsurfer besser sichtbar macht.

Schwimmweste

Surfer tragen in der Regel keine Schwimmwesten. Das ist durchaus zu vertreten, denn Neoprenkleidung stellt eine deutliche **Auftriebshilfe** dar. Aber es gibt Situationen, in denen sich das Tragen von Schwimmwesten als sinnvoll erweist: z. B. am Meer bei ablandigem Wind oder bei »Langschlägen« weitab vom Land. In diesen Fällen ist die Gefahr, längere Zeit in einer Notsituation auf Rettung warten zu müssen, natürlich größer als auf kleineren Seen. Unterkühlung, Müdigkeit und Wellen könnten dazu führen, daß der in Seenot geratene Surfer seine »Rettungsinsel« verliert und total erschöpft im Wasser treibt. Hier kann eine *ohnmachtssichere Schwimmweste* – die den Körper in die Rückenlage dreht (freie Atemorgane!) – lebensrettend sein. Mit einem Neoprenanzug allein ist diese Rückenlage nicht

1 Schwimmweste – ohne Kragen – mit Trapez
2 Schwimmweste – mit Kragen – mit Trapez
3 Surftrapez ohne Schwimmweste.

gesichert, ebensowenig mit einer nicht ohnmachtssicheren Schwimmweste, d.h. mit einer Weste ohne Kragen.
Ähnliche Überlegungen gelten beim Surfen in kaltem Wasser wegen der besonders großen Unterkühlungsgefahr. Auch beim Surfen mit Trockenanzügen ohne Neopren sollten in kalter Jahreszeit Schwimmwesten getragen werden. Zwar befindet sich normalerweise viel Luft zwischen Anzug und Körper, die gegen Kälte isoliert und auch viel Auftrieb bringt; reißt man aber – z.B. bei einem Sturz aufs Brett – ein Loch in den Anzug, so reduzieren sich Auftrieb und Isolationswirkung oder verschwinden ganz: Es besteht dann die große Gefahr der raschen Unterkühlung.
So sehr auch Sicherheitsaspekte für das Tragen von Schwimmwesten sprechen, in der Praxis ist das nicht ganz unproblematisch. Über dem Neoprenanzug getragen, engen sie die Bewegungsfreiheit deutlich ein. Der Kragen, der eine Schwimmweste erst zu einer ohnmachtssicheren Schwimmweste macht, stört ebenfalls und kann evtl. sogar den Gesichtskreis einengen, besonders dann, wenn es sich um eine ohnmachtssichere Segler-Schwimmweste (teilweise mit recht großem Kragen!) handelt. Wenn über der Schwimmweste auch noch der Trapezgurt getragen werden soll (das Trapez unter der Schwimmweste zu tragen ist nicht sinnvoll, da man sich dann kaum mehr einhängen kann), so wird die Beweglichkeit noch weiter eingeengt.
Abgesehen davon, daß jeder Segelsurfer über das Tragen von Schwimmwesten nach bestem Wissen und Gewissen selbst entscheiden muß, sollte er sich beim Surfen in unbekannten Revieren danach erkundigen, ob dort das Tragen von Schwimmwesten evtl. durch die Behörden vorgeschrieben wird (wie das in einigen Revieren tatsächlich der Fall ist!).
Eine nicht so stark auftragende Auftriebshilfe stellt die *halbautomatische* Schwimmweste dar. Sie liegt locker – einem nicht aufgepumpten Fahrradschlauch ähnlich – um den Körper. Tritt eine Notsituation ein, so zieht man an einem Bändsel, und die Schwimmweste bläst sich automatisch auf.
An einer Schwimmweste sollte eine Signalpfeife mit einem Bändsel befestigt sein. Der auffallende Ton dieser Pfeife ist auch bei Wind und Wellen verhältnismäßig gut zu hören. Genau wie Trapezgurte sollten Schwimmwesten durch sichtbare Signalfarben auffallen.
Der Fachhandel bietet auch spezielle, mit einem Trapez kombinierte Surferschwimmwesten an.

Notsituationen und Notsignale

Wenn es für einen Segelsurfer trotz allen Bemühens nicht mehr möglich ist, das Ufer aus eigener

Ein internationales Notsignal: Langsames und wiederholtes Heben und Senken beider seitlich ausgestreckter Arme.

Kraft wieder zu erreichen, befindet er sich in einer Notsituation, und er muß versuchen, fremde Hilfe herbeizurufen. Ist fremde Hilfe erforderlich, muß ein *Notsignal* so rechtzeitig, deutlich und ausdauernd gegeben werden, daß Helfer auch aufmerksam gemacht werden.

Notsignale:
- Langsames und wiederholtes Heben und Senken beider seitlich ausgestreckter Arme
- Trillern mit Signalpfeife
- Abschießen von Seenotraketen
- Abschießen von Munition eines Signalgebers (Signalstift oder „Nicosignal")
- Abgabe orangefarbener Rauchsignale.

In der Regel wird ein Segelsurfer in einer Notlage versuchen, durch Heben und Senken der Arme auf sich aufmerksam zu machen. Wer bei ablandigem Wind in Küstennähe surft, sollte *pyrotechnische Signale* bei sich führen, die in jedem Trapezrucksack Platz finden. Beachten Sie aber dabei ganz streng:

Seenotsignale dürfen nur in einem echten Seenotfall gegeben werden, wenn sofortige Hilfe dringend erforderlich ist.

Für Notsignale durch Raketen bzw. Signalgeber wird folgende Regel empfohlen:
- Erstes Signal um Aufmerksamkeit zu erwecken!

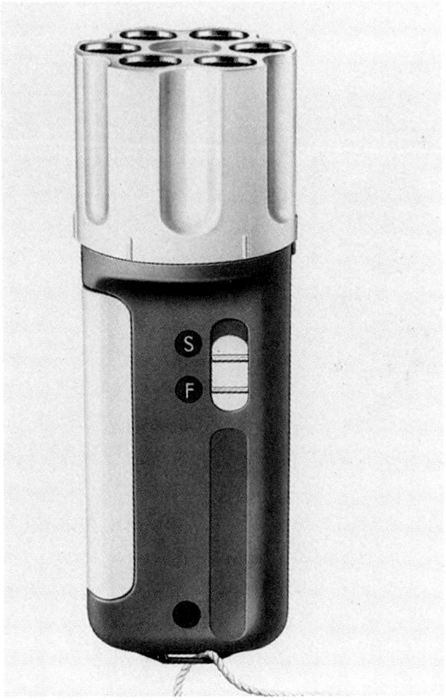

Ein interessanter Signalgeber für Segelsurfer ist das taschenlampengroße »Nicosignal«, das 6 rote Leuchtsterne enthält (Brennzeit ca. 6 s, Steighöhe ca. 80 m).

- Zweites Signal kurz nach dem ersten abschießen, um eine Einpeilung zu ermöglichen (Doppelschuß)!
- Drittes Signal zur Ortung einsetzen, wenn das Rettungsfahrzeug naht!
- Viertes Signal als Reserve!

Verhalten bei Bergung aus Seenot

Naht ein Rettungsfahrzeug, so gilt:
- Auf dem Brett bleiben, bis das Fahrzeug in der Nähe steht und man – ohne durch die Schraube gefährdet zu werden – an geeigneter Stelle, möglichst über eine Badeleiter an Bord genommen werden kann.

Ob und in welcher Weise das Material geborgen werden kann, das hängt weitgehend vom Erschöpfungszustand des zu Rettenden ab. Kann der Surfer das Rigg noch bergungsfähig zusammenlegen, so soll er das tun, damit Brett und Rigg an Bord genommen werden können. Er sollte jedoch nicht zu früh abriggen, denn so lange das Rigg noch im Wasser liegt, wirkt es wie ein Treibanker, d.h., das Abtreiben wird verlangsamt. Ist der zu Rettende erschöpft, so kümmert sich im allgemeinen die Mannschaft des Bergungsfahrzeuges um das Material.

Im Falle einer Bergung durch einen **Rettungshubschrauber** ist folgendes zu beachten:
- Bei Annäherung des Hubschraubers auf dem Brett bleiben und sich dort festhalten!
- Falls sich aus dem Hubschrauber ein Helfer zu dem zu Rettenden abseilt: den Anweisungen des Helfers Folge leisten!
- Falls eine Rettungsschlinge (ohne Helfer) herabgelassen wird:

  1. Rettungsschlinge über den Kopf und unter die Achseln streifen und vor der Brust mittels Schlaufe zuziehen, damit beim Aufholen Zug auf den Rücken kommt!
  2. Beim Anhieven Arme abwärts anwinkeln und fest an den Körper andrücken!
  3. Vor der Bergung auf keinen Fall ins Wasser springen (Ge-

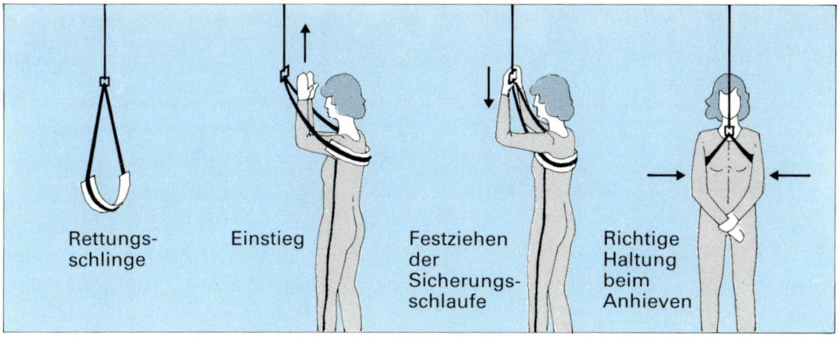

fahr vom Hubschrauberluftstrom unter Wasser gedrückt zu werden)!

Versuchen Sie in einer Notsituation niemals schwimmend das Ufer zu erreichen. Der Weg dorthin ist meistens wesentlich weiter als es aussieht; außerdem erweist sich das Schwimmen über längere Strecken mit Neoprenkleidung – auch wenn diese eine Auftriebshilfe darstellt – als sehr schwer. Dazu kommt noch, daß ein Surfer auf seinem Brett sitzend, leichter gesehen wird als ein Schwimmer.

Bleiben Sie auf jeden Fall bei Ihrem Surfboard. Es dient als ideale, unsinkbare Rettungsinsel.

Verpflichtung zur Hilfeleistung

Wer einen Wassersportler in einer Notsituation sieht, ist nach dem Gesetz verpflichtet, Hilfe zu leisten, soweit es in seinen Kräften steht. Wenn man sich selbst nicht in der Lage sieht, unter den herrschenden Bedingungen den anderen abzuschleppen, dann muß unbedingt versucht werden, umgehend einen Motorbootfahrer, die Polizei oder eine nahe gelegene Rettungsstation zu verständigen! Vergessen Sie dabei nicht, den Zeitpunkt des wahrgenommenen Notsignals, Position des zu Rettenden, Farbe von Kleidung und Trapez anzugeben!

Ursachen von Notsituationen

In Notsituationen kann man durchaus unverschuldet geraten, z. B. bei einem nicht vorhersehbaren Materialdefekt. Aber meistens sind es persönliche Fehler, die den Surfer in Gefahr bringen. Mögliche Ursachen für – vermeidbare – Notsituationen sind z. B.:

- Fehleinschätzung von Wind, Wetter und Surfrevier
- Falsche Selbsteinschätzung
- mangelhaftes Material.

Wind, Wetter, Surfrevier:

Fehleinschätzungen des Windes, der Wetterentwicklung und der typischen Reviereigenheiten führen sehr häufig zu Notsituationen. Der Surfer sollte sich von Anfang an bemühen, die aus der Wetterkunde bekannten Gesetzmäßigkeiten in seine Überlegungen mit einzubeziehen (siehe auch unter »Wetter« S. 82 ff.). Es ist auch sehr wichtig, vor dem Surfen auf einem fremden Revier Informationen über die speziellen Reviereigenheiten einzuholen. Ortsansässige Segel- und Surfschulen, Hafenmeister, einheimische Segler und Surfer, Wasserwacht und DLRG geben gerne Auskunft über reviertypische Windverhältnisse, Strömungen, Fahrrinnen sowie für Surfer verbotene Zonen, Untiefen, Ebbe und Flut an Küstenrevieren.
Trifft man diese Vorsorgemaßnahmen, so wird man selten oder nie zum Notsignal greifen müssen.

Die Selbstüberschätzung:

Viele Surfer neigen dazu, sich selbst in ihrem Können und ihrem körperlichen Leistungsvermögen zu überschätzen. Dazu muß man wissen, daß von der Wind- und Wellensituation, die noch viel Spaß macht, bis hin zu jener Situation, die einen bereits überfordert, nur ein ziemlich kurzer Weg führt.
Vorsicht ist bei der Wahl der Segelgröße geboten, besonders bei ablandigem Wind. Ein zu großes Segel überfordert den Surfer sehr schnell. Es gibt beim Surfen kaum etwas Anstrengenderes und Unangenehmeres, als häufiges

Aufholen eines großen Segels bei viel Wind. Bald zeigen sich Ermüdungserscheinungen, und der Weg bis zum Notsignal ist dann nicht mehr weit.

Mangelhaftes Material:

Eine der häufigsten Ursachen, die Surfer in Notlagen geraten lassen, heißt: Mangelhaftes Material! Ohne Überprüfung des Materials aufs Wasser zu gehen, muß als Leichtsinn bezeichnet werden. Es ist sehr zu empfehlen, immer eine Materialreserve und etwas Werkzeug mitzuführen, um schadhaftes Material schon ersetzen zu können, ehe es zum Bruch kommt. Nicht immer liegt ein Windsurf-Fachgeschäft in der Nähe, und das Gelingen eines Urlaubs hängt für einen Surfer nicht zuletzt davon ab, ob er schnell einen Ersatz für ein defektes Teil beschaffen kann.

Folgende Ausrüstung an Ersatzmaterial und Werkzeug ist zu empfehlen:

- Segellatten
- ein kompletter Satz Ersatztampen
- ein kompletter Mastfuß (oder wenigstens ein Ersatzgummigelenk)
- eine Rolle Tape (= wasserdichtes Isolierband) zum Überkleben kleiner Segelrisse und zum behelfsmäßigen Abdichten von kleinen Löchern in GFK-Brettern
- Spachtelmasse, Harz, Glasgewebe, Härter und Schleifpapier für kleine Reparaturen an GFK-Brettern (siehe im Kapitel »Material«)
- Kombizange
- Schraubenzieher verschiedener Größen
- Feuerzeug
- Segelmesser mit Marlspieker (= Dorn zum Öffnen festgezogener Knoten)
- Spezialschlüssel, je nach Mastfußsystem.

Sicherheitsregeln für das Segelsurfen

Die Unfälle im Segelsurfbereich sind in den letzten Jahren – besonders an der Küste – gestiegen. Der Deutsche Segler-Verband empfiehlt dringend die Beachtung folgender Sicherheitsregeln für Segelsurfer:

- Machen Sie sich mit den örtlichen Verhältnissen vertraut!
- Tragen Sie angemessene Kälteschutzkleidung!
- Verbinden Sie Brett und Rigg mit einer Sicherungsleine und führen Sie eine Abschleppleine mit!
- Überprüfen Sie Ihr Material vor jeder Ausfahrt!
- Beobachten Sie aufmerksam die Wind- und Wetterentwicklung! Bleiben Sie bei zu starkem, ablandigem Wind an Land und surfen Sie nie bei Gewitter!
- Fahren Sie nie ohne Wissen anderer allein auf größeren Gewässern! Fahren Sie nie bei Nebel und nie bei Nacht!
- Überschätzen Sie Ihre eigenen Kräfte nicht! Wählen Sie Ihre Segelgröße mit Bedacht und legen Sie Pausen ein! Hören Sie nicht erst auf, wenn Sie total erschöpft sind! Führen Sie ein Trapez mit!
- Meiden Sie Gewässer mit starkem Berufsverkehr! Halten Sie sich von Badenden, von Schwimmern, von Tauchern und von Fischern fern!
- Verbessern Sie Ihr Fahrkönnen! Segel- und Surfschulen sowie Segel- und Surf-Clubs helfen Ihnen dabei.
- Bleiben Sie im Notfall immer am Brett!

Weiteres Grundwissen

Pflege und Behandlung von Brett und Rigg

Die regelmäßige Pflege und Kontrolle der gesamten Ausrüstung dient nicht nur der Sicherheit, sondern trägt auch wesentlich zur Werterhaltung des Materials bei. Wichtige Tips:

Brett, Schwert und Finne:

- Lassen Sie Ihr Brett nicht in praller Sonne liegen: Schaumkern und Außenhaut können sich bei zu starker Hitzeeinwirkung leicht voneinander lösen.
- Legen Sie das Brett nie auf Schwert und Finne. Diese verziehen sich leicht, und Schwert- oder Finnenkästen können beschädigt werden.
- Vorsicht vor Sonnenöl: Rutschige Standflächen gefährden Ihre Sicherheit und können zu Verletzungen führen. Öl auf der Standfläche des Brettes kann durch Lösungsmittel wie Aceton oder Alkohol entfernt werden (keine scharfen Haushaltsreinigungsmittel verwenden).
- Steigen Sie beim Anlanden ab, bevor Schwert oder Finne den Boden berühren. Finnen, Finnenkästen und Schwertkästen sind bruchgefährdet.

Segel:

- Lassen Sie das Rigg nicht in Ufernähe im Wasser liegen. Ein Scheuern des Segels im Sand oder auf Steinen zerstört das Tuch.
- Verstauen Sie das Segel nur in trockenem Zustand. Naß verpacktes Segeltuch wird bei längerer Lagerung fleckig und bruchanfällig. Falten Sie das Segel vom Unterliek her so, daß die Fenster nicht geknickt werden. Das gefaltete Segel wird dann zusammengerollt.
- Mylarsegel (siehe bei »Segel« S. 72) werden um den Mast gewickelt (Vorliekstrecker gelockert) und in einer Masthülle aufbewahrt.

Segel vom Unterliek her falten, Segelfenster nicht knicken.

Das gefaltete Segel zusammenrollen.

- Lassen Sie das Segel zum Trocknen nicht frei flattern, sondern lockern Sie lediglich Trimmschot und Vorliekstrecker. Ausnahme: Mylarsegel werden in gespanntem Zustand getrocknet. Ein Schlagen des Segels im Wind schadet dem Gewebe des Segeltuches.
- Spülen Sie nach einem Urlaub am Meer das Segel in Süßwasser. Salzwasser zerstört die *Imprägnierung des Segels*.
- Kleine Einrisse im Segel lassen sich behelfsmäßig mit wasserfestem Klebeband abdecken. Eine Reparatur durch den Fachmann ist in jedem Falle notwendig, um größere Schäden zu verhindern.

Mast – Mastfuß:

- Lösen Sie – besonders an Sandstränden – nach jedem Surftag Mast und Mastfuß voneinander. Eingedrungener Sand verklemmt Mast und Mastfuß.
- Wechseln Sie das Gummigelenk des Mastfußes schon bei kleineren Einrissen oder Abnützungserscheinungen (poröser Gummi).
- Untersuchen Sie nach Starkwindtagen oder Stürzen auf das Rigg den Mast im Bereich des Gabelbaumes und des Mastfußes auf Sprünge.

Gabelbaum:

- Überprüfen Sie den Gabelbaum auf eingedrungenes Wasser, indem Sie ihn senkrecht lagern. Tritt an den Endstücken oder an den Nieten Wasser aus, sollten Sie eine erneute Abdichtung veranlassen.
- Kontrollieren Sie die Festigkeit und Beschaffenheit der Belegklemmen und der Gabelbaumverbinder.
- Achten Sie auf eine schonende Behandlung der Gummibeschichtung des Gabelbaumes. Ein Aufliegen auf scharfen Kanten und Felsen beschädigt sie ebenso, wie eine falsche Befestigung der Trapeztampen.

Leinen:

- Überprüfen Sie regelmäßig den Zustand Ihrer Leinen. Ausgefranste Tampen werden mit einem Feuerzeug verschweißt, angescheuerte Leinen durch neue ersetzt.

Richtungsbezeichnungen

Neben den vom Wind abhängigen Richtungsbezeichnungen *Luv* und *Lee* gibt es beim Segelsurfen – genau wie beim Segeln – auch Richtungsbezeichnungen, die **unabhängig vom Wind** sind und sich eindeutig auf das Brett beziehen.

- Die rechte Brettseite heißt *Steuerbord (Stb)*.
- Die linke Brettseite heißt *Backbord (Bb)*.

Die Begriffe »rechts« und »links« sind beim Segeln und Surfen nicht so recht brauchbar, da sie sich nur auf die Blickrichtung beziehen und somit zu Mißverständnissen Anlaß geben würden. Mit Steuerbord und Backbord haben wir also ein festes Bezugssystem, unabhängig von der Blick- und Fahrtrichtung.
Richtungsbezeichnungen außerhalb des Brettes:

Die bei den Seglern üblichen, auf das Boot bezogenen oder vom Wind abhängigen, Richtungsbezeichnungen gelten auch für die Segelsurfer.

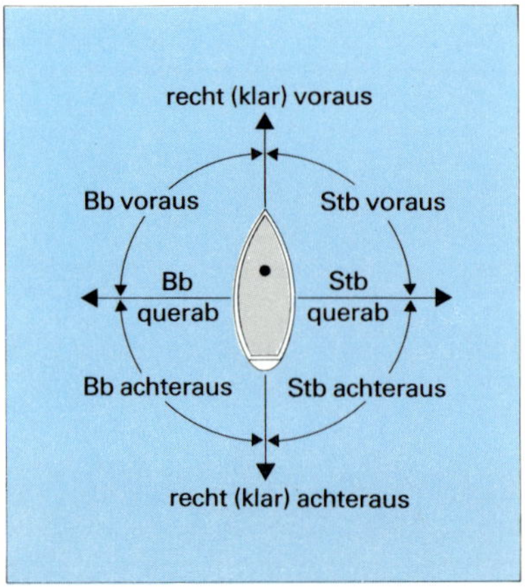

- *Voraus* befindet sich außerhalb des Brettes, und zwar vor dessen Querachse.
- *Achteraus* befindet sich außerhalb des Brettes, und zwar hinter dessen Querachse.
- *Querab* bedeutet genau in Verlängerung der Brettquerachse.

In Verbindung mit dem Wort *recht* (Ausdruck für »genau«, »gerade«), außerdem mit den Begriffen *Steuerbord* und *Backbbord* ist nun eine genaue Richtungsbezeichnung für Gegenstände außerhalb des Brettes möglich:

- *Recht voraus* = ganz genau voraus.
- *Recht achteraus* = ganz genau achteraus.
- *Steuerbord querab* = rechts in Verlängerung der Querachse.
- *Backbord querab* = links in Verlängerung der Querachse.

Kurse

Den Weg, auf dem ein Segelsurfer durch das Wasser fährt, nennt man *Kurs*. Die Kurse von Segelfahrzeugen sind auf den *wahren Wind* bezogen (siehe S. 52f.).
Fährt ein Segelsurfer auf seinem Kurs nach Luv, so gewinnt er dabei *Höhe*. Als Höhe bezeichnet man die Strecke direkt gegen die Richtung des wahren Windes. Direkt gegen den Wind aber kann ein Segelfahrzeug nicht fahren (siehe S. 52).
Läuft ein Segelsurfer auf einem Kurs, der ihn weder nach Luv noch nach Lee bringt, so fährt er einen *Halbwindkurs*. Weicht er vom Halbwindkurs nach Luv ab, so begibt er sich in den Bereich der *Amwindkurse*. Segelt ein Surfer den Grenzkurs nach Luv, den er eben noch laufen kann, ohne daß das korrekt eingestellte Segel zu killen beginnt, so läuft dieser Surfer *hart am Wind* oder *hoch am Wind*. Weicht er vom Halbwindkurs nach Lee ab, kommt er in den Bereich der *Raumwindkurse*, auch *raume Kurse* oder *Raumschotskurse* genannt. Segelt das Segelfahrzeug einen Kurs, bei dem die Bootslängsachse direkt in der Windrichtung liegt und der Wind auf das Heck trifft, so segelt das Fahrzeug einen *Vorwindkurs*. Man sagt auch: Es segelt *mit dem Wind* oder *vor dem Wind*.
Eine Kursänderung nach Luv heißt *anluven*, eine nach Lee *abfallen*.

Beide Segelsurfer fahren einen Kurs, der sie nach Luv bringt und beide gewinnen dabei die gleiche Höhe. Allerdings muß das rechte Fahrzeug (Kurs A–B¹) dafür eine längere Strecke zurücklegen. Das linke Fahrzeug läuft also *mehr Höhe*, bzw. es läuft *höher* am (wahren) Wind; d.h.: der Winkel zwischen der Kurslinie und dem wahren Wind ist beim linken Fahrzeug (Winkel CAB) kleiner als beim rechten Fahrzeug (Winkel CAB¹).

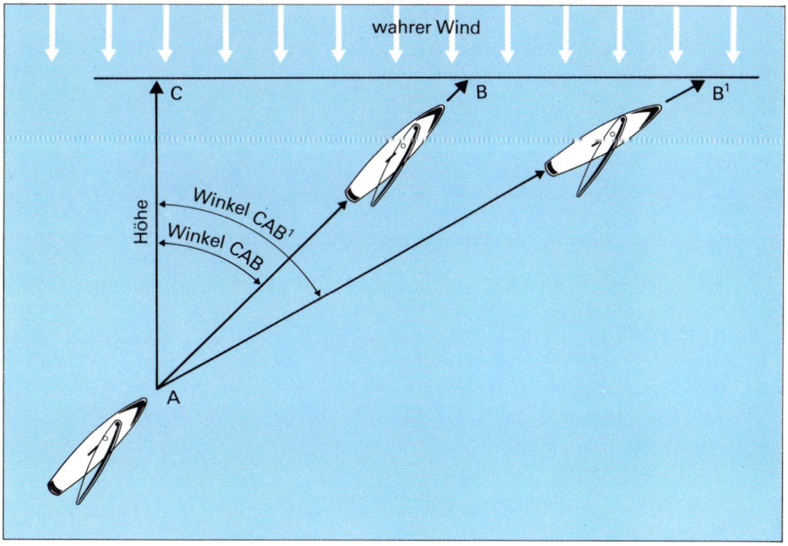

Wahrer Wind, Fahrtwind, scheinbarer Wind

Die Bezeichnungen »Wind« für die Antriebskraft der Segelfahrzeuge ist zu allgemein. Folgende Windarten sind zu unterscheiden:

- Wahrer Wind
- Fahrtwind
- Scheinbarer Wind

In der Literatur findet man leider mehrere Bezeichnungen für die gleiche Windart. So wird z. B. der wahre Wind auch »atmosphärischer Wind« und der scheinbare Wind auch »relativer Wind« genannt. Diese Fachbegriffe sind zwar neu, aber sie erscheinen uns keine Verbesserung gegenüber

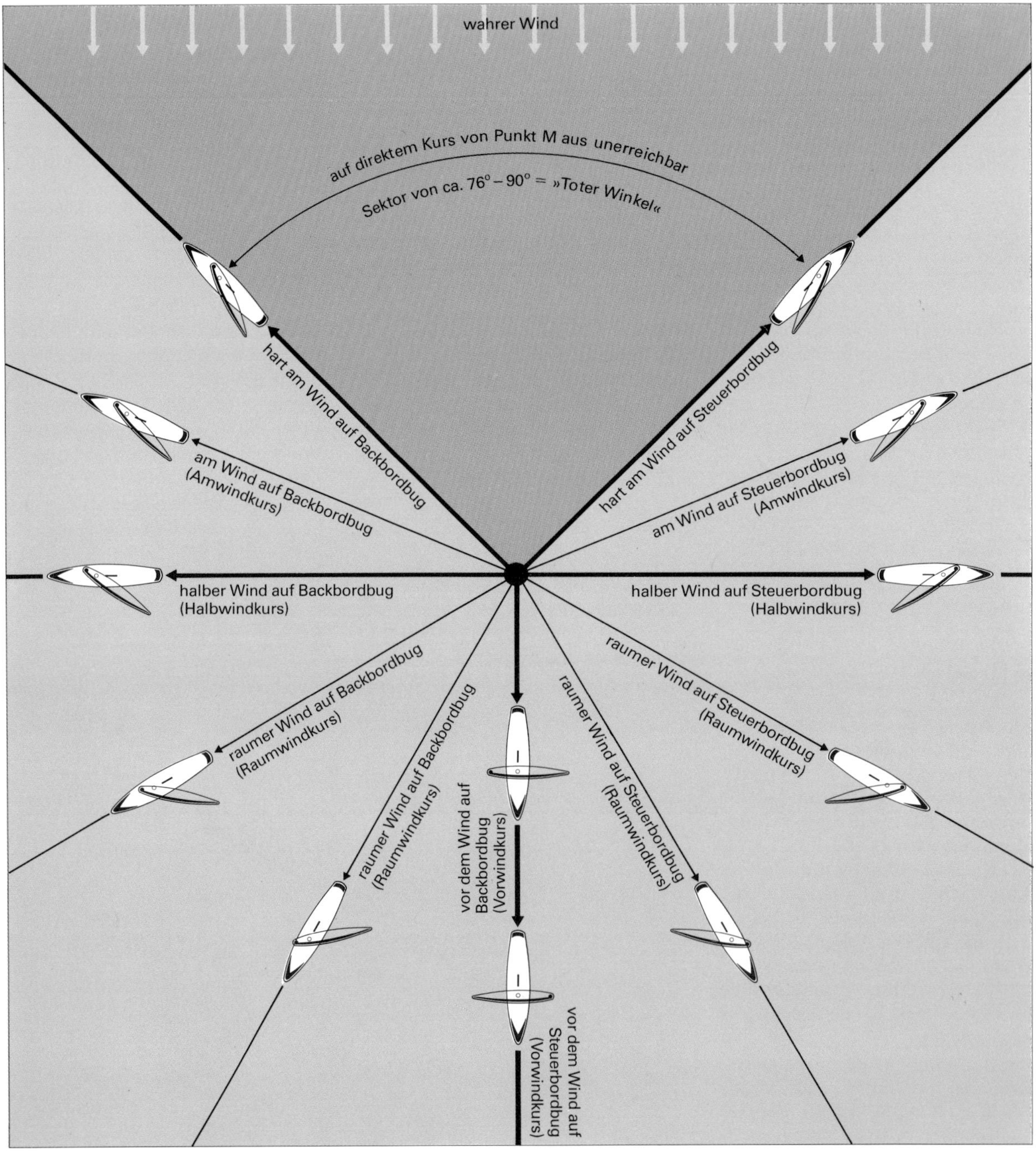
wahrer Wind
auf direktem Kurs von Punkt M aus unerreichbar
Sektor von ca. 76° – 90° = »Toter Winkel«
hart am Wind auf Backbordbug
hart am Wind auf Steuerbordbug
am Wind auf Backbordbug (Amwindkurs)
am Wind auf Steuerbordbug (Amwindkurs)
halber Wind auf Backbordbug (Halbwindkurs)
halber Wind auf Steuerbordbug (Halbwindkurs)
raumer Wind auf Backbordbug (Raumwindkurs)
raumer Wind auf Steuerbordbug (Raumwindkurs)
raumer Wind auf Backbordbug (Raumwindkurs)
raumer Wind auf Steuerbordbug (Raumwindkurs)
vor dem Wind auf Backbordbug (Vorwindkurs)
vor dem Wind auf Steuerbordbug (Vorwindkurs)

Die Abbildung auf der Seite 52 zeigt die Kurse bezogen auf den wahren Wind. Startet ein Segelsurfer bei Punkt M der Abbildung, so kann von dort aus jeder beliebige Punkt, der im blauen Bereich liegt, auf direktem Kurs angesteuert werden. Liegt das Ziel jedoch im dunkleren Bereich, kann man es nicht direkt erreichen. Es ist dann auf einem *Kreuzkurs* anzusteuern (siehe S. 38). Führt ein Segelsurfer auf seinem Kurs das Segel so, daß sich das Segelprofil nach der Backbordseite ausprägt, so sagt man, er segelt *auf (über) Backbordbug*. Führt er das Segel so, daß sich das Segelprofil nach der Steuerbordseite wölbt, so segelt er *auf (über) Steuerbordbug*. Die Stellung des Schothorns bestimmt beim Segelsurfer infolge seines beweglichen Riggs die Situation nicht immer ganz eindeutig, im Gegensatz zu einem Segelboot. Beim Segelsurfer ist deshalb auch die Seite des Windeinfalls mit zu berücksichtigen, wenn es um Wegerechtsfragen geht.

den alten, im Segelsport bewährten Begriffen zu bringen, und somit besteht keine Veranlassung, die Anzahl der ohnehin schon sehr zahlreichen Fachausdrücke unnötigerweise zu vergrößern.

Der wahre Wind:
Alle Flaggen oder Windrichtungsanzeiger, die sich gegenüber der Erd- oder der Wasseroberfläche nicht bewegen, zeigen den *wahren Wind* an (z. B. der Windrichtungsanzeiger auf einem Turm, die Flagge eines vor Anker liegenden Segelbootes, das querab zu seinem Brett flatternde Segel eines Segelsurfers in der Grundposition).

Der Fahrtwind:
Jedes Fahrzeug in Fahrt ruft einen *Fahrtwind* hervor. Dieser weht immer der Fahrtrichtung entgegen, und die Geschwindigkeit des Fahrtwindes ist immer genau so groß, wie die Fahrgeschwindigkeit des Fahrzeugs.

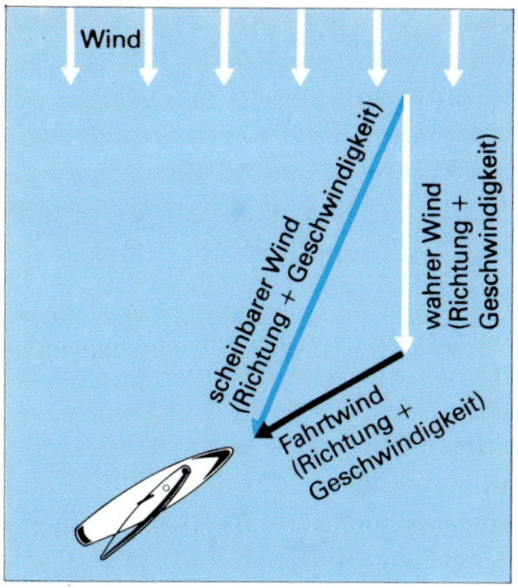

Der Wind wird zeichnerisch als Pfeil dargestellt. Die Pfeilspitze zeigt dabei in die Richtung, in die der Wind weht, während die Länge des Pfeiles ein Maß für die Windgeschwindigkeit ist.

Änderung des scheinbaren Windes je nach Kurs.

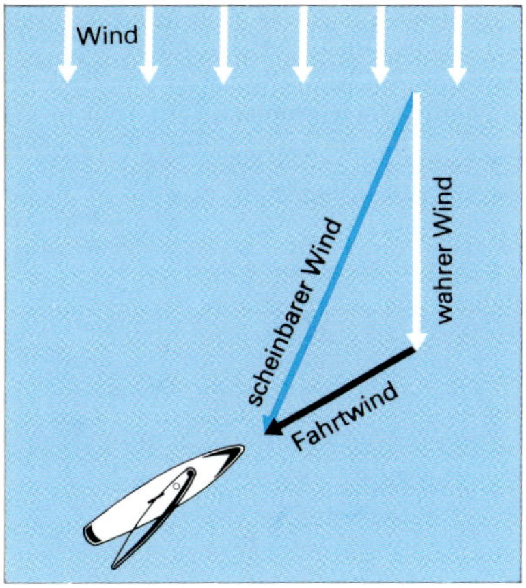

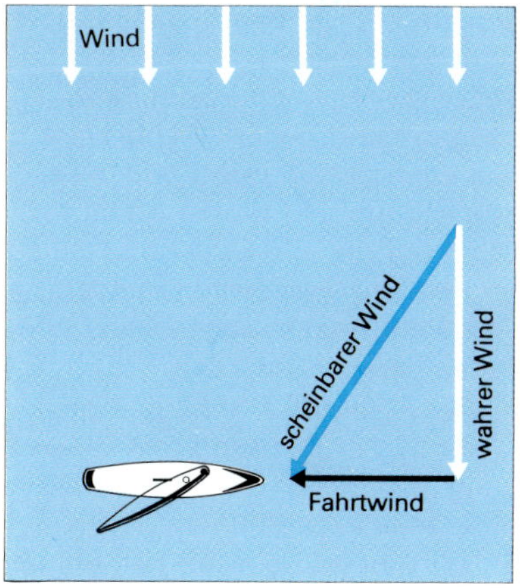

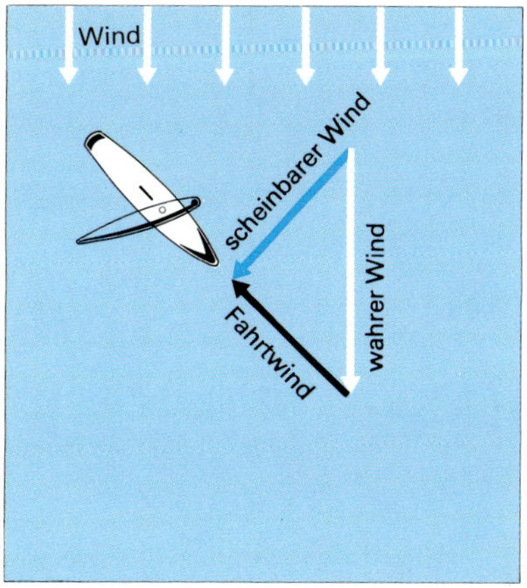

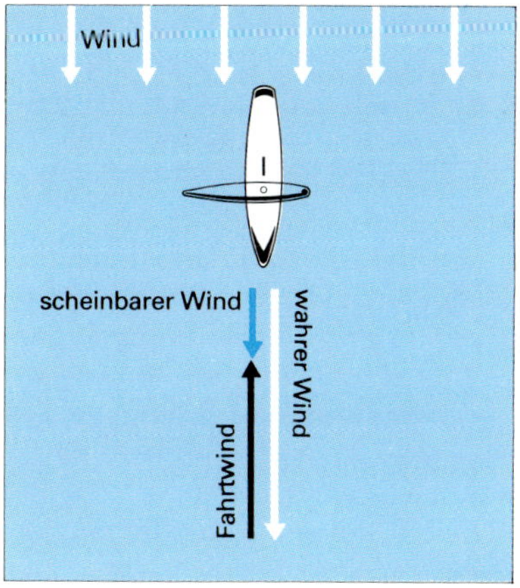

Der scheinbare Wind:
Der *scheinbare Wind* entsteht durch Überlagerung des wahren Windes mit dem Fahrtwind. Er stellt rechnerisch die Resultierende dar aus dem Parallelogramm der Geschwindigkeiten von wahrem Wind und Fahrtwind (Konstruktion wie *Kräfteparallelogramm*). Die Bezeichnung »resultierender« Wind wäre eigentlich zutreffender als alle Bezeichnungen, die derzeit für die Kombination von wahrem Wind mit Fahrtwind bekannt sind. Für unsere Betrachtungen wird jedoch immer der eingeführte Begriff *scheinbarer Wind* verwendet.
Jeder, der sich auf einem Fahrzeug in Fahrt befindet, spürt nur den scheinbaren Wind und zwar in Richtung und Stärke. Es ist der Wind auf den die Surfer und Segler ihre Segel einstellen müssen. Folgende Regeln gelten für den scheinbaren Wind:

- Wahrer und scheinbarer Wind können in Richtung und Stärke nie gleich sein, solange ein Segelfahrzeug fährt.
- Der scheinbare Wind fällt immer vorlicher ein (= mehr von vorne) als der wahre Wind. Nur auf Vorwindkurs haben scheinbarer und wahrer Wind die gleiche Richtung (aber nicht die gleiche Stärke!).
- Am Wind segelnd, ist der scheinbare Wind bedeutend stärker als der wahre Wind, aber er fällt unter einem ungünstigen Winkel ein, und nur ein kleiner Teil des (großen) scheinbaren Windes trägt zum Vortrieb bei.
- Auf Vorwindkurs ist der scheinbare Wind immer kleiner als der wahre Wind.

Vortrieb und Abdrift

Vortrieb durch Abbremsen des Windes

Auf Vorwindkurs kommt der Vortrieb dadurch zustande, daß das möglichst rechtwinklig zum Wind angestellte Segel für den anströmenden Wind eine Widerstandsfläche darstellt. Der Wind trifft auf diese Fläche und wird durch sie *abgebremst*. Am Segel baut sich dadurch ein Staudruck auf. Die Windströmung am Segel reißt ab. In Lee des Segels bilden sich starke Verwirbelungszonen (Fachbegriff: *Turbulenzen)*. Die am Segel entstehende Windkraft zeigt auf Vorwindkurs direkt in Fahrtrichtung und schiebt den Segelsurfer vor sich her.

Vortrieb durch Ablenkung des Windes

Segeln wir höher am Wind, also einen Raumwind-, Halbwind- oder Amwindkurs, so entsteht der Vortrieb auf eine andere Art als vor dem Wind. Das Segel wird in

Antrieb durch Widerstand (Staudruck):
Im Vorwindkursbereich wird der Wind abgebremst, dadurch Vortrieb gewonnen. Die Fahrtrichtung ist auf Vorwindkurs identisch mit der Windrichtung. Der scheinbare Wind wird umso kleiner, je mehr sich die Fahrgeschwindigkeit der Geschwindigkeit des wahren Windes annähert.

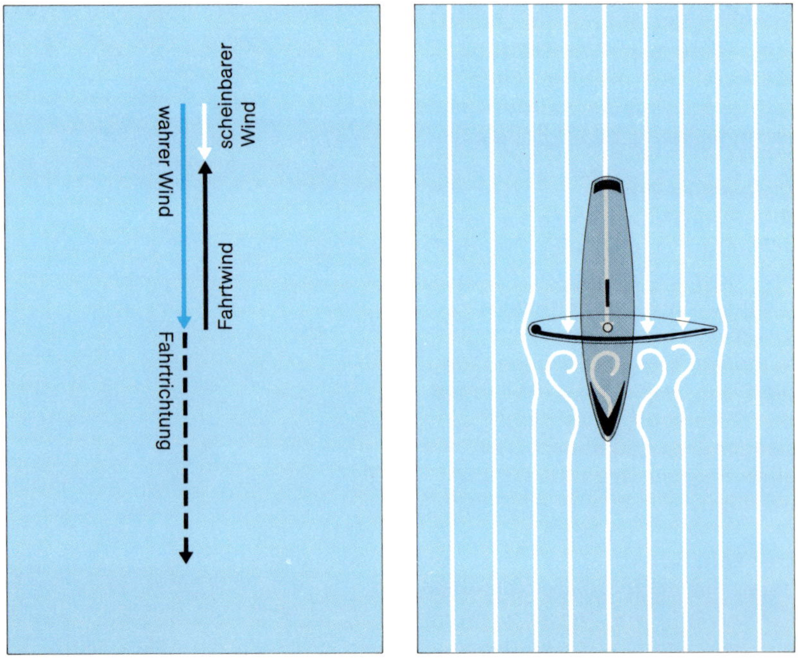

einem Winkel von ca. 10°–25° zum scheinbaren Wind angestellt (siehe Abb. unten links). Jetzt wird der anströmende Wind nicht mehr (primär) abgebremst, sondern er wird aus seiner Strömungsrichtung durch das Segel etwas abgelenkt. Der Wind *umfließt* das Segel nun in einer Luv- und einer Leeströmung; dabei fließt er auf beiden Seiten des Segels am Segeltuch entlang, ohne abzureißen und ohne Verwirbelungszonen zu erzeugen. Wenn der Wind so am Segel entlang streicht, spricht man von einer *anliegenden* oder *laminaren Strömung*, bzw. vom *Segeln im Auftriebsbereich*. Dieser Vorgang erzeugt am Segel eine *Windkraft*, die etwa im rechten Winkel zur *Sehne der Segelkrümmung* steht und im Bereich des *Segeldruckpunktes* angreift.
Der Segeldruckpunkt liegt in der Nähe des geometrischen Flächenschwerpunktes (siehe Abb. unten rechts), er kann aber durch unterschiedliche Wind- und Trimmeinflüsse seine Lage etwas verändern.

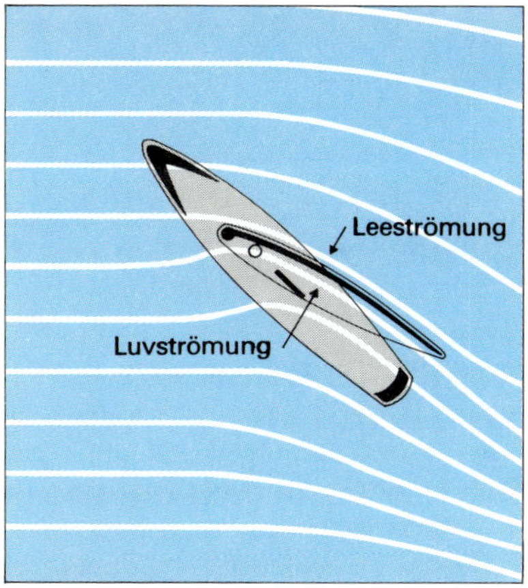

Antrieb durch Ablenkung:
Bei den Amwindkursen bis weit in den Bereich der Raumwindkurse hinein entsteht der Vortrieb durch Ab- bzw. Umlenkung des scheinbaren Windes. Entsteht Vortrieb auf diese Weise, so spricht man auch vom Segeln im »Auftriebsbereich« (= Begriff aus der Physik).

Lateralplan und Lateraldruckpunkt

Daß ein Segelsurfbrett – trotz dieser ungünstigen Kraftverhältnisse – gute Fahrt voraus macht und dabei nur wenig nach der Seite ausweicht, liegt an dessen Bauweise: von vorne gesehen dem Wasser wenig Widerstand bietend – im Gegensatz zur großen Widerstandsfläche *(= Lateralplan)* von der Seite gesehen.
Unter einem Lateralplan versteht man die Seitenansicht aller unter Wasser befindlichen Teile eines Surfbrettes oder Segelbootes. Der Lateralplan stellt – praktisch ausgedrückt – eine seitliche Widerstandsfläche dar, die es der Querkraft schwer macht, Boot oder Brett zur Seite durchs Wasser zu bewegen. Dieses seitliche Abweichen des Surfbrettes von der Fahrtrichtung nennt man *Abdrift*. Ein gut konstruierter Lateralplan kann die Abdrift klein halten, aber er kann sie nicht ganz verhindern. Genauso wie es am Segel unendlich viele Teilkräfte gibt, die dann

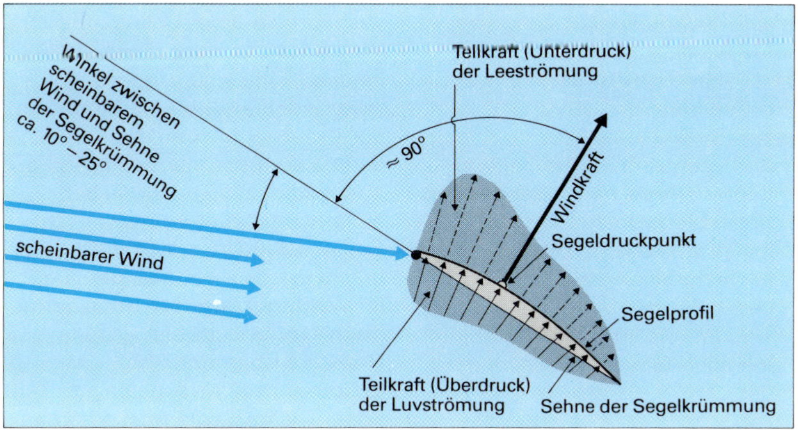

Druckverteilung an einem Segel:
Als Sehne der Segelkrümmung bezeichnet man die gedachte Gerade vom Schothorn zum Vorliek, etwa auf Höhe des Gabelbaumes.

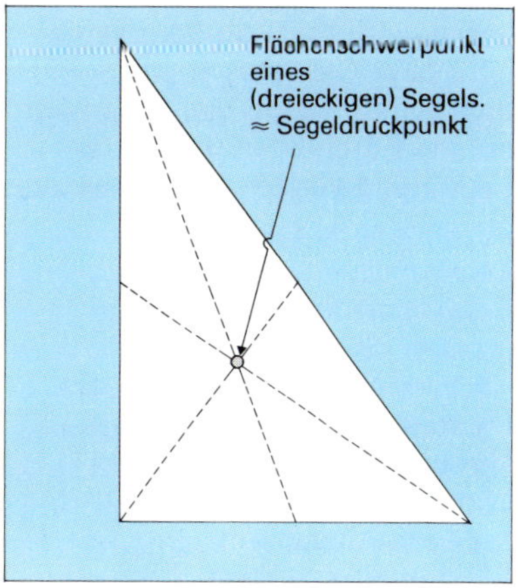

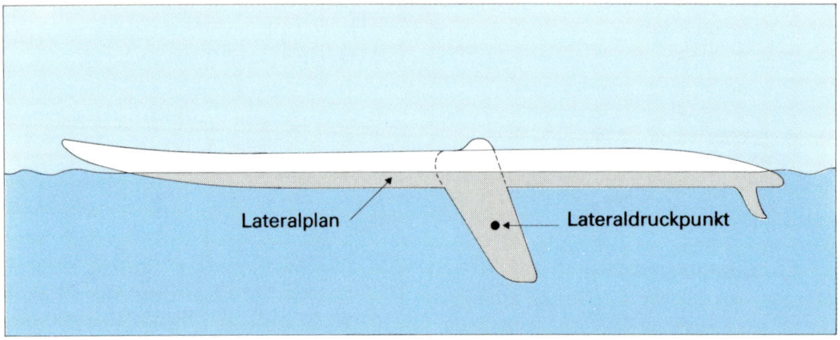

– zu einer *Windkraft* zusammengefaßt – im Segeldruckpunkt angreifen, so greifen am Lateralplan unendlich viele Wasserkräfte an. Faßt man sie zu einer Gesamtkraft zusammen, so ergibt sich eine resultierende Wasserkraft, die im *Lateraldruckpunkt* angreift. Der Lateraldruckpunkt stellt jedoch keinen fixen Punkt am Surfbrett dar. Er kann seine Lage deutlich verändern, je nachdem in welcher Stellung das Schwert gefahren wird. Einen bedeutenden Anteil an der gesamten Lateralfläche hat das Schwert mit seiner verhältnismäßig großen Fläche. Wird es nach hinten geklappt, so wird dadurch auch der Lateraldruckpunkt nach hinten verlagert. Auch Fahrgeschwindigkeit (ob Verdrängerfahrt oder Gleitfahrt (siehe S. 79) und Standposition des Surfenden auf dem Brett beeinflussen die Lage des Lateraldruckpunktes.

Der Lateralplan hat die Aufgabe, die Abdrift möglichst klein zu halten. Die Lage des Lateraldruckpunktes ist mitentscheidend für das Fahr- und Steuerverhalten des Segelsurfbrettes.

Die ideale Segelstellung

Segelt ein Segelsurfer im Bereich der *laminaren Strömung*, so bildet sich die Windkraft am Segel nur dann optimal aus, wenn das Segel so angeströmt wird, daß der Wind an der Luv- und an der Leeseite möglichst auf der ganzen Länge des Segelprofils anliegt. Wird das Segel zu dicht oder zu wenig dicht gefahren, so löst sich die Strömung zu früh vom Segelprofil. In beiden Fällen bedeutet das einen Verlust an Vortriebskraft. Wenn das Segel vom Wind optimal angeströmt wird, dann befindet es sich in der idealen Segelstellung und nur in dieser Stellung wird der größtmögliche Vortrieb erzielt. Besonders der Lernende sollte immer wieder überprüfen, ob er sein Segel in der richtigen Position hält.

Zur Überprüfung der idealen Segelstellung fieren Sie das Segel langsam so weit auf, bis es im Vorliekbereich ganz leicht zu killen beginnt. Dann holen Sie das Segel wieder so weit an, bis dieses leichte Killen eben wieder verschwindet.

In dieser Stellung erreicht man auf dem jeweiligen Kurs die höchste Fahrgeschwindigkeit, und die unvermeidliche Abdrift wird so gering wie möglich gehalten.

Steuern

Segelboote besitzen einen Ruderapparat:
Durch Betätigung eines Hebels oder durch Drehen an einem Steuerrad leitet man die Kurvenfahrt ein oder hält das Boot auf Kurs. Bei einem Segelsurfbrett fehlt ein solcher sichtbarer Ruderapparat. Die Steuerung ergibt sich hier aus der Lage der im Segeldruckpunkt angreifenden Windkraft zu der im Lateraldruckpunkt angreifenden Wasserkraft und aus den daraus resultierenden Hebelverhältnissen.

Steuern mit dem Rigg

Wenn ein Segelsurfbrett mit konstanter Geschwindigkeit geradeaus fährt, so liegen Windkraft und Wasserkraft in einer Ebene. Die beiden Kräfte sind entgegengesetzt gerichtet und gleich groß. In der Draufsicht liegen die Kräfte dann auf einer Linie (siehe Teil a in der Abb. S. 57). Der Gabelbaum ist dabei etwa waagerecht. Soll das Brett zum **Abfallen** gebracht werden, so muß das Rigg **in Verlängerung der Segelsehne nach Luv** verschoben werden (siehe Teil b in der Abb.). Das Schothorn zeigt dann schräg nach oben. Die im Segeldruckpunkt an-

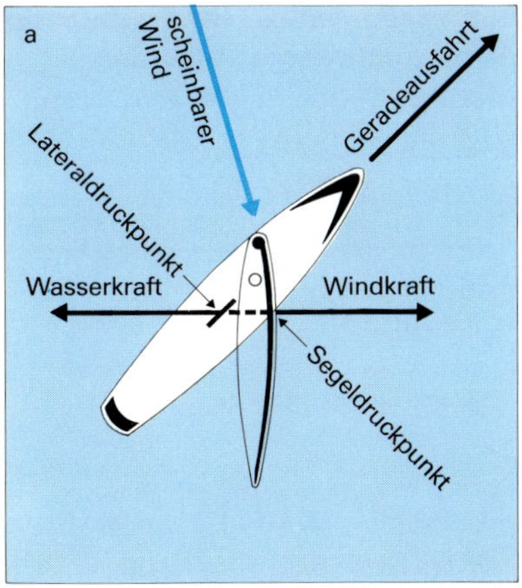

Windkraft und Wasserkraft liegen (in der Draufsicht) auf einer Linie = Geradeausfahrt.

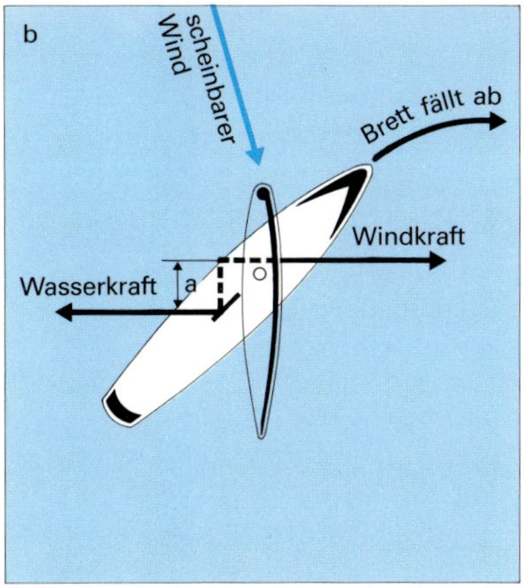

Windkraft u. Wasserkraft liegen nicht mehr auf einer Linie. Windkraft × Hebelarm »a« = abfallend wirkendes Drehmoment.

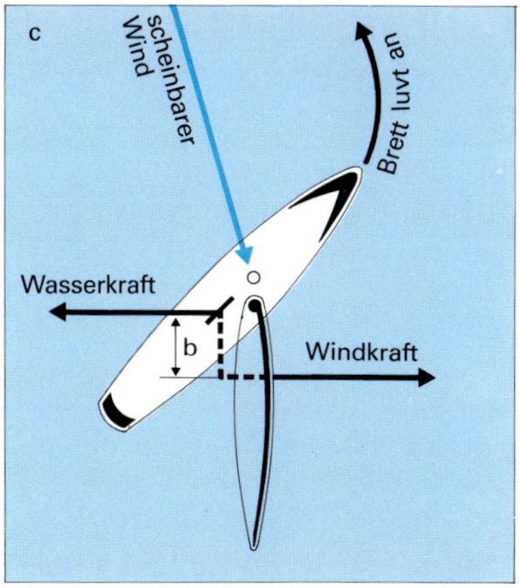

Windkraft und Wasserkraft liegen nicht mehr auf einer Linie. Windkraft × Hebelarm »b« = anluvend wirkendes Drehmoment.

greifende Windkraft wandert dabei um die Strecke »a« nach Luv aus. Die Abbildung zeigt, daß durch das in Verlängerung der Segelsehne verschobene Rigg die Windkraft jetzt an einem Hebelarm »a« angreift und mit diesem ein Drehmoment erzeugt, das das Segelsurfbrett zum Abfallen bringt.
Der Drehpunkt, um den das Brett bei der Kurvenfahrt dreht, liegt im Bereich des Lateraldruckpunktes.
Für die Größe des abfallend wirkenden Drehmomentes gilt folgende Formel:
Drehmoment = Windkraft × Hebelarm »a«.
Die Größe der Windkraft ändert sich durch ein Verschieben des Riggs in Richtung der Verlängerung der Segelsehne praktisch nicht. Dagegen kann sich der Hebel »a« mehr oder weniger vergrößern, je nachdem, wie weit das Rigg verschoben wird.

> Je größer der Hebelarm »a«, desto größer wird die Tendenz des Brettes abzufallen.

Soll das Surfbrett **anluven,** so ist das Rigg **in Richtung der Verlängerung der Segelsehne nach Lee** zu verschieben. Das Schothorn zeigt jetzt schräg nach unten zum Wasser (siehe Teil c in der Abb.). Die Windkraft wandert dabei um die Strecke »b« nach Lee aus und bildet mit dieser ein Drehmoment, das zum Anluven führt.

> **Wichtig:** Sowohl beim Abfallen als auch beim Anluven die ideale Segelstellung beibehalten.

Steuern mit dem Rigg auf Vorwindkurs.

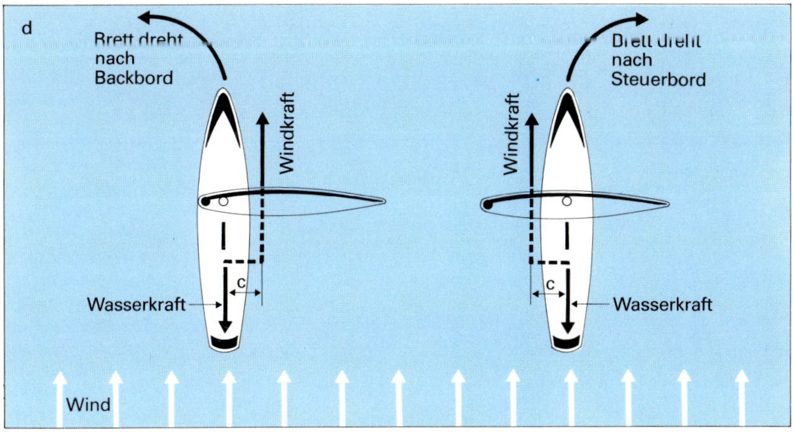

Fahrregeln und Wegerecht

Im Bereich der See- und Binnenschiffahrt und auf den einzelnen Landesgewässern gelten unterschiedliche Wasserverkehrsvorschriften, die zwar in vielen Punkten ähnlich oder gar gleich sind, an vielen Stellen aber auch voneinander abweichen. Näheres darüber finden Sie im Teil »Segelsurfschein« dieses Buches bei »Verkehrsvorschriften«.
Auch wenn Sie jetzt zu Beginn Ihrer »Segelsurfkarriere« noch allzusehr mit dem wackeligen Sportgerät beschäftigt sind und Ihre Gedanken ganz auf Wenden oder Halsen konzentrieren, so müssen sie doch bedenken, daß Sie sich als Verkehrsteilnehmer auf einer Wasserfläche bewegen und bestimmte Regeln einhalten müssen.

Um überhaupt Regeln – z. B. Regeln über das Ausweichen – einhalten zu können, haben Sie die Pflicht, sich über die besonderen örtlichen Vorschriften zu informieren, bevor Sie ein Ihnen noch unbekanntes Gewässer befahren.

Zwecks Information könnte man sich z. B. an folgende Stellen wenden: Strom- und Schiffahrtpolizeibehörden, Wasserschutzpolizei, Gemeinde, Landratsamt, Hafenamt, ortsansässige Segel- und Windsurfschulen bzw. -vereine. Im Mittelpunkt Ihrer Information müssen zwei Dinge stehen:

1. Sie müssen wissen, wann Sie als Segelsurfer auszuweichen haben.
2. Sie müssen eventuelle Surfverbote kennen.

Ausweichpflicht des Segelsurfers

Ein Segelsurfbrett gilt als Segelboot, Sie müssen also wie ein Segler ausweichen und folgende Regeln kennen und beachten:

Wichtige Ausweichregeln nach der BinSchStrO, die ein Segelsurfer kennen muß. Beachten Sie bitte bei dieser Darstellung, daß ein Ausweichen bereits deutlich früher erfolgen muß und nicht erst im letzten Augenblick, wie es hier erscheinen könnte!

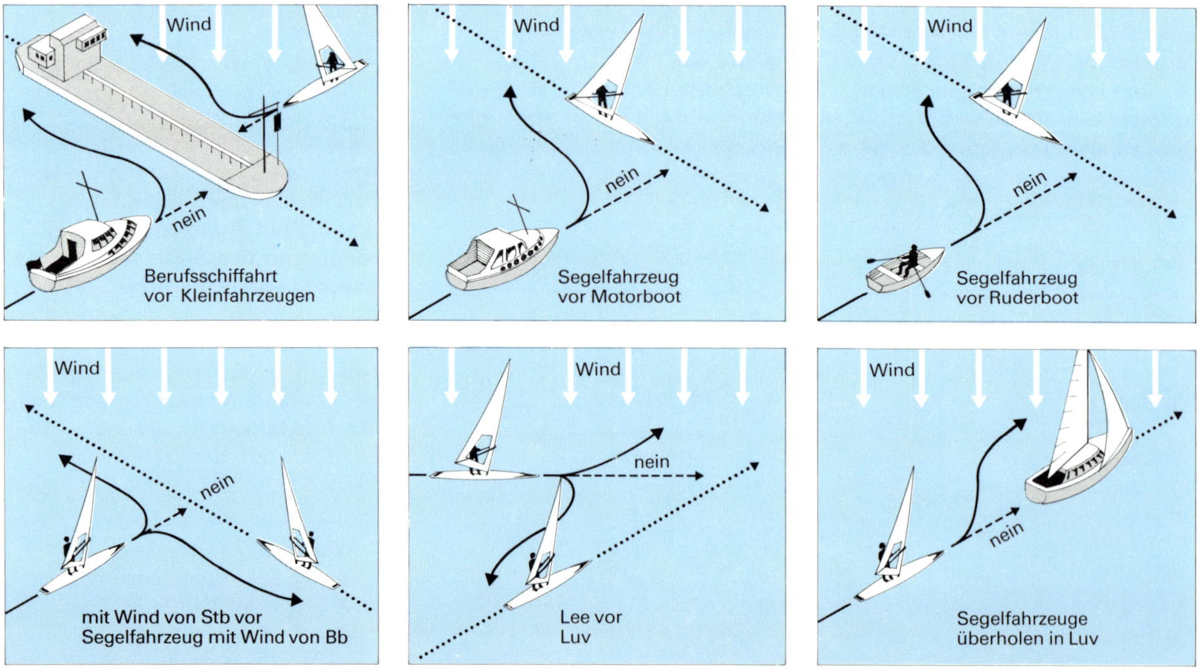

- Sie müssen der Großschiffahrt (auf Binnenseen der Linienschiffahrt) ausweichen. (Diese Regel gilt zwar nicht auf Seestraßen, aber dort sollte man unbedingt aus Sicherheitsgründen die Nähe eines großen Schiffes meiden!)
- Kleinfahrzeuge unter Motor (Motorboote) müssen Ihnen ausweichen.
- Boote ohne Maschinenantrieb (z.B. Ruderboote) müssen Ihnen ausweichen (siehe dazu Hinweis auf Seite 110).

Wenn ein Surfer mit einem anderen Surfer oder Segelboot zusammentrifft, so gelten folgende Regeln untereinander:

- Wenn bei beiden nicht der Wind von derselben Seite einfällt, so muß der ausweichen, der den Wind von Backbord hat (kurze Seglerregel: »Backbordbug hat Vorfahrt vor Steuerbordbug«).
- Fällt der Wind bei beiden von derselben Seite ein, muß der Luvseitige dem Leeseitigen ausweichen (kurz: »Lee hat Vorfahrt vor Luv«).
- Der Überholer muß sich freihalten bzw. speziell nach der Binnenschiffahrtsstraßen-Ordnung auf der Luvseite überholen.

Surfverbote

1. *Generell:*
- Bei Nacht und verminderter Sicht ist das Surfen verboten.
2. *Im Bereich von Nord- und Ostsee:*
- Im Fahrwasser ist das Surfen verboten.
- In den Bereichen bis 200 m vor Hafeneinfahrten, vor Anlegestellen und Liegestellen sowie auf Reeden (*Reede* = Ankerplatz vor einem Hafen) ist das Segelsurfen verboten.
3. *Verhalten gegenüber Badenden und Schwimmern:*
- Badende und Schwimmer dürfen weder gefährdet noch behindert oder belästigt werden.
4. *Weitere Verbote:*
Spezielle Verbote können auch auf den verschiedenen Binnenseen bestehen (z.B. Verbot des Surfens innerhalb bestimmter Sperrgebiete, in der Nähe von Anlegestellen oder innerhalb einer 100 m-Uferzone). Informieren Sie sich genau darüber, wenn Sie auf einem solchen Revier surfen!

Beachten Sie auch die Regeln und Verbote im Zusammenhang mit dem Naturschutz (siehe im Kapitel »Umwelt und Natur«). Näheres über die Fahrregeln und Verbote finden Sie im Teil »Segelsurfschein« bei »Wasserverkehrsrecht«.

Wetterinformation

Als Surfer haben Sie es zwangsläufig mit dem Wetter zu tun, weshalb es wichtig ist, sich über die Wetterlage zu informieren. Hören Sie also aufmerksam **Wettervorhersagen** z.B. über Rundfunk, Fernsehen, Fernsprechansagedienst, Telefonauskunft von Wetterämtern. Manchmal kann man in Häfen im Küstenbereich auch einen speziellen Wetteraushang lesen.

Viele Segel- und Surfreviere sind mit einem **Sturmwarnsystem** versehen, das für Sie wichtige Hinweise über einen zu erwartenden Sturm geben kann. Versäumen Sie daher nicht, sich genau über das betreffende Warnsystem zu informieren. Verbreitet auf Binnengewässern ist ein Sturmwarnsystem mit Blinklichtern in folgender Bedeutung:

- Langsame Blinkfolge (ca. 40 Lichterscheinungen pro Minute) = Vorwarnung.
- Schnelle Blinkfolge (ca. 90 Lichterscheinungen pro Minute) – Sturmwarnung.

Für den Grundschein müssen Sie nur die Informationsmöglichkeiten für eine Wettervorhersage kennen und wissen, daß Sie sich über Sturmwarnsysteme erkundigen müssen. Zum weiteren Ausüben dieses Sportes sollten Sie aber – schon aus Sicherheitsgründen – wesentlich tiefere Wetterkenntnisse besitzen, schon deshalb wäre für Sie der Erwerb auch des Segelsurfscheines sehr zu empfehlen (siehe dort bei »Wetter«).

Umwelt und Natur

Die Belastung unserer Umwelt durch Zivilisationseinflüsse hat im Laufe der Jahre ein beängstigendes Ausmaß angenommen. Die Situation ist schon so weit fortgeschritten, daß es nicht mehr ge-

nügt, durch umweltbewußtes Denken und Handeln Natur und Umwelt nicht noch mehr zu belasten. Wir sind leider schon in der bedauerlichen Lage, uns Wassersportler da und dort vor der in Unordnung geratenen Umwelt schützen zu müssen. Das ist z.B. dort der Fall, wo es um die Qualität des Wassers so schlecht bestellt ist, daß Baden oder ein Hineinfallen, vielleicht auch noch ein unfreiwilliger Schluck Wasser bereits gesundheitliche Schäden hervorrufen könnte. Deshalb sollte man in unbekannten Revieren die Wasserfläche gut beobachten, ehe man dort badet oder surft.
Eine in allen Farben schimmernde Wasserfläche deutet auf starke Verschmutzung durch Ölrückstände hin. In der Nähe von Industrieanlagen ist wegen möglicher gesundheitsschädigender Abwässer Baden und Surfen nicht zu empfehlen. Häufig sind solche Zonen ohnehin gesperrt.

Regeln für den Naturschutz

Der *Deutsche Segler-Verband*, der in der Bundesrepublik Deutschland die Interessen von Seglern und Surfern vertritt, hat vor einiger Zeit gemeinsam mit dem *Deutschen Naturschutzring, Bundesverband für Umweltschutz (DNR)* und den Naturschutzbeauftragten weiterer Wassersportverbände **»10 Goldene Regeln für das Verhalten von Wassersportlern in der Natur«** erarbeitet, die Sie kennen und beachten sollten.

1. Meiden Sie das Einfahren in Röhrichtbestände, Schilfgürtel und in alle sonstigen dicht und unübersichtlich bewachsenen Uferpartien. Meiden Sie darüber hinaus Kies-, Sand- und Schlammbänke (Rast- und Aufenthaltsplatz von Vögeln) sowie Ufergehölze. Meiden Sie auch seichte Gewässer (Laichgebiete), insbesondere solche mit Wasserpflanzen.
2. Halten Sie einen ausreichenden Mindestabstand zu Röhrichtbeständen, Schilfgürteln und anderen unübersichtlich bewachsenen Uferpartien sowie Ufergehölzen – auf breiten Flüssen beispielsweise 30 bis 50 Meter. Halten Sie einen ausreichenden Mindestabstand zu Vogelansammlungen auf dem Wasser – wenn möglich, mehr als 100 Meter.
3. Befolgen Sie in Naturschutzgebieten unbedingt die geltenden Vorschriften. Häufig ist Wassersport in Naturschutzgebieten ganzjährig, zumindest zeitweise, völlig untersagt oder nur unter ganz bestimmten Bedingungen möglich.
4. Nehmen Sie in »Feuchtgebieten von internationaler Bedeutung« bei der Ausübung von Wassersport besondere Rücksicht. Diese Gebiete dienen als Lebensstätte seltener Tier- und Pflanzenarten und sind daher besonders schutzwürdig.
5. Benutzen Sie beim Landen die dafür vorgesehenen Plätze oder solche Stellen, an denen sichtbar kein Schaden angerichtet werden kann.
6. Nähern Sie sich auch von Land her nicht Schilfgürteln und der sonstigen dichten Ufervegetation, um nicht in den Lebensraum von Vögeln, Fischen, Kleintieren und Pflanzen einzudringen und diese zu gefährden.
7. Laufen sie im Bereich der Watten keine Seehundbänke an, um die Tiere nicht zu stören oder zu vertreiben. Halten Sie mindestens 300 bis 500 Meter Abstand zu Seehundliegeplätzen und Vogelansammlungen und bleiben Sie hier auf jeden Fall in der Nähe des markierten Fahrwassers. Fahren Sie hier mit langsamer Fahrstufe.
8. Beobachten und fotografieren Sie Tiere möglichst nur aus der Ferne.
9. Helfen Sie, das Wasser sauber zu halten. Abfälle gehören nicht ins Wasser, insbesondere nicht der Inhalt von Chemietoiletten. Diese Abfälle müssen genauso wie Altöle in bestehenden Sammelstellen der Häfen abgegeben werden. Benutzen Sie in Häfen selbst ausschließlich die sanitären Anlagen an Land. Lassen Sie beim Stilliegen den Motor Ihres Bootes nicht unnötig laufen, um die Umwelt nicht zusätzlich durch Lärm und Abgase zu belasten.
10. Machen Sie sich diese Regeln zu eigen, informieren Sie sich vor Ihren Fahrten über die für Ihre Fahrtgebiete bestehenden Bestimmungen. Sorgen Sie dafür, daß diese Kenntnisse und Ihr eigenes vorbildliches Verhalten gegenüber der Umwelt auch an die Jugend und vor allem an nichtorganisierte Wassersportler weitergegeben werden.

Das Surfbrett auf dem PKW

Gesetzliche Bestimmungen für den Transport von Lasten auf dem Autodach

Überstände und Kennzeichnungspflicht:

- Die Ladung darf den PKW nach vorne nicht überragen.
- Seitliche Überstände – die mit der Auflage einer speziellen Kennzeichnungspflicht – in geringem Maße möglich sind, entfallen praktisch beim Dachtransport von Segelsurfern. Hier gilt sinngemäß: Die Ladung darf den PKW nach der Seite nicht überragen.
- Überragt die Ladung den PKW nach hinten bis zu einem Meter, so besteht keine Kennzeichnungspflicht.
- Ragt ein Teil der Dachlast nach hinten **mehr als einen Meter, jedoch höchstens 1,50 Meter** über den PKW hinaus, muß die überstehende Ladung am Tag durch eine **hellrote Flagge** oder Tafel (mindestens 30 × 30 cm groß) gekennzeichnet sein. Flagge oder Tafel dürfen nicht höher als 1,50 Meter über der Fahrbahn angebracht sein.
- Bei Nacht ist ein **rotes Licht** in derselben Höhe anzubringen; zusätzlich noch ein roter Rückstrahler, nicht höher als 90 cm über der Fahrbahn.

Das sind Bestimmungen für die Bundesrepublik Deutschland. Im Ausland gelten z.T. andere Regeln, und somit wäre es zweckmäßig, sich vor Auslandsfahrten beim ADAC zu informieren.

Was noch zu beachten ist

Die *zulässige Dachlast* eines PKW ist – im Gegensatz zu anderen Belastungsgrenzen des Wagens – nicht in den Kfz-Papieren angegeben. Man sollte sie bei den entsprechenden Werksvertretungen oder beim ADAC erfragen. Es ist aber zu bedenken, daß die für den jeweiligen PKW zulässigen Achsdrücke – einschließlich Dachlast – nicht überschritten werden dürfen. Der Dachträger sollte mindestens der zulässigen Dachlast entsprechen.

Es ist zu empfehlen, das Segelsurfbrett so auf dem Dach zu befestigen, daß die Lauffläche nach oben und der Bug nach vorne zeigen. Je nach Art des Trägers werden Gabelbaum und Mast in spezielle Halterungen eingebracht. Falls keine derartigen Halterungen vorhanden sind, legt man den Gabelbaum so auf die Lauffläche, daß sich am Baum montierte Klemmen nicht in das Brett eindrücken können. Der Mast wird neben das Brett auf den Dachträger gelegt. Das ganze Gerät sollte mit Spanngurten fest – aber nicht zu fest – verzurrt werden. Bei Fahrt im Regen können sich die Gurte etwas dehnen. Deshalb: bei durchnäßten Spanngurten die Spannung korrigieren!

Beim Fahren mit Dachlast kann sich das Fahrverhalten eines PKW deutlich verändern (z.B.: Kurvenverhalten, Seitenwindempfindlichkeit, Bremsweg). Erfühlen Sie also erst einmal vorsichtig das veränderte Fahrverhalten Ihres Wagens und tasten Sie sich an die für die spezielle Situation (trockene oder nasse Fahrbahn, Wagentyp usw.) angebrachte Geschwindigkeit heran.

Wenn man den Wagen verläßt, sollte das Gerät auf dem Autodach gegen Diebstahl gesichert sein. (Erkundigen Sie sich beim Fachhandel nach speziellen Sicherungen!)

Wichtig ist der geeignete Dachträger für den Transport des Segelsurfgerätes.

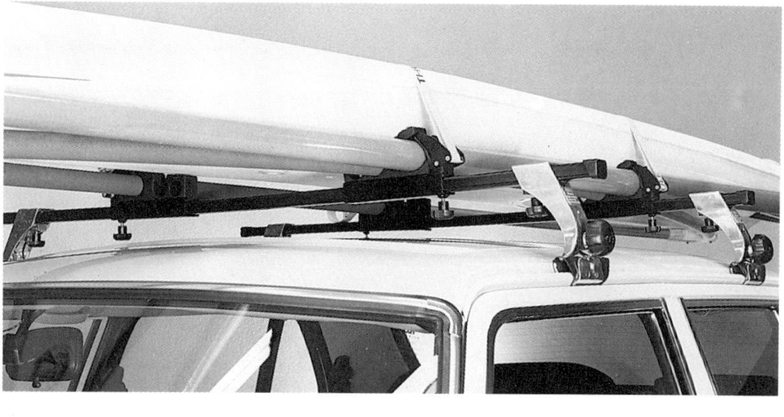

HiFly
HiFly

2. Segelsurfschein

Material

Brettformen und -typen

Parallel zur Entwicklung des Segelsurfens zum Breitensport verlief auch eine stürmische Entwicklung der Surfbretter und ihrer Formen. Der original »Windsurfer« als die Urform der Segelsurfbretter wurde von seinen Erfindern als vergrößertes Wellenreitbrett entworfen. Bei der Verbreitung in Europa orientierten sich die Konstrukteure an der Originalform des »Windsurfers«, am Segelsport und an seiner bedeutendsten Wettkampfform: *der Dreiecksregatta*. Das Höhelaufen mit möglichst geringer Abdrift wurde hier zum bestimmenden Konstruktionsmerkmal. Die Bretter wurden zu kleinen Segeljollen umfunktioniert. Durch ihre lange Wasserlinie und Form sind diese Bretter bei schwachem Wind anderen Brettern gemäß der Seglerregel »Länge läuft« an Geschwindigkeit überlegen.
Währenddessen entstand in Starkwind- und Brandungsrevieren, wie Hawaii, eine neue Generation von Surfbrettern, die sich immer stärker an die Wellenreitbretter anlehnte. Ein flaches Unterwasserschiff bringt das Brett bei höheren Geschwindigkeiten zum Gleiten **auf** dem Wasser. Auch in Europa übernahm man diese Formen, und sie lösten die Funboardwelle aus, die dem Segelsurfen bei starkem Wind neue Dimensionen eröffnete.
Schon die geschichtliche Entwicklung der Brettformen zeigt, daß in erster Linie die verschiedenen Ansprüche und Wünsche der Surfer den Brettyp bestimmen.
Wir unterscheiden:

- Regattabretter für Dreiecksregatten
- Allroundboards und Allroundfunboards für breiten Einsatzbereich
- Funboards für Starkwind und Brandung.

Regattabrett

Beim Kreuzen gegen den Wind ist die Form des Unterwasserschiffs zur Verringerung der Abdrift von größter Bedeutung. Im Bugbereich angekielt, zur Mitte hin rund und im Heck flacher werdend, liegt das Regattabrett strömungsgünstig im Wasser und ergibt einen hohen seitlichen Wasserwiderstand bei gleichzeitig geringem Stirnwiderstand. Diese sogenannten *Verdränger* sind sehr voluminös (ca. 300 l Volumen), um 3,90 m lang und zwischen 18 und 20 kg schwer.
Grenzen sind den Konstrukteuren meist durch die Bestimmungen der Segelsportorganisationen gesetzt. Jedoch innerhalb der Grenzwerte liegt der Spielraum der Konstrukteure. In diesen sog. *offenen Klassen* spielt sich ein Großteil des Wettkampfgeschehens ab.
Verdränger sind aufgrund des runden Unterwasserschiffs sehr kippelig und schwierig zu manövrieren. Sie verlangen vom Regattafahrer viel Training, sind für Anfänger ungeeignet dazu bei Starkwind und Welle sehr schwierig zu fahren.
Diese Regattabretter sind nur für Dreieckskurse (siehe. S. 100) bestimmt. Andere Wettbewerbe erfordern andere Konstruktionen (siehe auch S. 66).

Allroundboard

Das Allroundboard versucht, einen breiten Einsatzbereich abzudecken. Diese Bretter laufen infolge ihrer Länge, ihrer Schwertgröße und Mastposition gut Höhe, sind – bedingt durch ein flaches Unterwasserschiff – kippstabil und lassen sich gut manövrieren. Die Hersteller streben danach, Elemente des Regattabrettes – leichtes Ankielen des Bugs – oder Elemente der Funboards – abgerundete oder spitze Heckformen und versenkbare Schwerter – in die Konstruktion der Allroundboards zu übernehmen. Letzteres führt zum Typ des **Allroundfunboards,** der in absehbarer Zeit die Klasse der typischen *Allroundboards* ablösen dürfte. Bei einer Länge um 3,50 bis 3,70 m, verringertem Volumen, heckwärts versetztem Schwertkasten, voll- oder teilweise versenkbarem Schwert, nachrüstbar mit Fußschlaufen und verschiedenen Finnen sind *Allroundfunboards* bei starkem Wind leichter zu manövrieren und erreichen höhere Geschwindigkeiten als *Allroundboards*. Leichte Abstriche beim Höhelaufen (wegen verkleinerter Schwertflächen) und bei der Kippstabilität müssen allerdings in Kauf genommen werden. Entscheidend für die Kippstabilität ist nicht das Volumen, sondern die Form des Brettes. Je schmaler ein

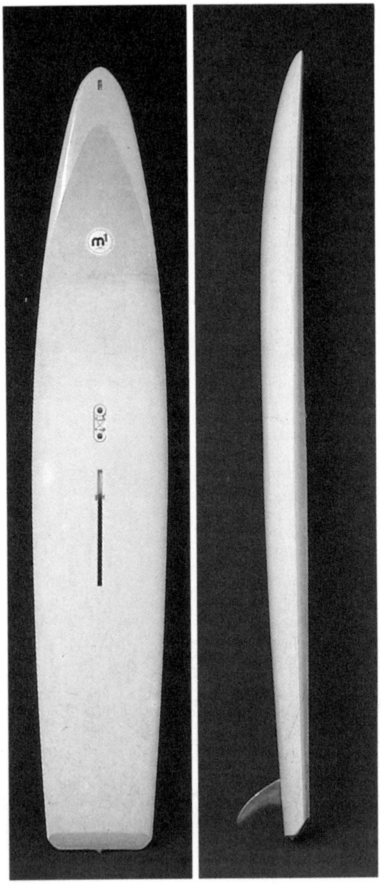
Regattabrett.

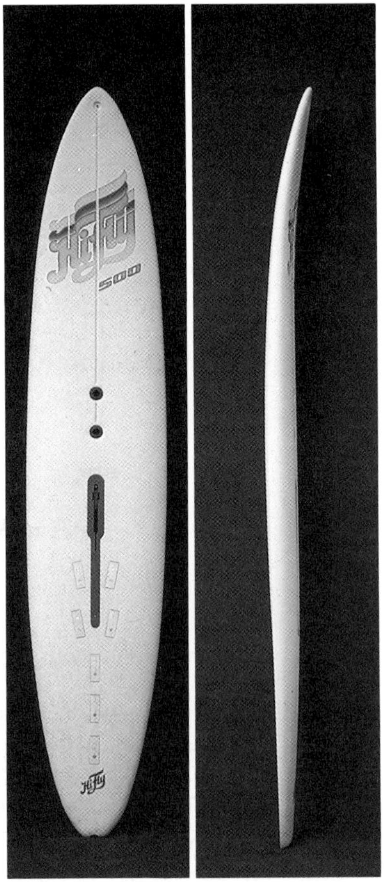

Allroundboard.

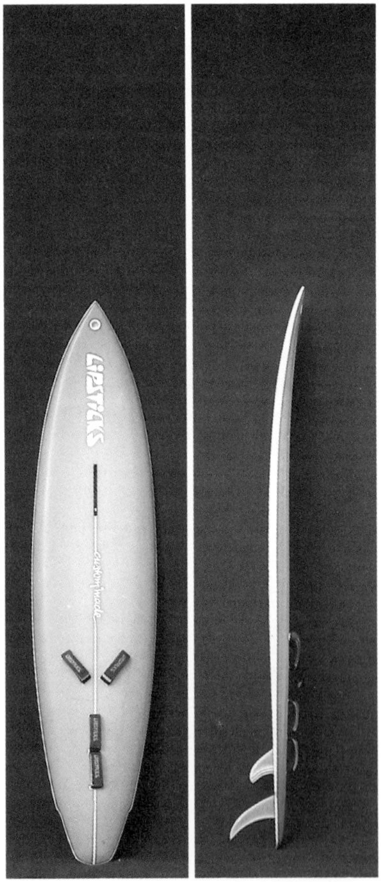

Funboard.

Brett und je runder das Unterwasserschiff, desto kippeliger das Gerät. So kann ein 3 m langes *Funboard* mit 70 cm Breite an der breitesten Stelle und flachem Gleitboden durchaus stabiler sein, als ein 3,50 m langes *Allroundfunboard* mit angerundetem Kiel und einer Breite von 65 cm.

Funboard

Wie bereits erwähnt, sind *Funboards* (abgeleitet von engl. fun = Spaß) für das Fahren in der Brandung und bei Starkwind konstruiert. Im Gegensatz zu den *Verdrängern* sind *Funboards* typische *Gleiter*. Ab einer bestimmten Geschwindigkeit gleiten sie auf der eigenen Bugwelle (siehe S. 79). Der geringe Wasserwiderstand führt dann zu beträchtlichen Geschwindigkeiten (über 50 km/h). *Funboards* sind schmaler und erheblich kürzer als *Allroundboards*. Bei Längen unter 3 m wird in der Regel das Schwert durch eine oder mehrere *Finnen* ersetzt. Das im Bugbereich flach gehaltene Unterwasserschiff und geringes Gewicht ermöglichen bei ausreichendem Wind ein schnelles Gleiten auf der Wasseroberfläche. Verschiedene Heckformen geben den *Funboards* spezielle Eigenschaften. Spitz zulaufende Heckformen *(Pintail)* ermöglichen hohe Geschwindigkeiten und schnelle Richtungsänderungen, während breite Hecks, *(Squaretail* und *Roundtail)* ein früheres Erreichen des Gleitzustandes und das Abspringen von Wellen begünstigen, aber die Drehfreudigkeit einschränken. Die Vorteile des spitz zulaufenden Hecks und des breiteren Hecks versuchen das *Swallowtail*, das *Rounded Pintail* und ähnliche Formen zu vereinen. Kleine Flügel am Heck, *Wings* genannt, sollen die Gleitfläche im Heckbereich vergrößern, die Wendigkeit jedoch erhalten.
Fußschlaufen sind ein »Muß« auf diesen Brettern! Erst sie ermöglichen eine wirksame und ungefährdete Kontrolle des Brettes. Dies ist insbesondere bei der Brettsteuerung und beim Springen von großer Bedeutung. – Je kürzer und schmaler das Brett, je geringer das Volumen, desto kleiner wird der Einsatzbereich eines *Funboards*. Reicht das Volumen eines solchen Brettes aus, Fahrer und Riggewicht im Ruhezustand über Wasser zu halten, spricht man von **Floater** (engl. float = schwimmen). Bretter, deren statischer Auftrieb gerade noch ausreicht, um das Segel aufzuholen (abhängig vom Körpergewicht des Fahrers) sind in der Regel unter 3 m lang und werden als **Semi-Floater** (Halbschwimmer) bezeichnet.
Die extremste Form stellen die sogenannten **Sinker** dar, Bretter, deren Volumen nicht ausreicht, das Gewicht von Rigg und Person im Ruhezustand über Wasser zu halten. Erst der dynamische Auftrieb während des Gleitens ermöglicht hohe Geschwindigkeiten und sehr schnelle Manöver.
Extrem wie die Formen (2 m bis 2.50 m lang) ist auch der Einsatzbereich. Nur bei konstantem, star-

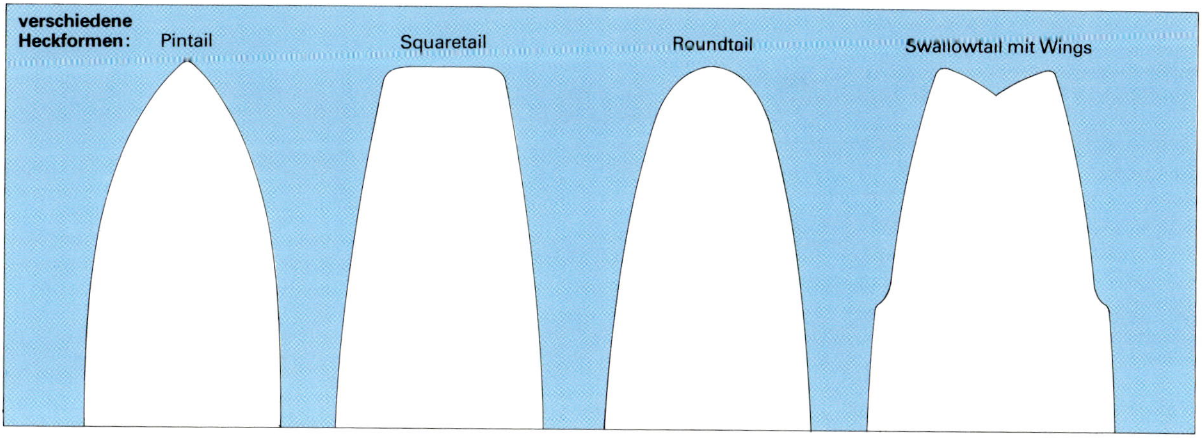

kem Wind und in relativer Ufernähe können diese Bretter ausschließlich von Könnern gefahren werden. Das perfekte Beherrschen des *Wasserstarts* (Starten aus dem Wasser ohne Segelaufholen) ist zwingende Voraussetzung für diese Bretter. Ein zweifelhafter Spaß ist das Sinkerfahren im Bereich der Binnengewässer, da auch in bekannten Starkwindrevieren selten konstant starker Wind weht und ein Hin- und Herfahren im »Reißverschlußverfahren« in Ufernähe Gefahren schafft. Besonders gefährliche Situationen entstehen an der Küste bei *ablandigem Wind*. Falsche Einschätzung der Situation oder Materialschäden führten hier schon zu Todesfällen. Eine neue Variante der *Funboards* bilden die **Raceboards** (Regatta-Funboards). Sie wurden speziell für Funboardregatten entwickelt und stellen eine Mischform von *Regattabrett* und *Funboard* dar. Das Unterwasserschiff ist im Bereich des Bugs rund und dann etwa ab Brettmitte flach geformt. Diese schmalen, bis zu 4 m langen Bretter sind mit Trimmschiene, vollversenkbarem Schwert und Fußschlaufen ausgestattet. *Raceboards* sind schnell und relativ drehfreudig, aber auch wenig kippstabil. Sie bilden für den fortgeschrittenen Surfer auf Binnenrevieren auch bei wechselnden Windverhältnissen eine gute Alternative zum kurzen *Funboard*. Etwas in den Hintergrund gerückt wurde durch die Funboardwelle das **Tandemsurfen.** Die mit zwei Riggs ausgerüsteten um $6^1/_2$ m langen Bretter sind träge in Manövern und schwierig zu transportieren. Obwohl die vielgerühmte Schnelligkeit der *Tandems* heute von modernen *Funboards* bei weitem übertroffen wird, wäre es schade, wenn diese Variante des Segelsurfens in Vergessenheit geraten würde.

Baumaterialien

Segelsurfbretter werden überwiegend aus *Kunststoffen* gefertigt. *Holz* als Baustoff liefert zwar optisch ansprechende Bretter, kommt aber für Serienproduktionen aus Kostengründen nicht in Frage und erfordert vom Selbstbauer erheblich mehr handwerkliches Geschick als der Umgang mit Kunststoffen.

	Regattabrett	Allroundboard – Allroundfunboard	Funboard (ohne Sinker)
Länge	ca. 3,90 m	3,50 m–3,70 m	2,80 m–3,30 m
Volumen	über 300 l	ca. 200–250 l	bis ca. 200 l
Form des Unterwasserschiffs	Verdränger	Mischformen, überwiegend Gleiter	Gleiter
Schwert	großes Schwert	verkleinertes Schwert, voll- oder teilweise versenkbar	vollversenkbar oder nur Finnen
Finnen	1 Finne	1 Finne	1 oder mehrere Finnen
Fahreigenschaften	sehr gutes Höhelaufen möglich, schnell bei schwachem Wind, sehr kippelig, schwierig in der Welle	flüssiges Manöver möglich, geeignet zum *Freestylesurfen*, »Badegerät« für Kinder, gute Geschwindigkeit bei starkem Wind erreichbar, gutes Höhelaufen möglich	hohe Geschwindigkeiten erreichbar, schnelle Manöver möglich, günstig zum Brandungssurfen, Springen möglich, sehr kippelig bei schwachem Wind, geringe Eignung zum Höhelaufen
geeignet für	Regattasurfer	Anfänger, Fortgeschrittene	Fortgeschrittene, Könner

Innerhalb der Kunststoffe, die die Außenhaut bilden, kann man auf Grund ihrer chemischen Struktur zwei große Gruppen unterscheiden: *Duroplaste* und *Thermoplaste*.

Duroplaste sind Kunststoffe, die durch Zugabe eines *Härters* zu *Harzen* entstehen. Nach der chemischen Reaktion der beiden Komponenten ergibt sich ein nicht mehr formbarer Kunststoff (*Polyester-* oder *Epoxidharz*).
Durch Einlegen von Glasfasergeweben verschiedener Struktur (*GFK = glasfaserverstärkter Kunststoff*) entsteht das sog. *Laminat*, das die Druck- und Zugfestigkeit der Flächen bestimmt. Die so gebauten Bretter sind leicht, steif und unelastisch und daher schnell, jedoch leicht verletzbar. Erheblich verbessert werden kann die Druck- und Zugfestigkeit durch teuere Kunstgewebe aus *Kevlar* und *Kohlefaser*. Sehr robuste Bretter erhält man durch eine kombinierte Kohle-Kevlarfaserstruktur. Die angesprochenen Materialien werden unter beträchtlichem Aufwand an Handarbeit zur Serienproduktion von Surfbrettern verwendet, sie stellen aber auch das geeignete Baumaterial der Selbstbauer dar. Die relativ problemlose Bearbeitung dieser Kunststoffe eröffnet vielen »Heimwerkern« den Bau ihres Wunschbrettes im eigenen Keller. Einfach sind auch **Reparaturarbeiten**. Kleine Risse oder Einbruchstellen können durch *Spachtelmasse* (mit Glasfaser vermischtes Harz) beseitigt werden. Bei größeren Schäden wird mit Harz getränktes Glasfasergewebe aufgelegt, wobei nach dem Aushärten ein Schleifen die Oberfläche wieder glättet. Im Handel werden zahlreiche Reparatursets mit Gebrauchsanweisung angeboten.
Besondere Sorgfalt ist auf das Mischungsverhältnis von Harz und Härter zu legen, da diese Zusammensetzung weitgehend über das Gelingen der Reparatur entscheidet.

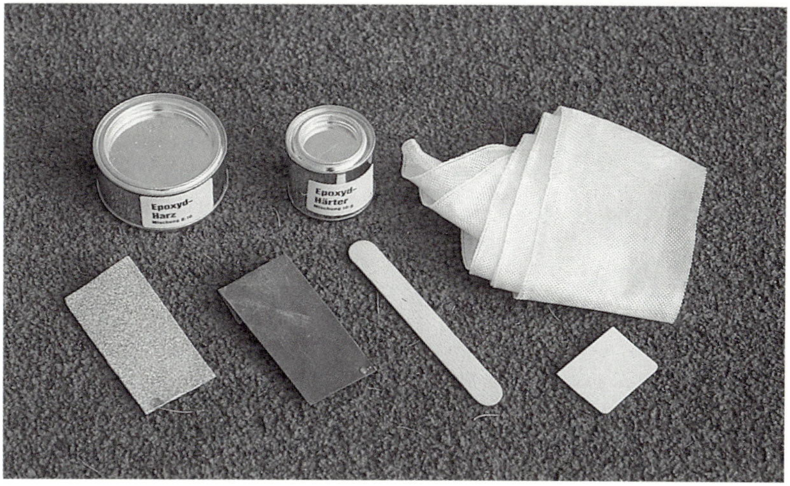

Reparaturset für Duroplaste; Harz, Härter, Glasgewebe, Schleifpapier, Spachtel.

Thermoplaste sind Kunststoffe, die durch Erwärmen wieder verformbar werden. Die bekanntesten chemischen Verbindungen werden durch Buchstaben abgekürzt: PE, ASA, ABS.
Die thermoplastischen Kunststoffe sind elastisch und schlagzäh. Dies gilt insbesondere für Bretter aus *Polyethylen* (PE). Dieser nahezu unverwüstliche Kunststoff galt

Die wichtigsten Kunststoffe beim Brettbau:

	Duroplaste	Thermoplaste
Namen	GFK: Polyester + Glasfaser Epoxid + Glasfaser	PE, ABS, ASA
Eigenschaften	relativ leicht, steif, unelastisch, schlagempfindlich	relativ schwer, elastisch, schlagzäh ABS und ASA leichter und härter als PE
Reparaturen	problemlos, mit Harz, Härter und Gewebe	schwierig bei PE (nur mit Heißluft-Schweißgerät) ABS und ASA mit Harz, Härter und Gewebe

lange Zeit als das beste Material zum Surfbrettbau. Neuere Erkenntnisse zeigen, daß PE-Bretter, bedingt durch ihre Eigenschwingungen deutlich langsamer sind als Bretter aus härteren Materialien. Da Thermoplaste sich hervorragend zur industriellen Fertigung eignen, verwenden große Herstellerfirmen ASA, ABS oder verwandte Kunststoffe, die weniger elastisch, leichter als PE und reparaturfreundlicher sind. Während PE bei Einrissen in der Regel nur durch den Fachmann mit speziellen Heißluftschweißgeräten repariert werden kann, sind ASA und ABS auch mit Duroplasten zu behandeln.
Für Wißbegierige:
ASA = Acrylnitril-Styrol-Acrylester, ABS = Acryl-Butadien-Styrol.
Das Brettinnere ist in der Regel mit *Kunststoffschäumen* gefüllt. Die gebräuchlichsten Kunststoffe dazu: *Polystyrol* (Styropor, Styrofoam, Styrodur) und *Polyurethan*. Beide haben die gleichen Aufgaben: Sie stützen und festigen die Außenhülle und sie bieten die Garantie dafür, daß Bretter eine unsinkbare Rettungsinsel darstellen. Alle Schäume nehmen jedoch bei Verletzungen der Außenhaut mehr oder weniger Wasser auf (Bretter mit Styroporkern sind besonders gefährdet). Eine umgehende Reparatur ist dringend erforderlich, um eine Gewichtszunahme des Brettes zu vermeiden. Einmal aufgenommenes Wasser ist aus den feinen Poren und Kanälen der Schäume kaum mehr zu entfernen. Genügt kurzfristig ein Abdichten mit wasserfestem Klebematerial, so ist doch eine sorgfältige Reparatur der Außenhülle so bald wie möglich unbedingt erforderlich.

> Nachdrücklich soll an dieser Stelle auf eventuelle gesundheitliche Gefahren im Umgang mit Kunststoffen hingewiesen werden. Harz und Härter können Schäden an Haut und Atmungsorganen hervorrufen. Sorgfältige Beachtung von Schutzmaßnahmen ist oberstes Gebot.

> **Bei Reparaturen zu beachten:** Nicht jeder Schaum verträgt sich mit jedem Harz. So zerstört z. B. Polyester die Struktur von Styropor. Als Harz darf hier nur Epoxid verwendet werden.

Schwert und Finnen

Schwert

Regattabretter und Allroundboards sind mit *Schwertern* ausgerüstet, um gutes Höhelaufen zu gewährleisten. Bei Regattabrettern wird versucht, durch möglichst große Schwertflächen, die Abdrift so gering wie möglich zu halten. Die große Schwertfläche führt allerdings bei höheren Geschwindigkeiten leicht zum Kentern des Brettes, da der große seitliche Wasserdruck das Schwert an die Wasseroberfläche drückt. Der Regattafahrer verhindert den sog. *Kentersturz* durch teilweises Hochziehen oder Klappen des Schwertes nach hinten.
Bei Allround- bzw. Allroundfunboards genügt eine kleinere Schwertfläche, um ausreichend Höhe zu laufen. Kleinere Schwerter lassen sich durch Klappen nach hinten teilweise oder vollständig in den Rumpf versenken. Dadurch sind nicht nur höhere Geschwindigkeiten zu erreichen, das Brett wird auch erheblich drehfreudiger und weniger luvgierig.
Die Form des Schwertes (wie auch der Finnen) ist vorgegeben durch die bekannten Strömungs-Gesetzmäßigkeiten im Wasser. Die besten hydrodynamischen Formen (geringer Widerstand, turbulenzfreie Strömung) ähneln dem Tragflächenprofil eines Flugzeugs. Im vorderen, angeströmten Teil abgerundet, verbreitert sich das Profil zur Mitte hin und verjüngt sich gleichmäßig bis zum schmalen Ende.
Schwerter werden überwiegend aus verstärkten Kunststoffen hergestellt. Bei Regattabrettern spielen auch häufig mehrfach verleimte, sehr starre Holzschwerter eine Rolle.

Finne

Die *Finne* fand bei den Herstellern lange Zeit wenig Beachtung. Erst die *Funboards*, bei denen Finnen nicht nur richtungsstabilisierende Funktionen erfüllen, sondern auch die Aufgabe des Schwertes übernehmen müssen, gaben Anstöße zu verbesserten Materialien und Konstruktionen. Ein neues Phänomen gab es zu bekämpfen: Funboards ohne Schwert verlieren bei höheren Fahrgeschwindigkeiten oder bei der Landung nach einem Sprung ihre Richtungsstabilität. Das Brett »rutscht« leewärts weg. Dieses seitliche Ausbrechen (engl. spin out) wird durch einen Strömungsabriß an den Finnen hervorgerufen und durch voluminöse Heckformen und ein planes Unterwasserschiff begünstigt. Man kann dem Ausbrechen des Brettes durch größere Finnen und durch die Heckform (dünne Kante, V-förmiges Unterwasserschiff) entgegenwirken. Größere Finnenflächen verringern aber die Drehfreudigkeit eines Brettes.

Nach zahlreichen Überlegungen und Experimenten bleiben folgende Erkenntnisse für die Praxis:

- Finnen müssen ebenso wie das Schwert nach hydrodynamischen Gesetzen profiliert sein.
- Je steifer die Finne, desto besser die Höhelaufeigenschaften des Brettes.
- Je größer die Fläche der Finne, desto besser die Richtungsstabilität.
- Je größer die Finnenfläche, desto geringer die Drehfreudigkeit des Brettes.

Es ist also stets ein Kompromiß zwischen Richtungsstabilität und Drehfreudigkeit zu suchen. Dies gilt natürlich in erster Linie für Funboards, die oftmals nur mit Finnen ausgestattet sind.

Zur Fertigung der Finnen dienen verschiedene Kunststoffe, wobei man am häufigsten *GFK* und *Lexan* verwendet. GFK-Finnen erweisen sich als extrem bruchfest und können bei Grundberührungen die Halterung – den Finnenkasten – aus dem Brett reißen. Lexanfinnen sind ebenfalls hart, brechen aber leichter und verhindern dadurch u.U. größere Schäden am Brett. Ist ein Brett nur mit einer Lexanfinne ausgerüstet, empfiehlt es sich aus Sicherheitsgründen, eine Ersatzfinne und einen Schraubenzieher im Trapezrucksack mitzuführen.

Trimmschiene, Fußschlaufen, Abschleppvorrichtung

Trimmschiene

Immer mehr Hersteller rüsten ihre Bretter mit verschiebbaren *Mastspuren* aus, um die Trimm-Möglichkeiten zu verbessern. Bei allen Modellen kann dabei der *Mastfuß* auf einer ca. 30–60 cm langen Schiene verschoben werden.

Ein zurückgezogener Mastfuß soll die Drehfreudigkeit des Brettes und die Gleiteigenschaften bei Starkwind auf Halbwind- und Raumwindkursen begünstigen, ein vorgeschobener Mastfuß erleichtert das Höhelaufen (siehe bei »Mastspur und Trimmschiene« im Abschnitt »Kräfte an Brett und Rigg«). Einen sicheren Nutzen bringt ein verschiebbarer Mastfuß bei kurzen Brettern: Schiebt man den Mastfuß nach hinten näher an die Brettmitte heran, ist oftmals noch das Segelaufholen möglich.

Finnen aus GFK (1, 2, 3) und Lexan (4, 5) in verschiedenen Formen und Größen.

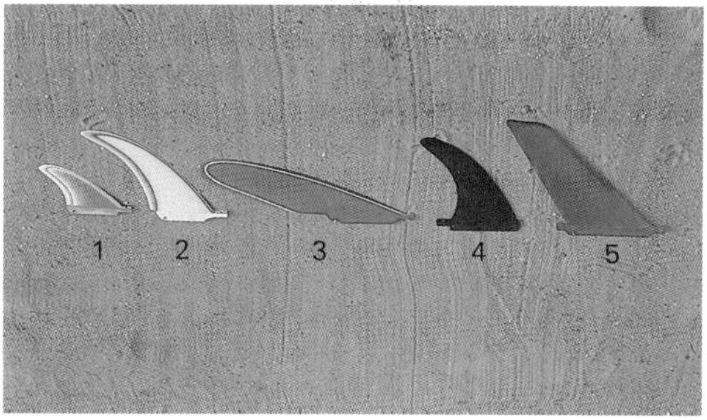

Typische Finnenanordnung an einem Funboard.

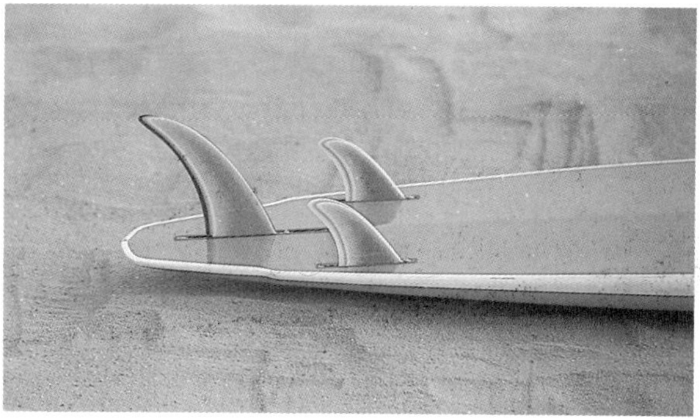

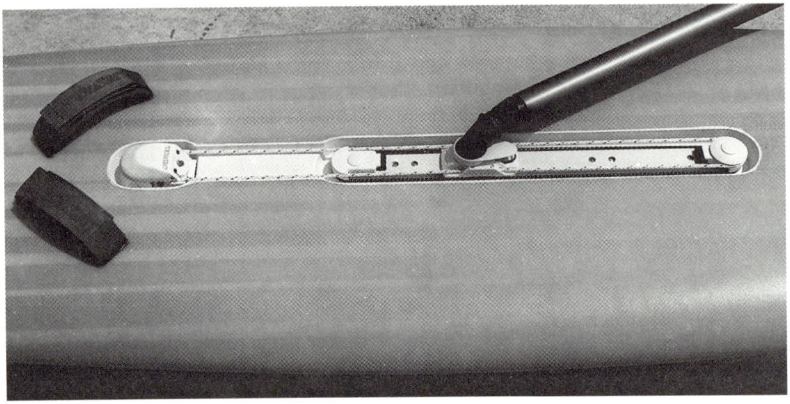

Trimmschiene.

Fußschlaufen, Abschleppvorrichtung

Nicht nur kurze Funboards, sondern auch Allroundfunboards werden heute mit **Fußschlaufen** ausgestattet. Sie sind nicht nur notwendig, um bei Sprüngen das Brett unter Kontrolle zu halten, sondern gestatten bei Starkwind einen sicheren Stand auf dem Brett und ermöglichen bei der Brettsteuerung (siehe bei »Ausblick in die Fortgeschrittenentechnik«) die Übertragung der Kräfte von den Füßen auf das Brett.
Die Zahl und Anordnung der Fußschlaufen ist bei Serienbrettern vorgegeben und kann kaum mehr verändert werden. Bei Funboards genügen in der Regel eine Fußschlaufenposition für den vorderen Fuß und zwei für den hinteren Fuß. Unabhängig von der Anzahl und der richtigen Position sollten Fußschlaufen grundsätzlich.

- größenverstellbar sein
- weich gepolstert sein
- auch naß ihre Form behalten
- fest im Brett verankert (nicht auslösbar) sein.

Die individuelle Einstellung der Fußschlaufen auf unterschiedliche Fußgrößen ist zwingend notwendig, um Verletzungen zu vermeiden.

Wichtig: Fußschlaufen müssen so eng eingestellt sein, daß lediglich der Vorderfuß festgehalten wird. Barfuß dürfen dann nur die Zehen auf der anderen Seite herausschauen.

Jedes Surfbrett muß zur Befestigung einer Schleppleine eine **Abschleppvorrichtung** im Bugbereich besitzen. Meist als »Öse« gestaltet, wird sie häufig auch zur Befestigung der Riggsicherungsleine benutzt.

Fußschlaufenanordnung auf einem Funboard.

Richtig eingestellte Fußschlaufen.

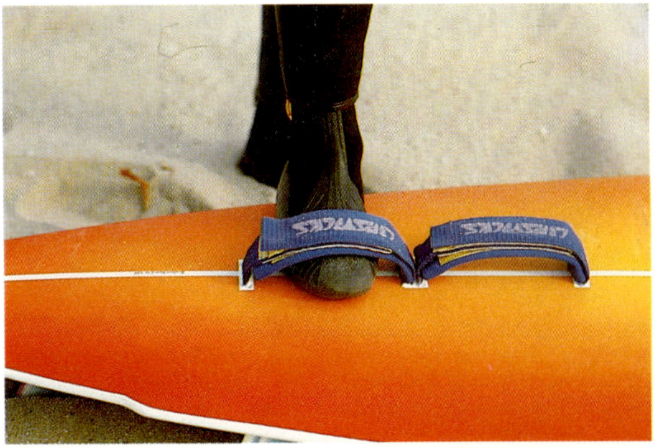

Rigg

Riggarten

Die Entwicklung der Brettformen stand lange Zeit im Blickpunkt des Interesses. Das **Rigg** – bestehend aus *Mast, Segel, Gabelbaum* und *Mastfuß* – war nur für die Regattafahrer von Bedeutung. Sie wußten, daß ein möglichst gutes Rigg und dessen Trimm ebenso bedeutend sind wie das Brett. Wieder war es dann die Funboardwelle, die Anstöße gab, das Rigg für den jeweiligen Zweck günstiger zu gestalten. Auf Grund der verschiedenen Anforderungen, die bei bestimmten Bedingungen an das Rigg gestellt werden, unterscheiden wir das Rigg für

- den Regattasurfer
- Brandung und extremen Starkwind
- Funboards und Allroundfunboards.

Beim **Regattasurfer** steht verständlicherweise der optimale Vortrieb des Segels auf allen Kursen im Vordergrund. Relativ bauchige Segel und eine lange Wegstrecke der Windströmung vom Vorliek zum Achterliek ergeben guten Vortrieb. Regattasegel weisen ein langes Achterliek auf, und das Unterliek befindet sich dicht über dem Brett, um dort einen Druckausgleich des Luv- und Leestromes der Luft zu vermeiden. Harte Masten, stabile Gabelbäume, Segeltuch und Segellatten helfen, das *Profil* des Segels auch bei böigem Wind zu erhalten.
Brandung und **Starkwind** stellen andere Forderungen an das Rigg. Es muß bei Manövern oder Sprüngen leicht zu bedienen und schnell aus dem Wasser zu holen sein. Dies erreicht man durch einen verkürzten Abstand zwischen Schothorn und Vorliek. Der Gabelbaum kann dadurch bis ca. 1,80 m verkürzt werden. Das Schothorn liegt bei Brandungs- und Starkwindsegeln hoch (*High-Clew-Segel*, von engl. high clew = hohes Schothorn). Achter- und Unterliek sind also deutlich verkürzt, und ein Eintauchen des Schothorns in die Wellen wird vermieden.
Brandungssegel weisen im Bereich des Segelkopfes oftmals eine vergrößerte Segelfläche auf (sog. *Mauii-Segel*), um bei großen Wellen auch im Wellental Wind einzufangen oder auch um die fehlende Fläche im unteren Segelteil auszugleichen. Brandungsriggs der beschriebenen Art lassen sich bei Manövern sehr leicht handhaben, liefern jedoch bei mittlerem Wind weniger Vortrieb und sind deshalb auf Binnenrevieren nur bei sehr starkem Wind sinnvoll.

Brandungsrigg (1), Allroundrigg (2) und Regattarigg (3) im Vergleich.

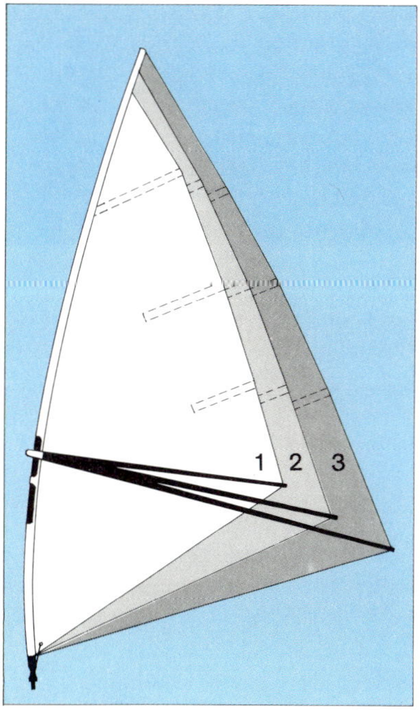

Von der Weiterentwicklung des Riggs für den Brandungssurfer profitieren auch die Fahrer von **Allroundboards** und **Funboards** auf Binnenrevieren. Flachere Segelprofile entwickeln geringere Querkräfte und erfordern weniger Haltekräfte. Segel mit hochgeschnittenem Achterliek *(High-Clew-Segel)* erlauben kürzere Gabelbäume, die nicht nur das Segelaufholen stark erleichtern. Dem Funboardfahrer ermöglichen sie

1. schnelle Gleitfahrten mit weit nach hinten gezogenem Rigg, ohne daß das Gabelbaumende in das Wasser eintaucht
2. eine leichte Handhabung des Riggs bei Manövern.

Der Gabelbaum sollte jedoch bei mittlerem und schwachem Wind die Länge von 2,20 m nicht unterschreiten, da sonst der Vortrieb des Segels und damit die Geschwindigkeit eine starke Verminderung erfahren.

Als **Faustregel** gilt:
Die Gabelbaumlänge sollte die Hälfte der Vorlieklänge betragen.
Beispiel: Vorlieklänge 4,50 m = Gabelbaumlänge 2,25 m.

Segel

Die Segel werden überwiegend aus dem Kunststoff *Dacron* gefertigt. Das Gewebe eines hochwertigen Segeltuches ist sehr dicht, dehnt sich nur gering und darf nur wenig Wasser aufnehmen. Sehr gute Ergebnisse liefern in dieser Hinsicht sogenannte *Mylartücher*. Hier wird ein Tuchgewebe mit einer Folie beklebt, wodurch eine sehr glatte Oberfläche mit geringer Dehnbarkeit des Segeltuchs erreicht wird. Mylartuch ist etwa ein Drittel leichter als Dacrontuch und nimmt sehr wenig Wasser auf. Allerdings verlangt es sorgfältige Behandlung, um es knitterfrei zu halten und ein Einreißen des Gewebes zu verhindern.
Das **Profil** eines Segels entsteht durch das Vernähen von *horizontal* oder *vertikal* angeordneten Bahnen. Seine größte Tiefe liegt normalerweise vor der Mitte des Segels (siehe bei »Segelprofil«, S. 77f.). Das Vorliek ist nicht gerade, sondern in Abstimmung mit der Biegekurve des Mastes angerundet. Das Achterliek sollte Segellatten besitzen.
Der *vertikale* Schnitt begünstigt nach Meinung vieler Segelmacher die Erhaltung des Segelprofils und die Spannung am Achterliek.
Die **Masttasche** besteht aus robustem Nylontuch mit grober Struktur, um die Wasserdurchlässigkeit zu gewährleisten. Da Nylongewebe sich nur in nassem Zustand gut dehnen läßt, sollte das Segel vor dem Trimmen kurz in das Wasser gelegt werden.
Die **Segelfenster** müssen die freie Sicht nach Lee ermöglichen. Klassenzeichen und Segelnummern sind erforderlich, wenn das Segel bei Regatten verwendet werden soll.
Segelkopf, Segelhals und **Schothorn** müssen verstärkt sein, um die dort auftretenden Belastungen ohne Schaden aufnehmen zu können.
Schlaufen an Segelhals und Schothorn erleichtern das Trimmen des Segels.
Die **Segelgröße** ist abhängig von der Windstärke und dem Körpergewicht des Fahrers. Die am häufigsten verwendeten Segelgrößen liegen zwischen 6,5 m² und 4,5 m². Daneben gibt es noch Flautensegel mit 7 m² oder mehr und Sturmsegel mit 3 bis 4 m² Segelfläche.
Kleinere Segelflächen erreicht der Segelmacher durch Verkürzen der Lieken. Ergebnis:
Ein günstiges Segelprofil und eine leichte Handhabung des Riggs bei entsprechend verkürztem Gabelbaum. Ältere Sturmsegel mit konkav geschnittenem Achterliek und langem Gabelbaum bringen schlechten Vortrieb und sind unbequem in der Handhabung.
Die Segelgröße sollte stets so gewählt werden, daß das Segel noch dicht gehalten werden kann. Reicht die Kraft dazu nicht mehr aus, beginnt das Segel zu killen, man kann kaum mehr Höhe laufen und verliert an Geschwindigkeit.

> Die rechtzeitige Wahl eines kleineren Segels erhöht die Sicherheit und läßt Segelsurfen nicht zum kraftraubenden Kampf gegen das Segel werden.

Mast

Segelsurfmasten werden aus GFK-Material oder Aluminium hergestellt. Kohlefaser ermöglicht einen leichten und bruchfesteren Bau bei GFK-Masten. Moderne Aluminiummasten sind leicht und weisen eine hohe Bruchfestigkeit auf. Die konische Form und die Härte des Materials bestimmen die Biegekurve des Mastes bei Belastung. Die Biegekurve muß, wie bereits erwähnt, mit der Krümmung des Segels am Vorliek abgestimmt sein, um einen faltenfreien Segeltrimm zu gewährleisten.
Das Mast sollte im besonders beanspruchten Bereich der Gabelbaumbefestigung verstärkt sein. Farblose Masten lassen Sprünge im Bereich des Mastfußes oder der Gabelbaumbefestigung erkennen. Von Bedeutung ist ferner die Abdichtung des Mastes gegen das Eindringen von Wasser.
Komfortabel für Reisende sind teilbare Aluminiummasten, die durch verschiedene Einsätze auch ein Verlängern oder Verkürzen gestatten. Eine Veränderung der Mastlänge in verschiedene Stufen ermöglichen auch sogenannte *Mastverlängerungen*.

Mastfuß

Der *Mastfuß* verbindet nicht nur das Rigg mit dem Brett, sondern gibt über das Mastfußgelenk dem Rigg seine Beweglichkeit.
Der erste Mastfuß war ein primitiver Holzkeil, der in das Brett gesteckt wurde und mehr oder we-

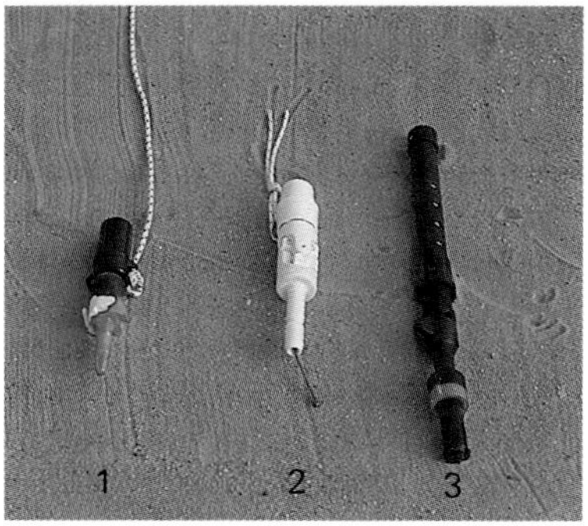

1 einstellbarer Mastfuß mit Gummigelenk,
2 Mastfuß mit Kardangelenk,
3 Mastfuß mit Mastverlängerung.

niger fest arretiert war. Moderne Mastfüße sind auf verschiedene Auslösemomente einstellbar, halten bei normaler Beanspruchung das Rigg fest und sollten sich lösen, wenn ein Körperteil zwischen Mast und Brett eingeklemmt wird. Kurze, leichte Funboards können fest mit dem Rigg verbunden werden, da diese Bretter sofort kippen, falls ein Körperteil zwischen Brett und Mast zu liegen kommt. Beim **Mastfußgelenk** handelt es sich um ein nach allen Seiten bewegliches Kardangelenk oder um einen verstärkten, speziell geformten Hartgummi. Gummi ist anfällig gegen Witterungseinflüsse und insbesondere gegen Salzwasser. Gummimastfußgelenke sollten deshalb regelmäßig auf Einrisse untersucht und notfalls ausgetauscht werden. Am Mastfuß befestigt ist in der Regel die **Riggsicherungsleine.** Bei modernen Brettern läuft diese Leine in einer Rille zur Abschleppvorrichtung im Bugbereich und wird – so abgesenkt – nicht zur Stolperfalle. Die verwendete Leine soll mindestens 6 mm dick sein. Gummimaterialien eignen sich nicht, da deren Festigkeit nicht ausreicht.

Gabelbaum

Der *Gabelbaum* besteht aus zwei runden, gebogenen Aluminiumrohren von ca. 1,80 bis 2,70 m Länge, die durch Kunststoffteile verbunden werden. Die Aluminiumrohre sind zur Verbesserung der Griffigkeit ganz oder teilweise mit Gummi beschichtet. Der Gabelbaum muß, wie der Mast, abgedichtet sein. Die Gabelbaumverbinder müssen aus massivem Kunststoff bestehen, wobei das Vorderteil eine Polsterung mit weicherem Material trägt, um bei einem Aufprall das Brett zu schützen. Die Bohrungen für den *Masttampen* und die meist integrierte *Klemme* müssen eine hohe Festigkeit aufweisen. Der hintere Verbinder ist häufig mit Rollen ausgestattet, die das Trimmen des Segels erleichtern.
Der Gabelbaum sollte seine flache, ovale Form auch bei starker Belastung nicht wesentlich verändern, da ein starkes Durchbiegen den Stand des Segels negativ verändern würde. Die Gabelbaumlänge richtet sich, wie schon erwähnt, nach dem Schnitt des Segels. Gabelbäume für Regattasegel sind dementsprechend bis zu 2,70 m lang, Gabelbäume für Funboardsegel 1,80 m bis 2,30 m.
Ein größerer Abstand zwischen Schothorn und Gabelbaumende ist nicht nur hinderlich bei Manövern, sondern bringt auch Unruhe in das Achterliek. Um bei verschiedenen Segelschnitten und Segelgrößen mit einem einzigen Gabelbaum auszukommen, wurden *längenverstellbare* Gabelbäume (Variogabelbäume) entwickelt.

Verschiedene Gabelbaumverbinder:
Oben: Vorderteile.
Unten links: einfaches Endteil.
Unten rechts: Endteil mit Rolle am Variogabelbaum.

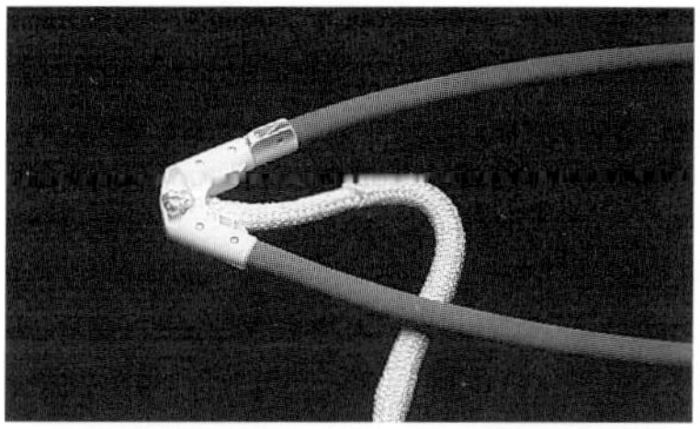
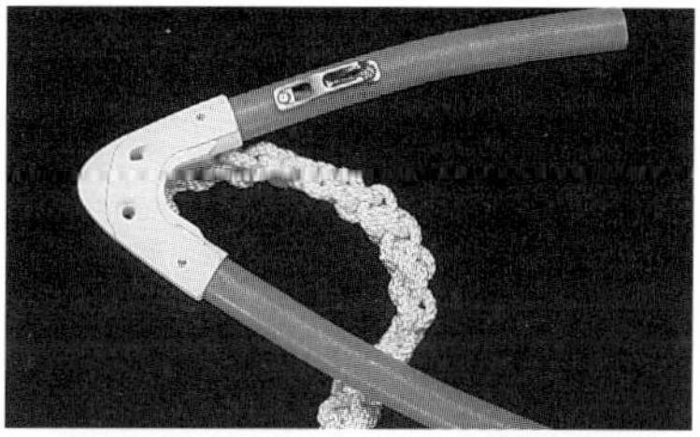
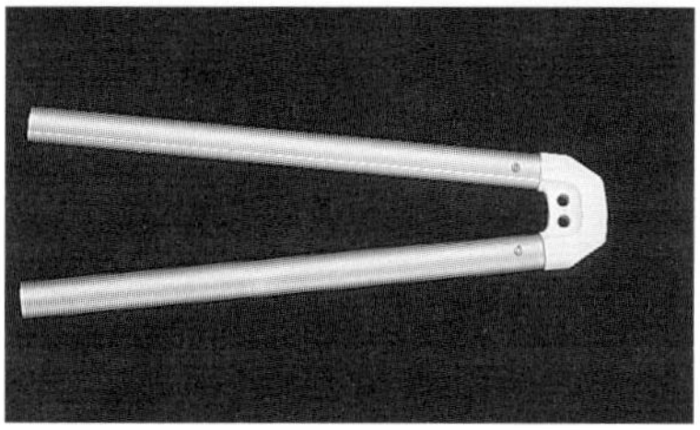
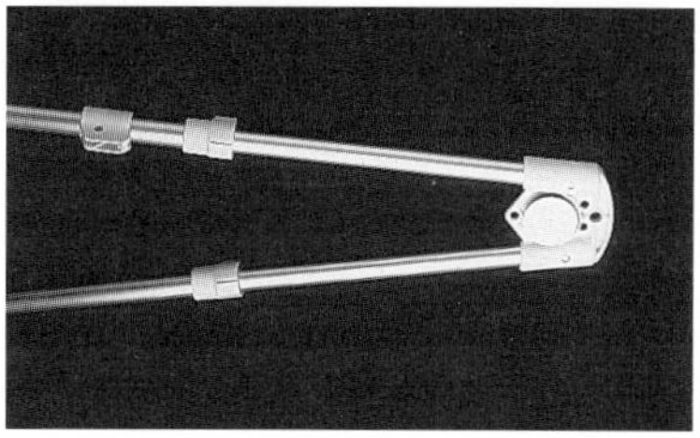

Kräfte an Brett und Rigg

Vortriebskraft und Querkraft

Im Grundscheinteil dieses Buches wurde im Kapitel »Vortrieb durch Ablenkung des Windes« von der *laminaren Strömung* gesprochen und von der *Windkraft*, die etwa im rechten Winkel zur Sehne der Segelkrümmung steht und im Bereich des Segeldruckpunktes angreift.
Diese am Segel entstehende *Windkraft* ist – ausgenommen auf Vorwindkurs – nie direkt in Fahrtrichtung gerichtet. Sie weicht immer, je nach gesegeltem Kurs, mehr oder weniger stark vom Kurs nach Lee ab. Durch Zerlegung der Windkraft erkennt man, daß eine Teilkraft in Fahrtrichtung zeigt – sie bringt *Vortrieb* –, während die andere Teilkraft quer zur Brettlängsachse wirkt – sie bringt *Abdrift*.

> Die in Fahrtrichtung wirkende Teilkraft wird *Vortriebskraft* genannt, die quer zur Brettlängsachse wirkende Teilkraft heißt *Querkraft*.

Das Verhältnis der erwünschten Vortriebskraft zur (unerwünschten) Abdrift erzeugenden Querkraft ist umso ungünstiger, je dichter das Segel an der Brettlängsachse gefahren wird – wie das z. B. auf Hartamwindkurs der Fall ist –, und es wird umso günstiger, je mehr das Segel gefiert werden kann.

Vortriebs- und Querkraft auf den verschiedenen Kursen

Hartamwind- und Amwindkurs:
Typisch für den *Amwindkurs* und besonders den *Hartamwindkurs* ist das bei allen Windstärken nahe der Brett-Längsachse gefahrene Segel. Man hat es hier mit dem stärksten scheinbaren Wind aller Kurse zu tun, er ist deutlich stärker als der wahre Wind. Trotz des größten scheinbaren Windes erreicht der Segelsurfer auf diesen Kursen auch nicht annähernd die mögliche Höchstgeschwindigkeit. Dies liegt an dem ungünstigen (beim Hartamwindkurs extrem ungünstigen) Verhältnis von *Vortriebskraft* zu *Querkraft*, das sich aus dem spitz von vorne (Hartamwindkurs sehr spitz von vorne) einfallenden *scheinbaren Wind* ergibt (siehe Abb.).

Auf Hartamwindkurs ist der scheinbare Wind deutlich stärker als der wahre Wind. Es entsteht eine große Windkraft, aber der Anteil der Vortriebskraft ist verhältnismäßig klein, gegenüber dem Anteil an Querkraft. Das Verhältnis von Vortriebskraft zu Querkraft wird umso günstiger, je weiter aufgefiert das Segel gefahren werden kann. Sehr dicht muß das Segel auf Hochamwindkurs gefahren werden (Abb. a), während auf Halbwind- und Raumwindkursen das Segel im allgemeinen weiter aufgefiert werden kann (b). Bei sehr schnellen Brettern und hoher Fahrgeschwindigkeit (c) kann es auch auf Halbwind- und Raumwindkursen erforderlich sein, das Segel dichter zu fahren, um die ideale Stellung des Segels zum scheinbaren Wind aufrecht zu erhalten.

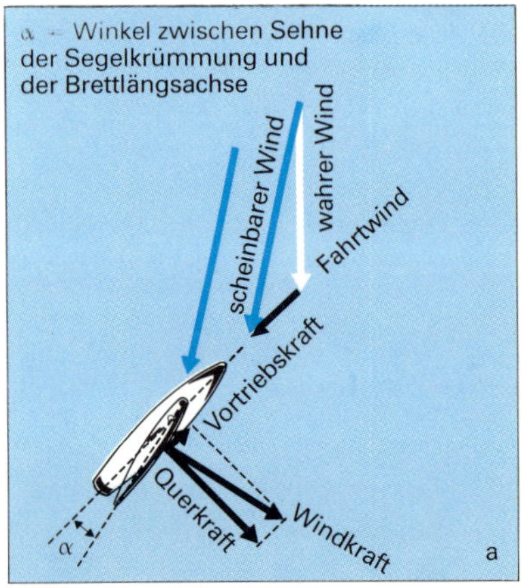

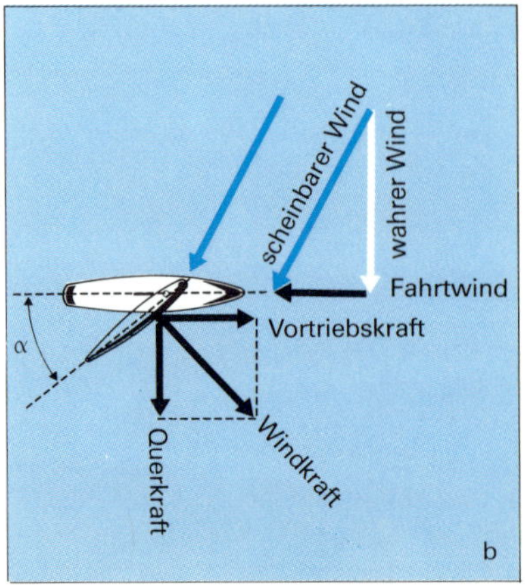

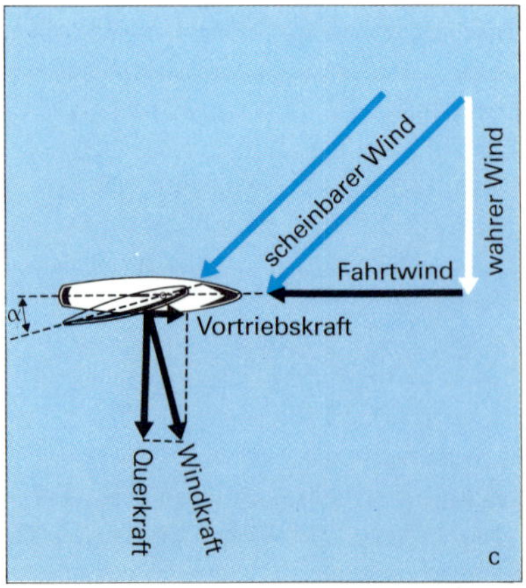

Der kleine Anteil an Vortriebskraft läßt speziell auf Hartamwindkurs ein Gleiten kaum zu. Der Kraftaufwand auf diesem Kurs ist hoch, denn der stärkere scheinbare Wind erzeugt am Segel eine große Kraft, die wir in ihrer gesamten Größe zu halten haben, auch wenn nur ein kleiner Teil davon in Fahrtrichtung gerichtet ist. Je weiter wir vom Hartamwindkurs in Richtung auf Halbwindkurs abfallen, vergrößert sich der Anteil der Vortriebskraft und verkleinert sich der Anteil der Querkraft – und damit auch die Abdrift. Man kann deshalb in dem Maße, in dem das Brett abfällt, auch die Lateralfläche reduzieren, indem das Schwert teilweise ins Brett eingeklappt wird. Die Geschwindigkeit erhöht sich, je nach Windstärke wird Gleitfahrt möglich.
Die **größte Querkraft** auf Hartamwindkurs hat eine verhältnismäßig **starke Abdrift** zur Folge. Wir müssen deshalb beim Ansteuern eines Zieles in Luv eine »Reserve« einkalkulieren, um trotzdem das Ziel zu erreichen (siehe Abbildung). Ist eine **starke Abdrift** zu erwarten, so müssen wir der Querkraft eine möglichst **große Lateralfläche** entgegenstellen, d.h. das Schwert muß mit seiner ganzen Fläche möglichst tief ins Wasser ragen.

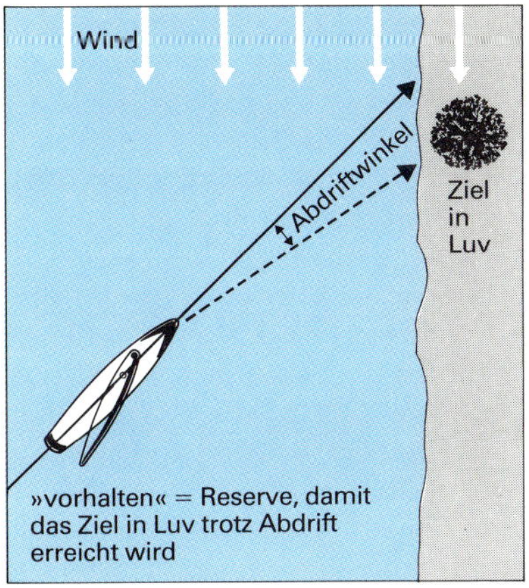

»vorhalten« = Reserve, damit das Ziel in Luv trotz Abdrift erreicht wird

Halbwindkurs:
Der *Halbwindkurs* hat eine ganz besondere Bedeutung für den Segelsurfer: Nach dem Segelaufholen richtet er sein Brett danach aus, auf diesem Kurs startet er und macht seine ersten Steuerversuche. Auf Halbwindkurs lassen sich schon hohe Fahrgeschwindigkeiten erzielen, da das Verhältnis von *Vortriebskraft* zu *Querkraft* hier günstig (größte Vortriebskraft!) ist (siehe Abb. S. 74). Dazu hat sich die Tendenz zur *Abdrift* deutlich verringert. Sofern das Schwert einklappbar ist, kann es nun noch etwas mehr ins Brett versenkt werden, was zu einer Reduzierung der Reibung und des Wasserwiderstandes führt und mehr Geschwindigkeit bedeutet.
Die Segelstellung hängt von der Windstärke und der damit zusammenhängenden Fahrgeschwindigkeit ab:

- Schwacher Wind und langsame Fahrt = Segel offener fahren als bei starkem Wind und schneller Fahrt (auf gleichem Kurs).

In der Regel fährt der Segelsurfer auf Halbwindkurs etwa parallel zu den mit dem Wind anlaufenden Wellenkämmen. Die nun aufzubringende Haltekraft ist deutlich kleiner als auf Hartamwindkurs, da sich die gesamte Windkraft ebenfalls verkleinert.

Raumwindkurse:
Obwohl wir beim Halbwindkurs die größte Vortriebskraft haben und deshalb auf diesem Kurs die höchsten Geschwindigkeiten vermuten könnten, werden diese meist auf den nahe dem Halbwindkurs liegenden *raumen Kursen* erreicht. Wie erklärt sich das? Hier hat der Surfer die Möglichkeit, die Welle auszunutzen. Fährt er schräg zu der nach Lee laufenden Welle, so muß er keine Wellenkämme nach Luv überqueren, sondern kann – einem Wellenreiter ähnlich – am Wellenabhang surfend, den Schub der Welle ausnutzen. Die *Querkraft* verkleinert sich auf Raumwindkursen immer deutlicher, je mehr wir uns dem Vorwindkurs nähern. Das Schwert wird deshalb ganz nach hinten weggeklappt oder – im Idealfall – total ins Brett versenkt.
Das Segel wird dem scheinbaren Wind entsprechend eingestellt. Der *wahre Wind* bläst auf alle Fälle schräg von hinten (= *achterlicher als querab*), und je nach Größe der Fahrgeschwindigkeit und je nach zusätzlicher Komponente durch die Welle kann der *scheinbare Wind* trotzdem noch schräg von vorne einfallen. Trotz dieser speziellen Situationen – die im allgemeinen nur für schnelle Bretter zutreffen – gilt:

- Auf raumen Kursen kann das Segel verhältnismäßig offen gefahren werden.

Vorwindkurs:
Beim *Vorwindkurs* liegt die Brett-Längsachse parallel zur Windrichtung, der *scheinbare Wind* fällt über das Heck ein und trifft auf das quer zur Windrichtung einge-

stellte Segel; d.h., die Sehne der Segelkrümmung steht im rechten Winkel zur Windrichtung (siehe Abb. S. 54).

Die auf Vorwindkurs durch Staudruck entstehende Windkraft ist deutlich kleiner als bei den anderen Kursen, bei denen der scheinbare Wind durch das Segel abgelenkt wird.

Obwohl der *scheinbare Wind* direkt in Fahrtrichtung zeigt, also die gesamte auftretende *Windkraft* für den *Vortrieb* genutzt werden kann, ist auf Vorwindkurs nicht die höchste Geschwindigkeit zu erreichen. Da die *Querkraft* fehlt, entsteht auch keine *Abdrift*, und das Schwert könnte ganz ins Brett eingeklappt werden. Somit reduziert sich die Reibung, und die Geschwindigkeit erhöht sich etwas – aber das Board wird auch kippeliger. Die aufzubringende Haltekraft am Gabelbaum spielt eine verhältnismäßig geringe Rolle: Der scheinbare Wind kann nämlich sehr klein sein (siehe Abb. S. 54), und zwar dann, wenn sich die Fahrgeschwindigkeit der Geschwindigkeit des wahren Windes deutlich angenähert hat. Der geringe Segeldruck auf Vorwindkurs verleitet häufig zu der irrigen Annahme, kaum noch Wind zu haben.

Auch wenn der Vorwindkurs vom Surfer verhältnismäßig wenig Krafteinsatz verlangt, so fordert er andererseits aber ein hohes Maß an Bewegungsbereitschaft und Gleichgewichtsgefühl. Die meistens von hinten anlaufenden Böen und Wellen lassen sich leichter meistern, wenn man

- die Füße mehr in Richtung Heck versetzt
- etwas in die Knie geht, um den Schwerpunkt abzusenken.

Scheinbarer Wind und wahrer Wind haben auf Vorwindkurs die gleiche Richtung. Der scheinbare Wind wird umso kleiner, je mehr sich die Geschwindigkeit des Segelsurfers der Geschwindigkeit des wahren Windes annähert.

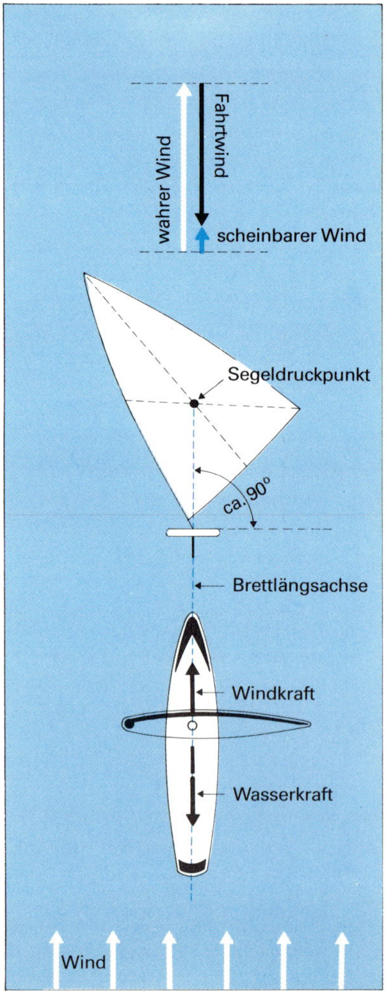

Brettsteuerung

Das Steuern des Segelsurfbretts im Fortgeschrittenenbereich beschränkt sich nicht nur auf das Steuern mit dem Rigg, mit zunehmendem Fahrkönnen wird auch das Brett selbst zur Steuerung mit eingesetzt. Dabei sind entweder die Luv- oder die Leekante ins Wasser einzudrücken. Dieses »Eindrücken« einer Kante ins Wasser ist aber nur das äußere Zeichen der Brettsteuerung. Der tatsächliche Steuereffekt wird vom Schwert, von den Finnen oder vom Brett selbst erzeugt.

Steuern mit dem Schwert

Zum Steuern mit dem Schwert wird eine Kante ins Wasser gedrückt, d. h., das Brett wird um seine Längsachse gekippt. Dadurch wandert das ausgeklappte Schwert unter Wasser zur Seite aus und ruft außerhalb der senkrechten Ebene durch die Brettlängsachse eine Bremswirkung hervor, die die Kurvenfahrt bewirkt (siehe Abb. S. 77). Der Steuereffekt verstärkt sich dann besonders, wenn die Brettlängsachse nicht parallel zur Wasseroberfläche liegt, sondern der Bug aus dem Wasser heraussteigt. Dies ist bei mittlerem Fahrtempo meist schon automatisch in geringem Maße gegeben und kann durch Gewichtsverlagerung in Richtung Heck deutlich verstärkt werden (siehe Abb. S. 77).

Das Steuern über das ausgeklappte Schwert kann schon im beginnenden Fortgeschrittenen-Stadium ins Übungsprogramm mit einbezogen werden. Diese Steuerungsart hat ihre größte Bedeutung im mittleren Geschwindigkeitsbereich.

Will man ein Segelsurfbrett über das Schwert durch »Eindrücken« einer Kante ins Wasser steuern, so ist die bogenäußere Kante betroffen. Das bedeutet praktisch:
Abfallen = Luvkante eindrücken.
Anluven = Leekante eindrücken.

Steuern ohne Schwert

Bei Brettern ohne Schwert und bei Brettern, bei denen das Schwert ganz ins Board eingeklappt werden kann, tritt ebenfalls ein Steuereffekt auf. Das Brett wird dabei um die Längsachse auf die kurveninnere Seite gekippt, und der Fahrer legt sein Körpergewicht entgegen der nach kurvenaußen wirkenden Windkraft ebenfalls zur kurveninneren Seite. Das Surfbrett zieht dann – wie ein Wasserski – eine Kurve. Diese Art der Steuerung durch Eindrücken der kurveninneren Kante und mit Körperinnenlage ist von mittleren Geschwindigkeiten an möglich. Die Steuerwirkung wird auch bei dieser Art nicht direkt durch die Kante selbst hervorgerufen. Es sind durch Kippen des Boards um seine Längsachse am Unterwasserschiff auftretende Drehmomente, die eine Kurvenfahrt hervorrufen. Dabei bestimmen allerdings gewisse Kantenformen im Bereich des Hecks (also die Heckform), ob ein Brett leicht oder weniger leicht dreht (siehe auch S. 65).

Segelprofil

Stellt man sich ein Surfsegel vor, das etwa in Höhe des Gabelbaumes horizontal durchgeschnitten ist, könnte man deutlich das vom Segelmacher eingearbeitete Profil erkennen. Es scheint ein Teil eines Kreisbogens zu sein. Führte man diesen – gedanklichen – Schnitt durch ein Surfsegel bei mehreren Modellen durch, so zeigt sich, daß weder die Form, noch die *Wölbungstiefe*, noch die Lage der größten Wölbungstiefe bei den verschiedenen Segeln ganz gleich ausgeprägt und gestaltet sind. Es gibt also Unterschiede.

A Brettlängsachse parallel zur Wasseroberfläche: das seitlich ausgewanderte Schwert stellt nur einen relativ geringen bremsenden Widerstand dar = mäßiger Steuereffekt.
B Brettlängsachse nicht parallel zur Wasseroberfläche: Bug steigt aus dem Wasser; dadurch wird auch eine Seitenfläche des Schwertes deutlich schräg gegen die Strömung gestellt, der bremsende Effekt und damit die Steuerwirkung werden wesentlich verstärkt (der Beobachter blickt hier über den Bug zum Schwert).

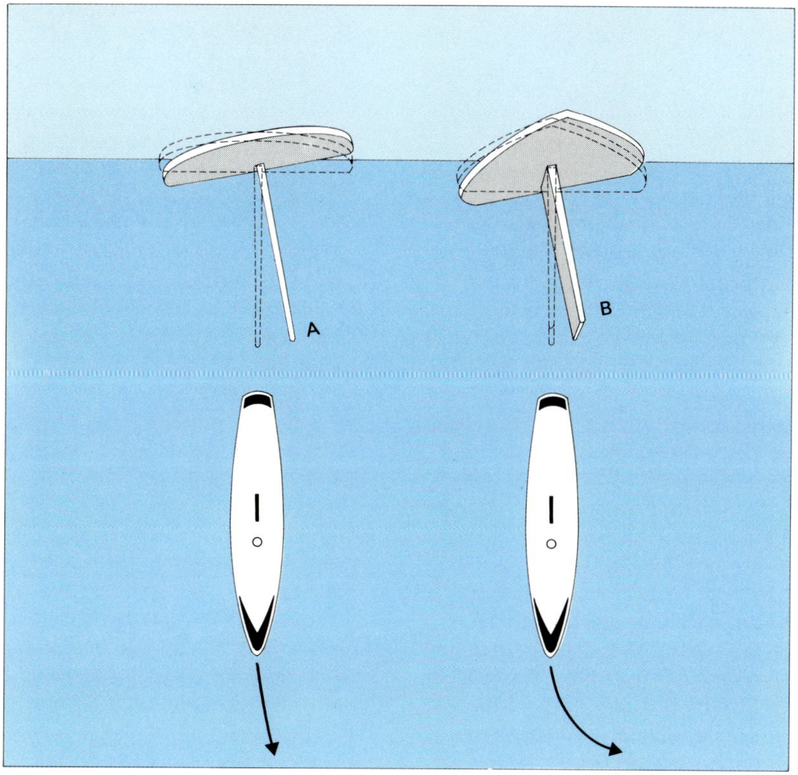

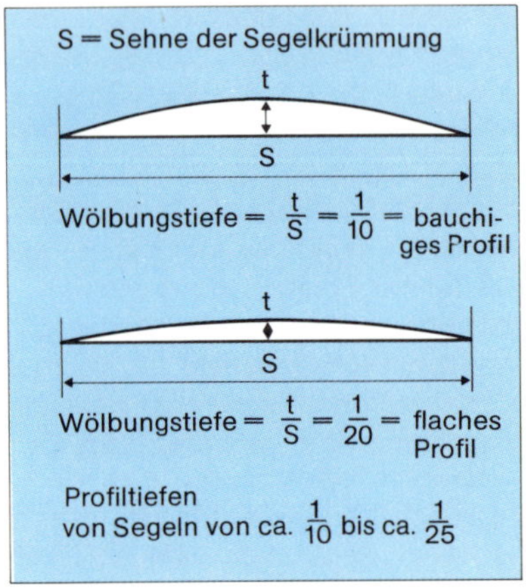

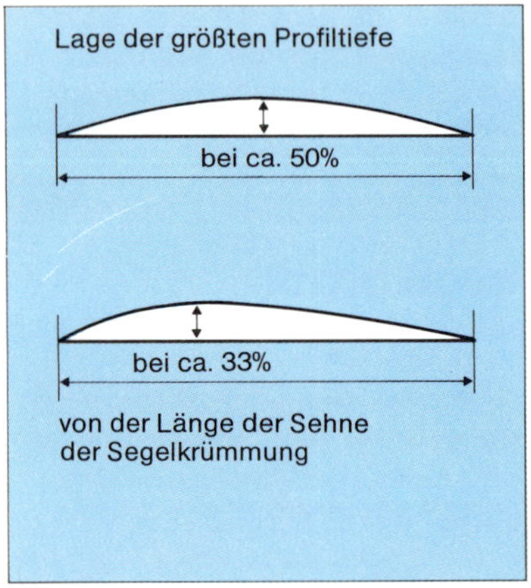

> *Wölbungstiefe:* Größter senkrechter Abstand des Segelprofils von der Sehne der Segelkrümmung, auch *Profiltiefe* genannt.

Die Wölbungstiefe ist auf die Länge der Segelsehne des betreffenden Segels bezogen (siehe Abb.). Die Lage der tiefsten Wölbung variiert zwischen dem vorderen Drittel und der Hälfte der Länge der Segelsehne. Um das passende Segel wählen zu können, bzw. um das Segelprofil in gewissen Grenzen durch Trimmen der jeweiligen Windsituation anpassen zu können, sollte der Surfer über einige z.T. im Windkanal gewonnene Erkenntnisse informiert sein:

- Die Windkraft, die sich an einem Segelprofil ausbildet, ist bei einem bauchigen Segel (z.B. Profiltiefe $^1/_{10}$) größer als bei einem flacheren Segel (z.B. Profiltiefe $^1/_{20}$). Das gilt für alle Windgeschwindigkeiten, bei denen gesurft wird und auf Kursen, bei denen das Segel im laminaren Bereich optimal zum relativen Wind eingestellt ist.
- Ein Segelsurfer, der ein flaches Segel benützt, kann höher am Wind segeln, als wenn er unter den gleichen Bedingungen dieses Segel mit einem bauchigeren Profil fahren würde (siehe Abb.). Allerdings ist das flachere Segel schwieriger zu fahren, da der Bereich des idealen Anstellwinkels zum scheinbaren Wind kleiner ist, als bei einem bauchigeren Segel.
- Fällt der scheinbare Wind »ziemlich spitz« von vorne ein, so erweist sich ein gleichmäßig gewölbtes Segel (tiefste Wölbung bei 50 Prozent der Länge der Segelsehne) anderen Segeln als überlegen, bei denen die Stelle der tiefsten Wölbung im vorderen Drittel der Segelsehne liegt. Ein Segel mit einer größten Wölbungstiefe im vorderen Drittel (bei ca. 33% der Länge der Segelsehne) entwickelt etwas weniger Windkraft, dafür reagiert es nicht so empfindlich auf kleine Fehler hinsichtlich der idealen Segelstellung.

Die Situation des »spitz von vorne« einfallenden Windes stellt

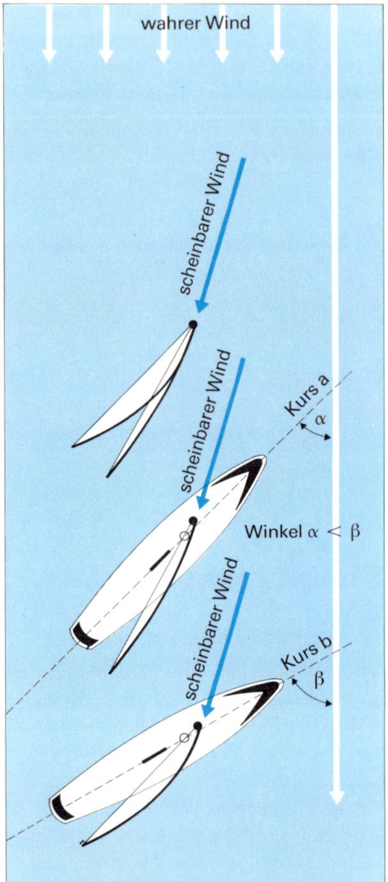

Beide Segel sind so eingestellt, daß der scheinbare Wind tangential auf den Bereich unmittelbar hinter dem Vorliek trifft

Bei gleichem scheinbaren Wind (Richtung und Stärke) kann das obere Segelsurfbrett mit dem flacher profilierten Segel **höher** am wahren Wind segeln als das untere Brett mit dem bauchigeren Segelprofil.

sich immer auf Amwindkurs ein und ganz besonders dann, wenn hart am Wind gesurft wird. Segelsurfbretter sind im allgemeinen Gleiter (siehe S. 63) und können daher bei auffrischenden Winden, besonders auf Halbwind- und Raumwindkursen, hohe Fahrgeschwindigkeiten erzielen. Ergebnis: Der mit der hohen Fahrgeschwindigkeit verbundene große Fahrtwind beeinflußt den wahren Wind in folgender Weise:

- Der für die Einstellung und den Trimm des Segels entscheidende scheinbare Wind fällt auch auf Halbwindkurs und sogar auf beginnendem Raumwindkurs so spitz von vorne ein wie auf Amwindkurs (siehe Abb. S. 74).

Für die Wahl des Segels bzw. des Segelprofils gelten demnach dieselben Überlegungen wie auf Amwindkurs.

Aus den Ergebnissen der Windkanalversuche könnte die Tendenz abgeleitet werden, immer ein verhältnismäßig bauchiges Segel zu fahren, da sich dadurch die größtmögliche Windkraft ausbildet. Doch größere Windkraft bedeutet zwar mehr Vortriebskraft, aber leider auch deutlich erhöhte Querkraft. Der Surfer kann der steigenden Windkraft nur sein Körpergewicht entgegensetzen. Sobald er nicht mehr in der Lage ist, auf diese Weise das Segel dicht zu halten, sollte es flacher getrimmt werden. Deutlich besser wäre es allerdings, gleich ein kleineres, flacher geschnittenes Segel aufzuziehen, denn ein bauchig geschnittenes Segel läßt sich nicht beliebig flach trimmen, ohne Überdehnung des Tuches. Durch das kleinere, flachere Segel vermindert man zwar die am Segel erzeugte Windkraft und damit auch die Vortriebskraft, setzen aber die Körperkräfte ökonomisch ein, kann das Segel aufrechter und dicht fahren und damit einen optimalen Vortrieb erzielen. Es ist sogar möglich, trotz des kleineren – aber flacheren – Segels ein in Luv liegendes Ziel schneller zu erreichen, da man mit einem flacher profilierten Segel mehr Höhe laufen kann.

Zusammengefaßt lassen sich – stark vereinfacht – folgende Empfehlungen aussprechen:

Trimm: Das Segel so bauchig wie möglich und so flach wie nötig!
Segelwahl: Bei wenig Wind ein großes und bauchiges, bei kräftigem Wind ein kleines und flaches Segel!

Verdrängerfahrt und Gleitfahrt

Bei Segelfahrzeugen – also auch bei Surfbrettern – unterscheidet man **Gleiter** und **Verdränger.** Ein Verdränger in Verdrängerfahrt »pflügt« **durch** das Wasser, ein Gleiter in schneller Gleitfahrt »rutscht« **auf** dem Wasser. An der Form des Unterwasserschiffes kann man schon erkennen, zu welcher Gruppe ein Segelsurfbrett gehört (siehe Abb. S. 64).

Bei wenig Wind fährt jedes Segelfahrzeug zunächst als Verdränger; d.h., es verdrängt eine bestimmte Wassermenge, entsprechend seinem Gewicht und dem Gewicht des Fahrers. Dabei baut es eine *Bug*- und eine *Heckwelle* auf. Je nach Fahrgeschwindigkeit können noch mehrere kleine Zwischenwellen vorhanden sein. Nimmt der Wind zu, so steigt auch die Fahrgeschwindigkeit, und die kleinen Zwischenwellen verschwinden nach und nach. Sind alle Zwischenwellen verschwunden, so bleiben nur noch Bug- und Heckwelle, und das Segelfahrzeug hat seine Höchstgeschwindigkeit in *Verdrängerfahrt* erreicht.

Diese Wellenbildung ist bei Surfbrettern – bedingt durch ihre verhältnismäßig kurze Wasserlinie, die flache Form und ihre geringe Eintauchtiefe – nicht so deutlich zu sehen, wie bei längeren und

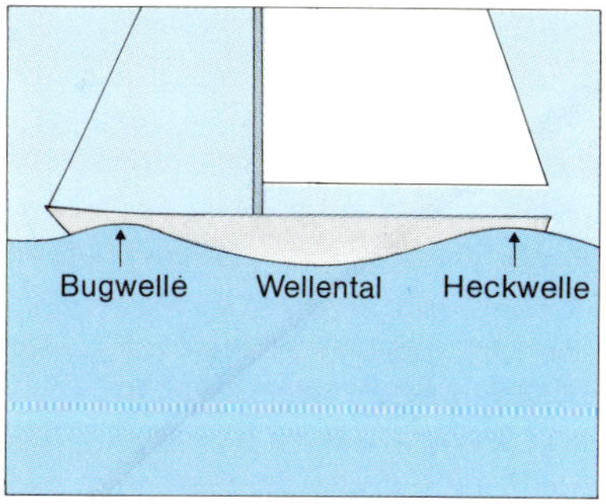

schwereren Segelbooten. Ist nun ein schweres Segelboot als reiner *Verdränger* gebaut, so ist es an dieses – von ihm selbst erzeugte – Wellensystem gebunden. Es liegt in einem langgezogenen Wellental zwischen Bug- und Heckwelle (siehe Abb.). Auch wenn der Wind jetzt noch zunimmt, Form und Gewicht des Verdrängers halten ihn in diesem Wellensystem gefangen. Er kann es nicht verlassen und daher auch nicht mehr schneller werden, denn Bootslänge, Wellenlänge und Fahrgeschwindigkeit in Verdrängerfahrt hängen direkt voneinander ab. Je länger die Wasserlinie des Bootes, desto weiter liegen Bug- und Heckwelle auseinander und desto größer kann die *Grenzgeschwindigkeit* – auch *Rumpfgeschwindigkeit* genannt – in Verdrängerfahrt werden.

Surfbretter, auch wenn sie als Verdränger gebaut sind, nehmen in der Praxis hinsichtlich des Fahrverhaltens eine Zwischenstellung ein. Ein Surfboard hat im Gegensatz zu Segelyachten ein verhältnismäßig geringes Gewicht. Während als Verdränger gebaute, schwere Yachten dieses Wellensystem nie verlassen können, geraten als Verdränger gebaute Surfbretter bei weiter auffrischendem Wind auch in einen Gleitzustand. Aber bedingt durch ihre Verdrängerform sind sie dabei – vor allem in der Welle – sehr schwer zu fahren und der Übergang zur Gleitfahrt erfolgt erst bei höherer Windstärke als beim Gleiter.

Als *Gleiter* gebaute Surfbretter haben flache Unterwasserschiffe. Durch dieses flache Unterwasserschiff (und meist begünstigt durch geringeres Gewicht) hebt sich der vordere Teil des Gleiters aus dem Wasser, und das Surfbrett kann – im Gegensatz zum (schweren) Verdränger – das Wellensystem verlassen. Es »klettert« auf die eigene Bugwelle und läuft der Heckwelle davon. Praktisch bedeutet das, daß ein Surfbrett in Gleitfahrt eine weitaus höhere Fahrgeschwindigkeit erreichen kann, als ein Brett gleicher Länge, das bei vergleichbarer Windstärke als Verdränger fährt. Ist ein Brett im Gleiten, so läuft es nur mehr etwa auf der hinteren Hälfte des flachen Unterwasserschiffes, und zwar ohne daß es deshalb hinten tiefer ins Wasser einsinkt. Im Gegenteil: Obwohl die benetzte Fläche, mit der das Brett ins Wasser drückt, im Gleitzustand kleiner ist als beim gleichen Brett in Verdrängerfahrt, liegt es beim Gleiten sogar höher im Wasser. Es gleitet mehr auf dem Wasser als im Wasser. Daß beim Gleiten ein kleinerer Teil der benetzten Fläche des Segelsurfbrettes genügt, um das ganze Gewicht von Brett, Rigg und Fahrer zu tragen, hängt mit dem *dynamischen Auftrieb* zusammen. Dieser tritt bei hoher Fahrgeschwindigkeit ganz deutlich in den Vordergrund, während bei langsamer Fahrt der *statische Auftrieb* überwiegt.

Im Surfbrettbau gibt es neben Gleitern und Verdrängern auch noch Mischformen. Dabei versucht man einen Kompromiß zu finden, der die Vorteile von Gleiter und Verdränger in einem möglichst glücklichen Verhältnis vereinigt.

Mastspur und Trimmschiene

Viele Surfbretter besitzen zur Aufnahme des Mastfußes zwei *Mastspuren*. Meist fährt man den Mastfuß bei weniger Wind (ca. 1 bis 3 Bft) in der hinteren Mastspur, bei höheren Windstärken in der vorderen. Dies soll in erster Linie den Start bei Starkwind erleichtern, da die – bei Starkwind auch bei korrekter Starttechnik

Der Segelsurfer links hat seinen Mastfuß um die Strecke »c« weiter vorne befestigt als der Segelsurfer rechts. Der Hebelarm »b« beim linken Brett wird deshalb wesentlich kleiner als der Hebelarm »a« rechts. Die Luvtendenz wird dadurch deutlich reduziert.

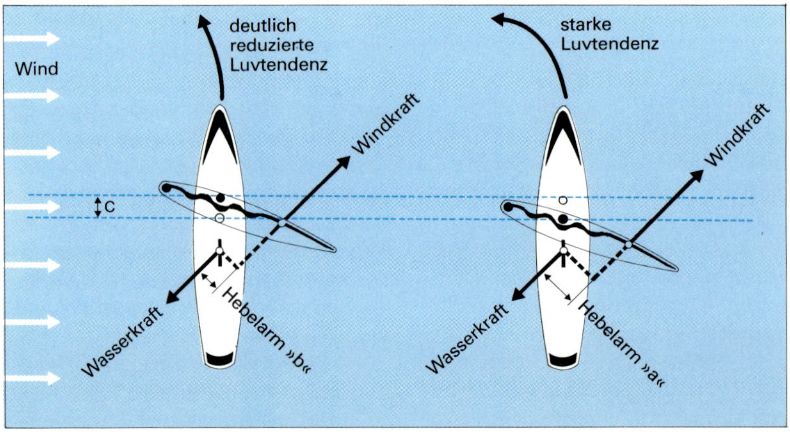

auftretende – Luvtendenz des Brettes reduziert wird.

Beim Startvorgang versucht man, das querab killende Segel zügig anzuholen. Dabei steht das Segel nicht sofort voll, sondern es bildet sich zuerst im Bereich des Schothorns das Profil aus. Dort baut sich auch sofort eine Windkraft auf, die aber in dieser Phase des Startvorganges noch nicht im Bereich des Segeldruckpunktes, sondern weiter außen in Richtung Schothorn angreift (siehe Abb. S. 80). Die in dieser ersten Phase des Startes auftretende, unter Umständen sehr starke Luvtendenz ist umso ausgeprägter, je kräftiger der Wind weht, je weiter hinten der Mastfuß befestigt ist und nicht zuletzt: je unkorrekter der Start ausgeführt wird! Wer schon anfängt das Segel anzuholen, noch ehe das Rigg weit genug nach Luv gezogen wurde – mindestens so weit, daß sich der Segeldruckpunkt über der Brett-Längsachse befindet – wird immer Startschwierigkeiten haben, auch wenn er den Mastfuß in der vorderen Mastspur fährt.

Moderne Surfbretter sind häufig nur noch mit einer Mastspur ausgerüstet. Dabei ist dann der Abstand vom Lateraldruckpunkt zur Mastspur konstruktiv so gewählt, daß die Luvtendenz beim Start nicht mehr in dem Maße auftritt, wie das bei den Allroundbrettern früherer Jahre der Fall war. Ein Tip zum Starkwindstart: Der Start gelingt besser, wenn das Schwert ganz oder fast ganz ins Brett eingeklappt ist. Dadurch verlagert sich der Lateraldruckpunkt mehr nach achtern, und das Brett wird »leegieriger«.

Seit einiger Zeit setzen sich **Trimmschienen** immer mehr durch. Es handelt sich bei ihnen um variable Mastspuren, bei denen ein Schlitten, der den Mastfuß aufnimmt, in einer Schiene gleitet. Der Schlitten ist stufenlos oder in vorgegebenen Stufen verstellbar. Die Unterschiede zu zwei Mastspuren:

- Wesentlich größerer Verstellbereich (etwa bis zu einem halben Meter).
- Während der Fahrt verstellbar.

Durch diese konstruktiven Merkmale ergeben sich erweiterte und andere Möglichkeiten als bei zwei Mastspuren. Die Verstellbarkeit während der Fahrt erlaubt es, den Mastfuß und die Neigung des Riggs an Kurs und Geschwindigkeit anzupassen.

Erste Grundregel für die Stellung des Mastfußes in der Trimmschiene:

- Bei Verdrängerfahrt – in der Regel auf Amwindkursen und bei wenig Wind auf allen Kursen – Schlitten nach vorne, um das Brett im vorderen Teil stärker zu belasten!

Begründung: Das am Gabelbaum »hängende« Körpergewicht des Fahrers drückt über den weit vorne sitzenden Mastfuß den Bugbereich stärker ins Wasser. Dadurch verlängert sich die Wasserlinie, und die Fahrgeschwindigkeit in Verdrängerfahrt erhöht sich (Regel bei Verdrängerfahrt: »Länge läuft!«). Der Lateralplan verändert sich ebenfalls, dadurch wird besseres Höhelaufen möglich.

Auf Grund dieser Gegebenheiten gilt für das Einstellen des Schlittens eine zweite Grundregel:

- Bei schneller Gleitfahrt – in der Regel auf raumen Kursen – Schlitten zurück, um den Bugbereich zu entlasten!

Begründung: In schneller Gleitfahrt genügt der hintere Teil der Gleitfläche, um – bedingt durch den dynamischen Auftrieb – das Gewicht von Brett, Rigg und Fahrer so auf das Wasser zu übertragen, daß das Brett nicht ins Wasser einsinkt. Eine lange Wasserlinie wäre bei schneller Gleitfahrt störend. Enge Kurvenfahrten durch Brettsteuerung werden begünstigt, weil der vordere Teil des Brettes nicht im Wasser liegt. Dadurch verringert sich der Drehwiderstand.

Trimmschienen fanden zunächst nur auf Regattabrettern Verwendung. Inzwischen haben sie sich auch bei Allroundfunboards und natürlich bei Funboards eingebürgert. Dabei hat sich ein angenehmer Nebeneffekt ergeben: Bei einer ganzen Reihe von Surfbrettern *(Semi-Floatern)* bei denen ein Aufholen des Segels nicht möglich war, da der Bug untertauchte, ermöglicht jetzt die Trimmschiene ein Segelaufholen. Der Fahrer muß dazu nur den Schlitten so weit nach hinten verschieben, daß der Mastfuß etwa über dem Auftriebsschwerpunkt sitzt. Dadurch ist der Wasserstart zum Fahren solcher Bretter nicht mehr unbedingt erforderlich.

Die Funktionsweise eines Schlittens in einer Trimmschiene ist recht einfach. Aber die Bedienung des Schlittens während der Fahrt ist doch etwas schwieriger als man annimmt und sie erfordert einiges an Training, bis man damit sicher und richtig umgehen kann.

Wetter

Segelsurfen ist wie das Segeln zwangsläufig eng mit dem Wetter verbunden, ja von ihm abhängig. Dies nicht nur, weil der Surfer den Wind braucht, um seinen Sport überhaupt ausüben zu können. Es geht auch um die Sicherheit: Wird eine Wetterlage falsch eingeschätzt oder eine Wetterverschlechterung nicht erkannt, so können ernsthafte Gefahren entstehen. Gewisse Wettergrundkenntnisse sind also für jeden Surfer dringend erforderlich.

Luftdruck und Isobaren

Ein Hauptbestandteil des Wettergeschehens ist der *Luftdruck*, dessen Stärke in **Hektopascal** (abgekürzt hPa) gemessen wird. Der Luftdruck kommt zustande, weil die Luft ein Gewicht hat und somit einen Druck auf ihre Unterlage ausübt. Wir selbst spüren den Druck der Luft nicht, weil diese uns von allen Seiten umgibt, aber wir können den Druck messen mit dem *Barometer*. Ein Barometer, das den Luftdruck auf eine Papiertrommel aufzeichnet und somit sehr deutlich die Entwicklung des Drucks festhält, nennt man *Barograph*.
Der Luftdruck ist am Erdboden am größten – sein normaler Wert beträgt an der Meeresoberfläche 1013 hPa – und nimmt mit der Höhe ab. Bei Gebieten mit unterschiedlichen Luftdruckverhältnissen ist die Tendenz gegeben, sich auszugleichen. Bei hohem Luftdruck, bei welchem »zu viel« Luft an einer Stelle der Atmosphäre liegt, fließt diese ab, und zwar zu den Seiten mit weniger Luft hin.

Die Luft strömt also von Bereichen höheren in Bereiche des niedrigeren Drucks. Diese horizontale Luftbewegung ist der Wind.

Wichtig für uns Surfer ist nun die Tatsache, daß der augenblickliche Luftdruckwert nichts mit dem derzeitigen oder künftigen Wetter zu tun hat. Man kann bei tiefem Druck statt Regen Sonnenschein

Die Isobaren werden in Deutschland üblicherweise im Abstand von 5 hPa gezeichnet. Sie markieren vom Zentrum nach außen bei einem Hoch fallenden, bei einem Tief steigenden Luftdruck. Die Isobaren geben durch ihren Verlauf ein Maß für die Windrichtung, außerdem zeigen sie das Luftdruckgefälle (= Luftdruckgradient) auf. Der Gradient ist der Luftdruckunterschied zwischen 2 Orten, die 60 Seemeilen (1 Grad) auseinanderliegen. Beträgt der Abstand von einer Isobare zur nächsten z. B. 100 Seemeilen, dann beträgt an dieser Stelle der Gradient

$$\frac{5 \times 60}{100} = 3{,}0\,\text{hPa}.$$

Ein Abstand von 100 sm entspricht einer Windstärke von 7–8 Bft, 200 sm = 5 Bft, 300 sm = 3 Bft.

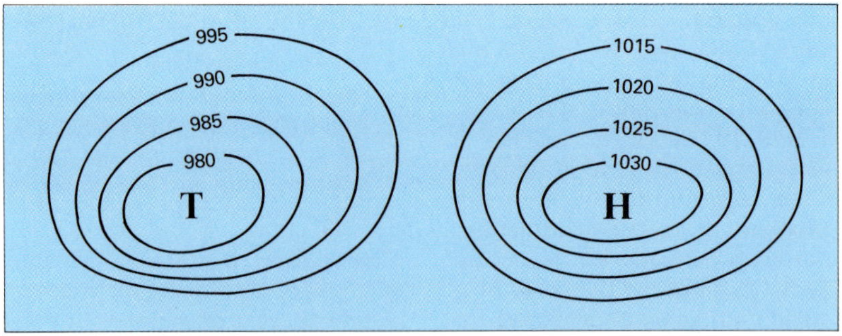

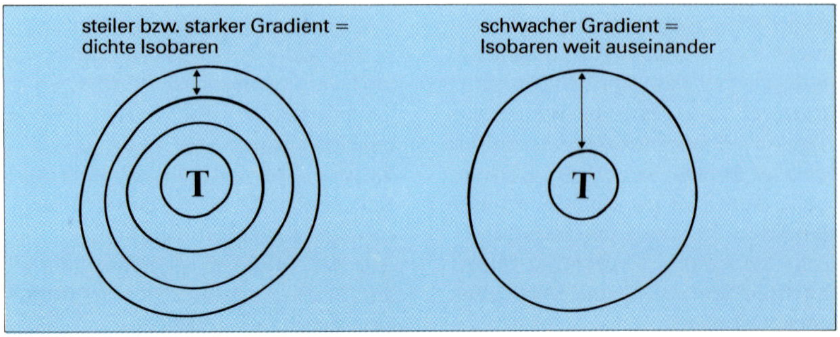

erleben, genauso wie bei hohem Druck statt Sonne Regen.

Entscheidend für den Bezug des Luftdrucks auf das Wetter ist also nicht der augenblickliche Wert sondern die *Zeitspanne* der Druckänderung, die Tendenz. Dabei gilt: Je schneller und umfangreicher sich der Druck ändert, um so rascher und ausgeprägter ändert sich das Wetter.

Folgende Schlüsse sind auf Grund von Druckänderungen zu ziehen:

- Bei stetig fallendem Luftdruck ist schlechteres Wetter zu erwarten.
- Bei langsam und beständig steigendem Luftdruck ist eine anhaltende Wetterbesserung zu erwarten.
- Kurzzeitige Luftdruckänderungen deuten auf wechselhaftes Wetter hin.
- Sehr schnelles Fallen des Luftdrucks (mehr als 1 hPa in der Stunde) kündigt Sturm an.
- Kräftiger Druckanstieg (z. B. 1 hPa pro Stunde) gibt Hinweise auf Starkwind bis Sturm (Hochdrucksturm).

In der Wetterkarte verbindet man alle Orte gleichen Luftdrucks durch Linien, genannt **Isobaren.** An diesen Isobaren, die sich weder kreuzen noch schneiden können, befinden sich in den Wetterkarten Zahlen, das sind Druckwerte in hPa. Gezeichnet werden bei uns in Deutschland die Isobaren üblicherweise jeweils von 5 zu 5 hPa (z. B. 1005, 1010, 1015 usw.), wobei man an den Abständen die Stärke des Druckgefälles erkennen kann.

- Ist der Verlauf der Isobaren eng, so ist das Druckgefälle groß, und der ausgleichende Wind wird stark sein (je größer der Druckunterschied, um so stärker der Wind!).
- Bei weit auseinander liegenden Isobaren herrscht ein kleines Druckgefälle, und es ist nur leichter Wind zu erwarten.

Beim »Lesen« der Isobaren in der Wetterkarte ist zu beachten, daß bei einem Hochdruckgebiet (H) die Isobaren vom Zentrum nach außen fallenden Luftdruck markieren im Gegensatz zum Tiefdruckgebiet (T), bei dem sie steigenden Druck anzeigen.

Heranrückende Kaltfront über dem Meer mit mächtigen Haufenwolken.

Hoch und Tief

Die Wetterlage hängt nicht nur eng zusammen mit dem Luftdruck, sondern auch mit der Temperatur. Vereinfacht ausgedrückt kann folgendes festgehalten werden: Auf der Erdoberfläche erwärmte Luft dehnt sich aus und steigt aufwärts, dabei fließt unten wieder Luft ein. Ein *Tiefdruckgebiet* (kurz: *Tief*, abgekürzt: *T*) entwickelt sich. Umgekehrt entsteht ein *Hochdruckgebiet (Hoch/H)* durch abgekühlte Luft, die dichter und schwerer als warme Luft ist und abwärts fließt. Die Luft strömt oben ein und breitet sich unten auseinander.

- Beim Tief handelt es sich um ein Gebiet mit tieferem Luftdruck als in der Umgebung. Ein

Tief bewegt sich meist von West in östlicher Richtung, es wird auch **Zyklone** genannt und bringt vor allem schlechtes und wechselhaftes Wetter.

- Beim Hoch handelt es sich um ein Gebiet mit höherem Luftdruck als in der Umgebung. Ein Hoch wird auch **Antizyklone** genannnt und ist häufig verbunden mit schönem, beständigem Wetter.

Beachten Sie, daß für die Bezeichnung Tief oder Hoch nicht eine absolute Tiefe oder Höhe des Luftdrucks maßgebend ist, sondern nur die Tatsache, daß hier ein Luftdruck herrscht, der tiefer oder höher ist, als der Druck in der Umgebung. Aus dem Wetterbericht kennen Sie noch Bezeichnungen wie z. B. Tiefausläufer, Randtief, Tiefdruckrinne, Hochkeil, Hochdruckbrücke oder Zwischenhoch.

- Ein **Tiefausläufer** ist ein schmales Schlechtwetterband, das aus dem Tiefkern herausläuft (Mulde bei Isobaren).
- Ein **Randtief** ist ein kleinräumiges Tief, zu finden am Rand zwischen Tief und Hoch.
- Eine **Tiefdruckrinne,** bei der sich das schlechte Wetter in Grenzen hält, verbindet zwei Tiefs miteinander.
- Ein **Hochkeil,** der schönes Wetter wie im Hoch bringt, erweist sich als eine Ausbeulung aus einem Hochzentrum.
- Eine **Hochdruckbrücke** verbindet zwei Hochs.
- Ein **Zwischenhoch** ist zwischen zwei aufeinander folgenden Tiefs eingelagert und läßt nur eine vorübergehende Wetterbesserung zu.

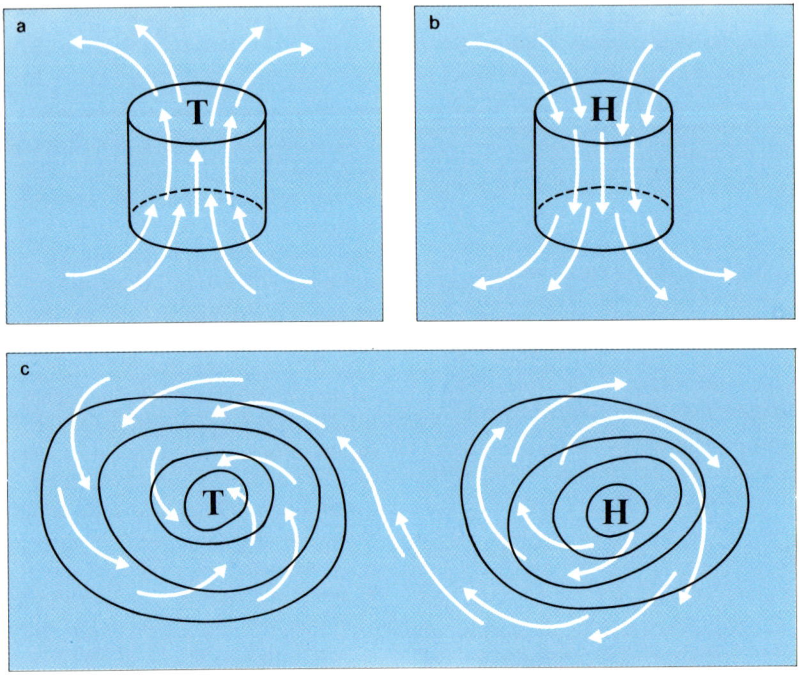

a: So fließt – von der Seite gesehen – die Luft in das Tief unten ein und oben wieder aus.
b: So fließt – von der Seite gesehen – die Luft in das Hoch von oben ein und unten wieder aus.
c: In dieser Weise fließt auf der Nordhalbkugel der Wind in das Tief und aus dem Hoch.

Die Krümmung der Isobaren gibt einen Anhaltspunkt für die Windrichtung. Allgemein kann man sagen, der Wind weht entlang der Isobaren. Genauer: Gerade Isobaren = Luftbewegung parallel dazu, je größer die Krümmung = um so größer der Winkel des Luftstroms. Bei mittleren Verhältnissen ist der Winkel mit den Isobaren über See zwischen 10° und 15° und über Land wegen der größeren Reibung zwischen 20° und 45°.

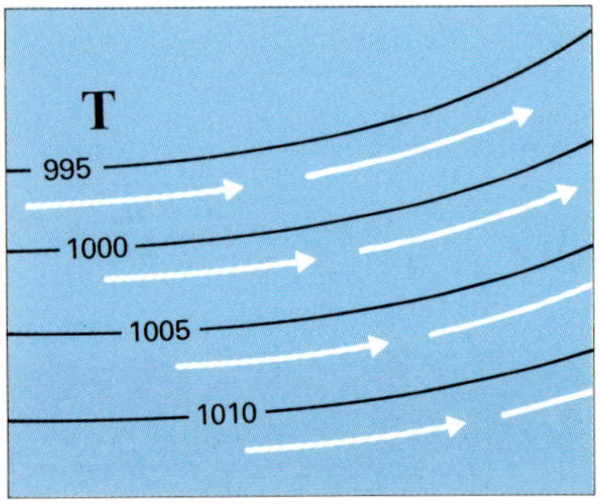

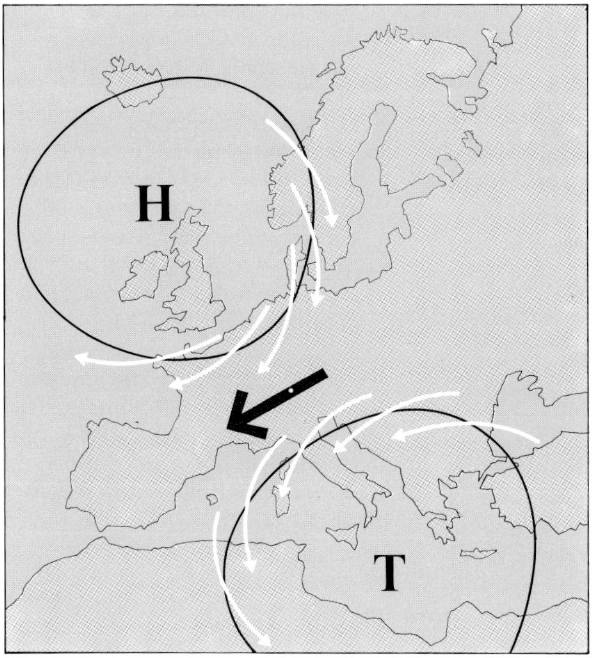

Vereinfacht dargestelltes Beispiel für Nordostwindlage.

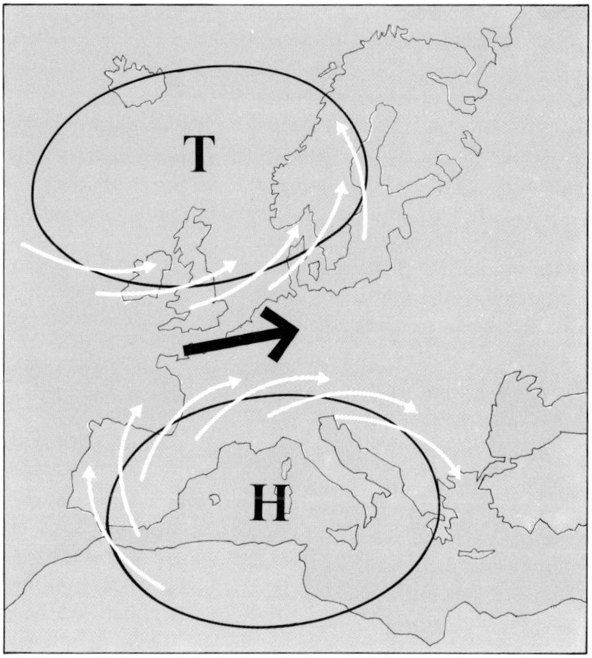

Vereinfacht dargestelltes Beispiel für Westwindlage.

Beim Luftdruck wurde bereits erwähnt, daß die Luft von Bereichen höheren in Bereiche des niedrigeren Drucks strömt. Wenn die Erde nicht rotieren würde, so würde dieses Herausströmen aus dem Hoch und Hineinströmen in das Tief auf direktem Wege erfolgen. Durch die Erdrotation wird aber die nach ihrem Entdecker benannte *Corioliskraft* hervorgerufen, die die Luft ablenkt und in Spiralbahnen rotieren läßt. Es gilt:

> Auf der Nordhalbkugel strömt der Wind in ein Tief in Spiralen gegen den Uhrzeigersinn ein, aus dem Hoch strömt er in Spiralen im Uhrzeigersinn heraus. (Auf der Südhalbkugel genau umgekehrt.)

Bei diesem Ein- und Ausströmen weht der Wind in größeren Höhen mehr parallel zu den Isobaren, während er in Bodennähe durch die Reibung gebremst wird und einen Winkel zu den Isobaren bil-

Windgesetz von Buys-Ballot: Surft man auf der Nordhalbkugel vor dem Wind, dann liegt das Tief links etwas vorlicher als querab, das Hoch rechts etwas achterlicher als querab.

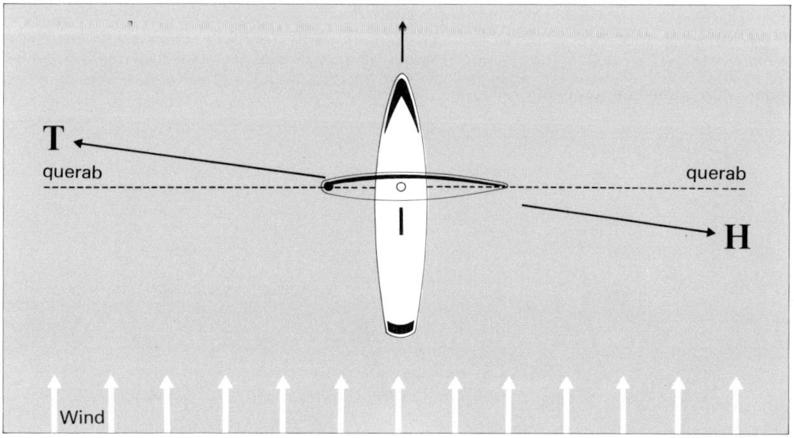

det. Diese Abweichung aus der Isobarenrichtung beträgt bei mittleren Verhältnissen und in mittleren Breiten über Land zwischen 20° und 45° und über See etwa zwischen 10° und 15°. Aus dieser Tatsache ergibt sich das *barische Windgesetz* von Buys-Ballot, mit dessen Hilfe man aus der Windrichtung auf die Position von Hoch und Tief schließen kann. Das Gesetz besagt folgendes:

Steht man mit dem Rücken zum Wind bzw. surft man genau vor dem Wind, so liegt auf der Nordhalbkugel der tiefe Druck links etwas vorlicher als querab und der hohe Druck rechts etwas achterlicher als querab. (Südbreite umgekehrt.)

Fronten

Treffen warme und kalte Luftmassen aufeinander, so mischen diese sich nicht sofort, sondern behalten zunächst auch an der Grenze ihren Charakter bei.

Die vordere Grenze jeder Luftmasse in der Bewegungsrichtung bezeichnet man dabei als *Front*.

Das Zusammentreffen verschiedener Luftmassen ist oft durch plötzliche Änderung des Luftdruckverlaufs, der Lufttemperatur, der Windrichtung und der Windstärke gekennzeichnet.
Man unterscheidet:

- **Warmfront,** bei welcher heranströmende Warmluft auf die davor liegende ruhende Kaltluft trifft und dabei aufgleitet (Aufgleitfront). Nachfolgend ergibt sich wärmere Luft.
- **Kaltfront,** bei welcher schneller wandernde Kaltluft in die Warmluft einbricht (siehe auch bei »Spezielle Winde und gefahrenträchtige Wettererscheinungen«).
- **Okklusion,** die durch Vermischung einer Kaltfront mit einer Warmfront entsteht Dabei werden die Warmfronten von den schneller ziehenden Kaltfronten eingeholt, die Kaltluft unterwandert die Warmluft und hebt sie vom Boden ab.

Die Fronten werden in den Wetterkarten durch leicht gekrümmte Linien dargestellt mit aufgesetzten kleinen Halbkreisen bei der Warmfront, spitzen Dreiecken bei der Kaltfront oder Halbkreisen und Dreiecken bei der Okklusion.

Etwas über den Wind

Folgendes wurde bereits über den Wind ausgesagt: Er

- entsteht durch unterschiedlichen Luftdruck,

Links: So werden die Fronten in der Wetterkarte dargestellt. Die Pfeile (die nicht in der Wetterkarte erscheinen) zeigen hier, wie die Luftmassen verlagert werden. – Rechts ein Beispiel: Typisch bei den Fronten ist der mehr oder weniger ausgeprägte Isobarenknick: Je deutlicher der Knick an einer Front, desto ausgeprägter sind dort die Wettererscheinungen und der Windsprung. Der schwarze Pfeil bedeutet Kaltluft, der konturierte Pfeil Warmluft.

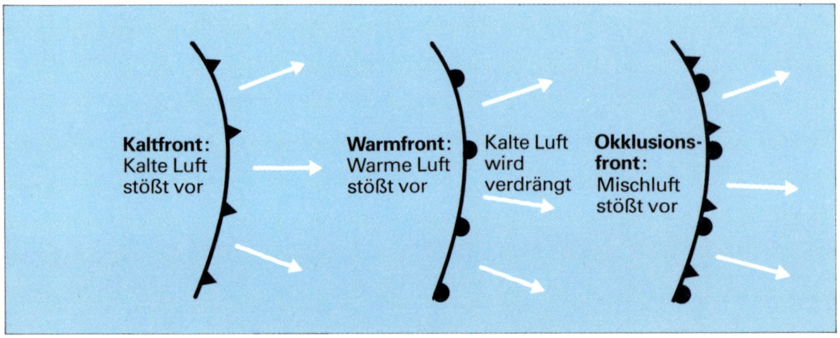

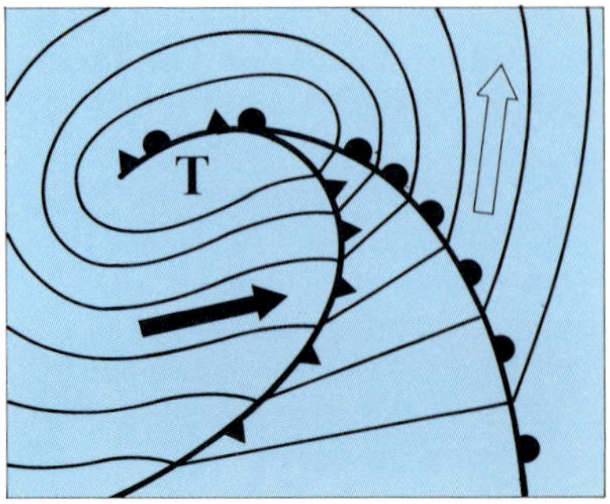

- strömt vom Hoch zum Tief,
- weht um so kräftiger, je größer der Druckunterschied ist,
- weht entlang den Isobaren, wobei Isobarenknicke einen Windsprung anzeigen.

Nun noch einige weitere Informationen in Kürze:
Jeder Wind wird bezeichnet nach der Richtung, aus der er kommt. Der Nordwind fällt aus Norden ein, der Südwind aus Süden, der Seewind weht von See her, der Bergwind vom Berg herab. Für die Bezeichnung der Winde nach Himmelsrichtungen verwendet man folgende Abkürzungen:

- N = Nord (360°) für Nordwind bzw. Wind aus Nord.
- E = Ost (90°) für Ostwind bzw. Wind aus Ost. Für Ost benützt der Nautiker die Abkürzung E (aus engl. east) und nicht O wegen der Verwechslungsgefahr mit Null.
- S = Süd (180°) für Südwind bzw. Wind aus Süd.
- W = West (270°) für Westwind bzw. Wind aus West.

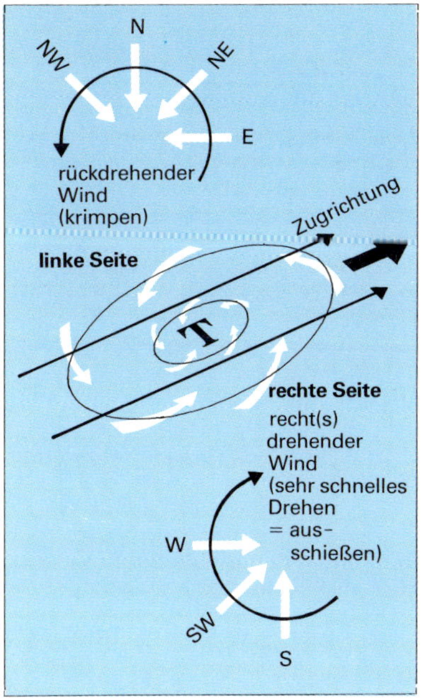

Auf der rechten Seite eines Tiefs dreht der Wind im Uhrzeigersinn, er ist recht(s)-drehend. Auf der linken Seite der Zugrichtung dreht der Wind nach links (= rückdrehen oder kripmen).

Weht der Wind nicht direkt aus einer dieser Hauptwindrichtungen, so werden die Kombinationen NE (Nordost), SE, SW und NW gebildet bzw. als nächstes die Kombinationen NNE (Nordnordost), ENE (Ostnordost) usw.
Vertikale Luftströmungen heißen *Aufwind* und *Abwind*, einzelne horizontale Windstöße sind die *Böen*. Fallen die Böen von oben ein, dann handelt es sich um *Fallböen*. Dreht der Wind im Laufe der Wetterlage im Uhrzeigersinn (z.B. von SE über S auf SW), so spricht der Wetterkundler von *rechtsdrehendem* (auch *rechtdrehendem*) Wind. Ein sehr schnelles Rechtsdrehen (z.B. wegen des Durchzuges einer Kaltfront) heißt *Ausschießen*. Dreht der Wind gegen den Uhrzeiger = nach links (wie z.B. auf der linken Seite der Zugrichtung eines H oder T), so bezeichnet man dies auch als *rückdrehend* oder *Krimpen*.
Ändert der Wind seinen Einfallswinkel zur Brettlängsachse, so bedeutet *Schralen* eine Richtungsänderung nach vorne (nachteilig, man muß abfallen) und *Raumen* eine Richtungsänderung nach hinten (vorteilhaft, man kann anluven oder das Segel offener fahren und dadurch mehr Vortrieb erzielen). Eine Frage ist im Hinblick auf die Sicherheit für den Surfer besonders wichtig: Weht der Wind *auflandig* oder *ablandig*. Der auflandige Wind weht zum Land bzw. Ufer hin, der ablandige weht davon weg. **Ablandiger** Wind kann – wie an anderer Stelle schon erwähnt – für den Surfer

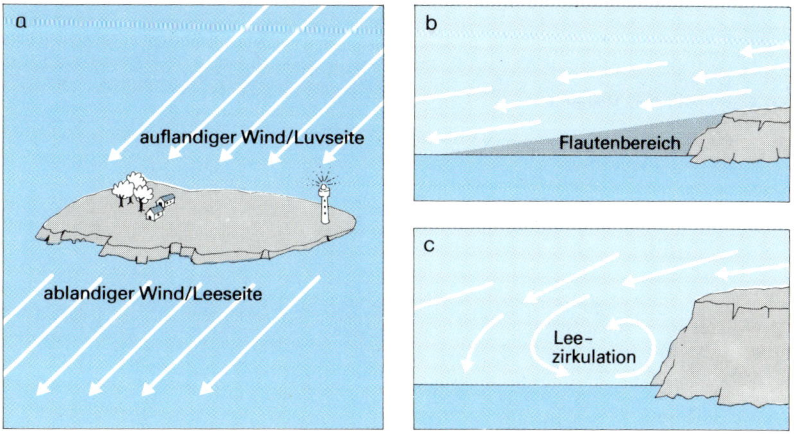

a: Bei der Luvseite einer Insel weht auflandiger Wind, an der Leeseite ablandiger Wind.
b: Bei höherer Küste ist bei ablandigem Wind der Flautenbereich, der sich etwa bis zur 10fachen Küstenhöhe nach außen erstrecken kann, zu beachten.
c: Bei instabiler Wetterlage ist eine Leezirkulation mit böigem Gegenwind einzukalkulieren.

unangenehm, an einer Meeresküste sogar sehr gefährlich werden, denn:

- bei einem nicht eingeplanten Ereignis, wie z. B. Gewitter oder Winddrehung wird der Surfer vom Ufer bzw. von der Küste weggetrieben und kommt aus eigener Kraft nicht mehr zurück. Solche »Ereignisse« können sein: Allgemeine Überforderung durch den Wind (bei jedem Anfänger z.B.), Unvermögen zurückzukreuzen, Nachlassen der Kräfte wegen Windzunahme

Windstärke (Bft)	Bezeichnung	Windgeschwindigkeit m/s	km/h	Knoten	Auswirkungen
0	Windstille	0 –0,2	<1	<1	Glattes Wasser, Rauch steigt senkrecht hoch
1	leiser Zug	0,3–1,5	1–5	1–3	Kleine Kräuselwellen, Rauch bewegt sich, Boot fährt, ist steuerbar
2	leichte Brise	1,6–3,3	6–11	4–6	Kleine Wellen – Kämme glasig, Blätter bewegt, Flaggen bewegt
3	schwache Brise	3,4–5,4	12–19	7–10	Wellenkämme beginnen zu brechen, einzelne Schaumköpfe, Blätter und dünne Zweige bewegt, Wimpel wird gestreckt
4	mäßige Brise	5,5–7,9	20–28	11–15	Wellen werden länger, Ausbreitung weißer Schaumköpfe. Hebt Staub und loses Papier, bewegt Zweige
5	frische Brise	8–10,7	29–38	16–21	Überall weiße Schaumköpfe. Kleine Bäume beginnen zu schwanken, Flaggen wehen scharf aus
6	starker Wind	10,8–13,8	39–49	22–27	Grobe See, Kämme brechen, etwas Gischt. Bäume stark bewegt, Pfeifen in Telegraphenleitungen, Regenschirme bereiten Schwierigkeiten
7	steifer Wind	13,9–17,1	50–61	28–33	Hoher Seegang, See türmt sich, Schaum legt sich in Streifen gegen Windrichtung. Hemmung beim Gehen gegen den Wind
8	stürmischer Wind	17,2–20,7	62–74	34–40	Mäßig hohe Wellenberge. Von den Kammkanten beginnt Gischt abzuwehen. Zweige brechen. Gehen erschwert
9	Sturm	20,8–24,4	75–88	41–47	Hohe Wellenberge, dichte Schaumstreifen, Gischt hemmt die Sicht. Rollen der See. Kleine Schäden an Häusern
10	schwerer Sturm	24,5–28,4	89–102	48–55	Sehr hohe Wellenberge mit überbrechenden Kämmen, See weiß durch Schaum, stoßartiges Rollen. Sichtbeeinträchtigung durch Gischt. Entwurzelte Bäume
11	orkanartiger Sturm	28,5–32,6	103–117	56–63	Außergewöhnlich hohe Wellenberge, Gischt in der Luft, schlechte Sicht. Schwere Sturmschäden
12	Orkan	>32,6	>117	>63	See vollständig weiß, Luft mit Schaum und Gischt angefüllt. Schwerste Verwüstungen

und Fahren eines zu großen Segels, Materialschaden.

Besonders gefährlich kann ablandiger Wind bei höheren Küstenkonturen aus zwei Gründen sein:

1. Wegen der Windabdeckung tritt am Küstenstreifen ein Flautenbereich (glattes oder nur wenig gekräuseltes Wasser) auf, der leicht dazu verleitet, die weiter draußen herrschenden Windverhältnisse zu unterschätzen.
2. Bei unstabiler Wetterlage kann eine Verwirbelung bzw. Leezirkulation mit böigem Gegenwind entstehen und somit falsche Schlüsse auf die wirkliche Windsituation zulassen.

Also Vorsicht bei ablandigem Wind und gegebenenfalls auf das Surfen verzichten, wenn kein Boot zur Sicherung zur Verfügung steht.

In der **Wetterkarte** wird die *Strömungsrichtung* des Windes durch *Strömungspfeile* angegeben: Konturierte Pfeile (entspricht rot auf farbiger Karte) stellen Warmluft dar und vollgetönte Pfeile (entspricht blau auf farbiger Karte) Kaltluft. Die *Windrichtung* und *Windstärken* werden durch einen Windpfeil aufgezeigt, der mit dem Wind auf den Beobachtungsort zufliegt. Die Windstärke ist durch ganze und halbe Federchen, die auf der Nordhalbkugel an die linke Pfeilseite gesetzt werden, markiert. Dabei bedeutet eine halbe Feder (Strich) 1 Windstärke nach der *Beaufort (Bft)-Skala*, eine Feder 2 Windstärken usw. Bei Windstärke 10 benutzt man statt 5 Federn als Art Sturmwimpel ein kleines Dreieck. Bei Windstille wird ein Kreis um den Stationskreis gezogen.

Die *Windgeschwindigkeit* selbst wird in Knoten (kn) gemessen (1 kn = 1 Seemeile/h = 1852 m/h) oder in Meter pro Sekunde (m/s), die *Windstärke* wird mit Hilfe der international gebräuchlichen **Beaufort-Skala** angegeben. Diese Skala ist in 12 Bft-Grade eingeteilt mit einer kurzen Beschreibung, wie der Wind die Wasseroberfläche verändert und wie er sich an Land auswirkt (siehe Seite 88).

Links: Windpfeile in der Wetterkarte nach Richtung und Stärke (Bft). Rechts: In der Wetterkarte erkennt man die einzelnen Wetterstationsmeldungen am Stationskreis, der den Grad der Bewölkung angibt und die Windpfeile trägt.

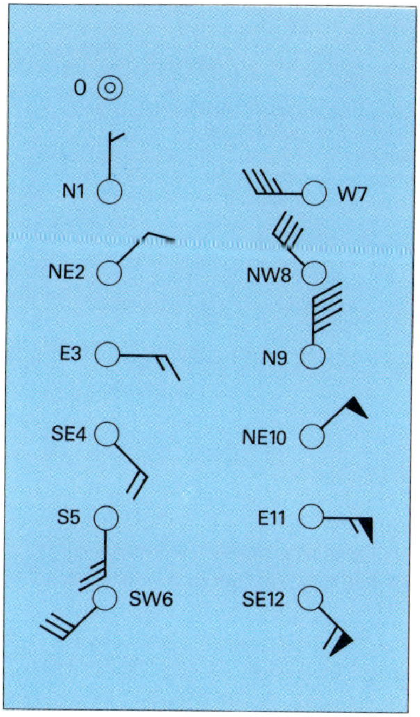

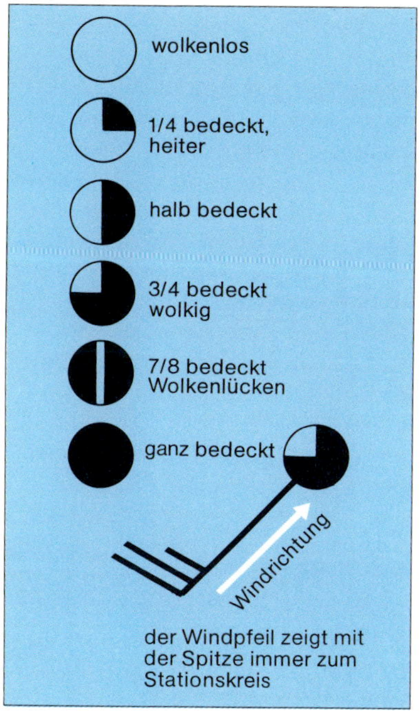

Spezielle Winde und gefahrenträchtige Wettererscheinungen

Land- und Seewind

Bedingt durch Sonneneinstrahlung können durch die periodisch im Laufe eines Tages wechselnde Erhitzung und Abkühlung des Landes **thermische** Winde als lokales Windsystem entstehen. Während die Wassertemperatur Tag und Nacht fast gleich warm

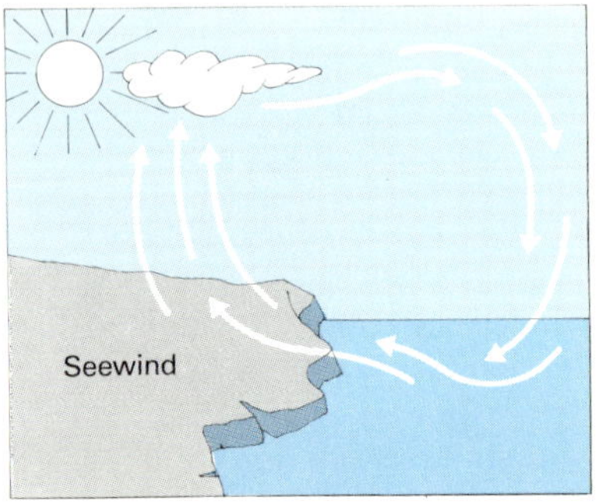

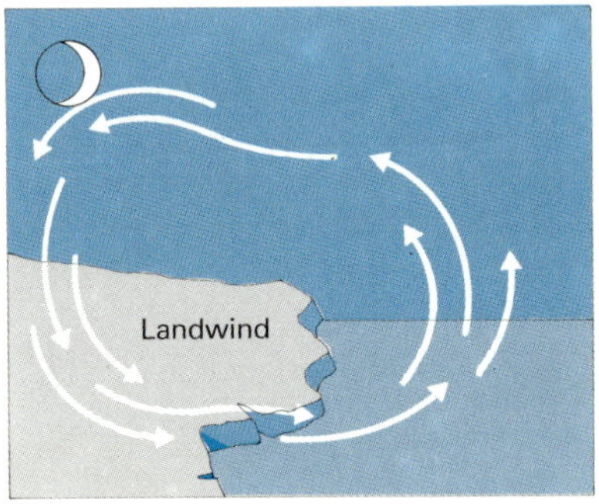

Infolge der Erwärmung bildet sich an den Küsten bei schönem Wetter über Land ein Tief, in das der Wind von See her einströmt (Seewind). Nachts kühlt das Land stärker ab als das Meer, es bildet sich ein Hoch, und der Wind strömt hinaus aufs Meer (Landwind). Bei warmer Schönwetterlage herrschen also tagsüber Seewinde, nachtsüber Landwinde vor.

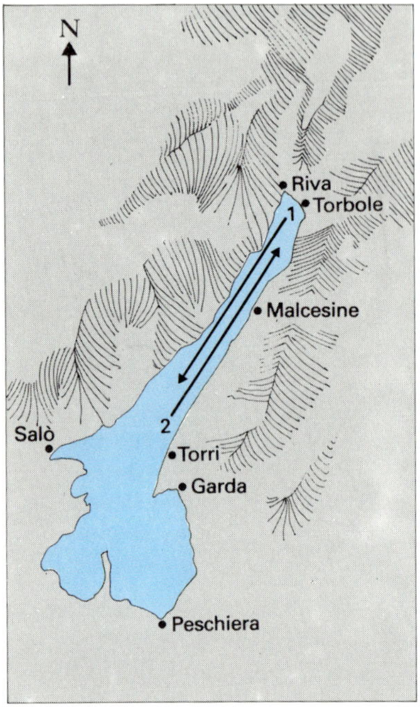

Die idealen Surfbedingungen des Gardasees kommen durch Thermikwinde zustande: Nachts und vormittags fließt die abgekühlte Luft aus den Alpen nach Süden ab, wo das Mittelmeer und die Poebene noch so viel Wärme gespeichert haben, daß sich dort ein lokales Tief gebildet hat (1 = »Vento« = nachts und morgens). Bei Sonneneinstrahlung heizen sich die schrägen Hänge im Tagesverlauf stark auf, die warme Luft steigt dort auf, und es entsteht ein lokales Tief, das die Luft aus Süden ansaugt (2 = »Ora« = ab Mittag bis ca. 17.00/18.00 Uhr).

bleibt, steigt die Landtemperatur während des Tages stark an, die Luft erhitzt sich am Erdboden und dehnt sich deshalb nach oben aus. Es entsteht dadurch in der Höhe ein Überdruck mit Abfließen von Luft in Meerrichtung mit am Boden einsetzendem Druckfall. Als Folge ergibt sich ein flaches Tief, in welches die Luft von See her einströmt.

- Es erscheint der **Seewind,** der sich vormittags bis zu einem gewissen Höhepunkt – der am frühen Nachmittag liegt – entwickeln kann.

Nachts ist der umgekehrte Kreislauf zu beobachten. Bei klarem Wetter kühlt das Land stark ab, die Luft sinkt in sich zusammen, in der Höhe entsteht ein Druckgefälle vom Meer zum Land und verursacht den Aufbau hohen Druckes über Land. Daraus fließt am Boden die Luft zum Meer ab.

- Es entsteht der **Landwind,** der in den Stunden vor Sonnenaufgang am stärksten weht.

Meist bläst der Seewind etwas kräftiger als der Landwind. Diese thermischen Winde können aber nicht nur im Küstenbereich auftreten, auch an Alpen- und Voralpenseen spielt eine mehr oder weniger stark ausgeprägte Thermik zwischen Vorland und Gebirge eine bedeutende Rolle. Grund: Die Geröllhalden und Felswände erwärmen sich bei Sonneneinstrahlung rasch und beträchtlich, und es bildet sich ein Talwind aus, der talaufwärts zum Berg weht.

Nachts weht analog der umgekehrte Wind. Diese Thermikwinde treten teilweise ziemlich plötzlich auf und erreichen beachtliche Windstärken. Wegen eines solchen Thermikwindes ist z.B. der nördliche Teil des Gardasees ein so begehrtes Surfrevier geworden. Dort entsteht bei schönem Wetter nachts der thermische Nordostwind »Vento«, der zwischen Mitternacht und ca. 10.00 Uhr von Riva und Torbole ausgehend nach Süden mit 4–6 Bft weht und nach dem halben Weg an Stärke verliert. Nach 10.00 Uhr flaut der Wind mehr und mehr ab, und nach kurzer Windstille setzt sich ab Mittag der beständige thermische südliche Wind »Ora« durch, der in entgegengesetzter Richtung bis gegen 17.00/18.00 Uhr mit rund 4–5 Bft weht.

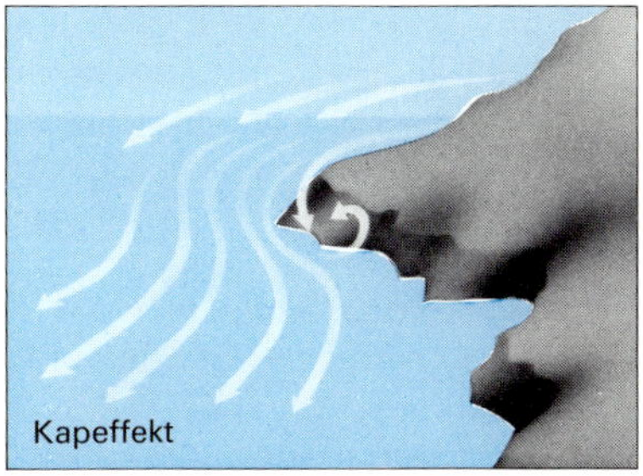
Kapeffekt

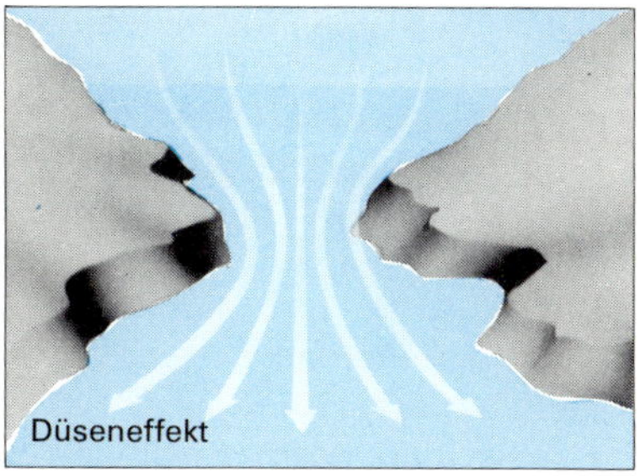
Düseneffekt

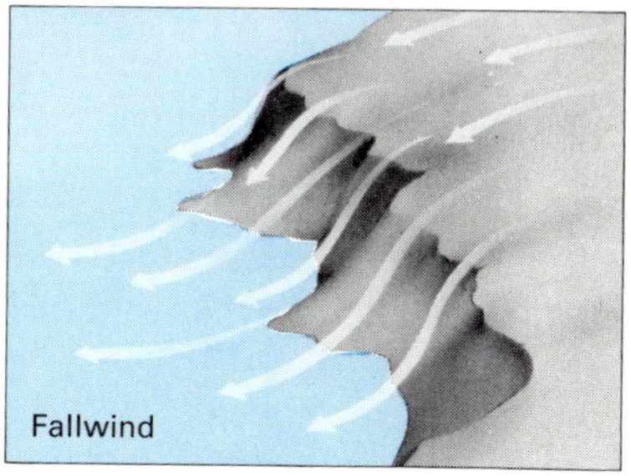
Fallwind

Kap- und Düseneffekt, Fallwind

Spezielle Windsituationen, auf die der Surfer im Küstenbereich achten sollte, sind der Kapeffekt, der Düseneffekt und der Fallwind. Der Wind kann sich wesentlich verstärken, seine Richtung ändern, sich verwirbeln und somit den Surfer in Gefahr bringen.
Ein **Kapeffekt** kann auftreten, wenn der Wind ein hohes Kap bzw. eine Ecke umströmt. Er paßt sich hier den Formen an und verstärkt sich zugleich erheblich in Kapnähe. Sehr hohe Kaps erzeugen zusätzlich noch in Lee eine unangenehme Wirbelzone.
Ein **Düseneffekt** mit wesentlicher Windverstärkung tritt auf, wenn der Luftstrom z.B. durch Inseln mit Gebirgen eingeschnürt wird und anschließend wieder ausfächert. Bei härterem Wetter darf der Düseneffekt nicht unterschätzt werden. Ein Düseneffekt liegt z.B. auch in der Nordhälfte des Gardasees vor.
Überströmt der Wind hohes Land (Gebirge), das steil zur Küste abfällt, so entsteht ein **Fallwind,** wenn über Land höherer Druck und über See ein Tief herrschen. Die kalten, schwereren Luftmassen fallen herab und können mit beträchtlicher Stärke wehen. Bekannte Fallwinde sind z.B. die Bora an der Adria, der Mistral an der südfranzösischen Küste oder der Schirokko an der nordafrikanischen Küste.

Kaltfront

Wegen der auftretenden starken und böigen Winde sollten Segler und Surfer Kenntnisse über eine **Kaltfront** haben, bei welcher sich das Wettergeschehen gefährlicher zeigen kann als bei einer Warmfront. Der Durchzug einer Kaltfront dauert etwa 1–2 Stunden mit einem deutlichen Windsprung (der Wind dreht schnell nach rechts über W nach NW, d.h. er ist *ausschießend*). Begleitet wird die Front von einer Haufenbewölkung *(Cumulonimbuswolken)*, Temperaturgegensätzen und heftigen Niederschlägen, Regenschauern, Böen, auch Hagel, Graupel und Frontgewittern. Anschließend herrscht hinter der Front frisches, aufklarendes Wetter bei steigendem Luftdruck und meist nordwestlichen böigen Winden *(Rückseitenwetter)*.

Typische Erscheinungsbilder beim Durchzug einer Kaltfront:

Vor der Front	Bei Frontdurchgang	Hinter der Front
Tiefe Wolkendecke, einsetzender Regen, mögliche Nebelfelder, Luftdruck fallend; häufig erscheint ein Böenkragen	Typische Wolken: Nimbostratus, Cumulus, Cumulonimbus; heftiger Regen, Schauer teilweise mit Frontgewitter; starke Windzunahme mit Böen, Windsprung (rechtsdrehend); in Schauern teilweise schlechte Sicht; fallende Temperatur	Bewölkungsauflockerung, nur noch einzelne böige Schauer, Luftdruck stark steigend bei meist nordwestlichen Winden und teilweise ausgezeichneter Sicht; wieder zunehmende Wetterverschlechterung möglich

Gewitter

Bei sehr guten Surfern ist gar nicht so selten die Sitte (Unsitte?) zu beobachten, daß sie auf ein Gewitter geradezu lauern, um dann endlich ihren Superwind abzubekommen. Wir geben zu: solch ein Gewittersurf ist verlockend! Er ist aber nicht zu verantworten, und es sei ausdrücklich auf die Problematik und Gefährlichkeit hingewiesen. Sie können ja bei einem aufziehenden Gewitter noch gar nicht wissen, in welcher Art und Weise, d. h. wie stark und gefährlich es auftreten wird. Und folgende Erscheinungen können auftreten:

- Nicht nur »Genußböen«, sondern auch außerordentlich heftige, überfordernde Böen.
- Winddrehungen bis zu 180°.
- Blitzschlag, der tödlich wirken kann.
- Miserable Sicht, die bewirken kann, daß man im Rettungsfalle nicht gefunden wird.
- Hagelschlag, bei dem sich auch große Hagelkörner ausbilden können, die schwere Verletzungen zufügen.
- Starker Temperatursturz und hohe Wellen.

Man unterscheidet zwei Arten von Gewittern:

1. Frontgewitter
2. Wärmegewitter

Frontgewitter sind innerhalb eines großräumigen Tiefs in der Regel an eine Kaltfront gebunden, und sie drohen immer, wenn nach einer Hochdrucklage mit warmer Luft eine Kaltfront anrückt.

Wärmegewitter bilden sich örtlich bei sommerlichen Schönwetterperioden aus, wenn erhitzte Luft nach oben drängt und dabei kühlere darüberlagernde Luftmassen durchstößt.

Woran erkennen wir ein aufziehendes Gewitter? Typisch sind die Haufenwolken (Cumuluswolken). Die weißen Schönwettercumuluswolken türmen sich »blumenkohlartig« auf (Cumulus congestus) und entwickeln sich zur imposan-

Links: Entwicklung von der Schönwetter-Cumuluswolke zur Schauer- und Gewitterwolke Cumulonimbus. Der Zusatz »nimbus« beim Namen einer Wolke bedeutet, daß sie Niederschlag bringt. Rechts eine vollentwickelte Cumulonimbus-Wolke.

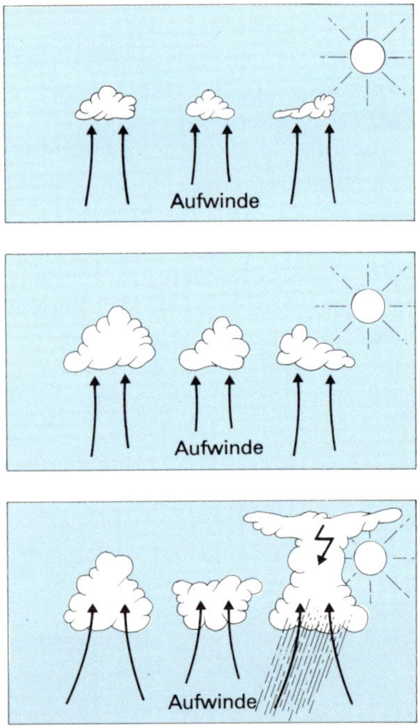

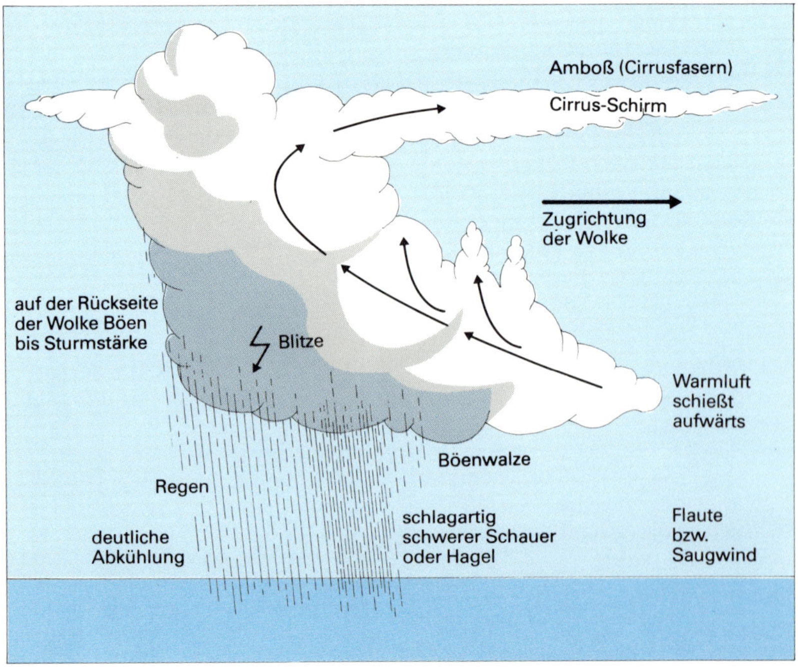

ten Gewitterwolke (Cumulonimbus), die sehr in die Höhe reicht und oben einen weit auseinanderfließenden »Amboß« aus Feder- oder Eiswolken (Cirruswolken) zeigt.
Das Gewitter läuft dann folgendermaßen ab:

1. Flaute setzt ein, anschließend wird der Wind angezogen *(Saugwind)* und weht zunächst in Richtung Gewitterwolke (je nach Richtung des vorhergehenden Tageswindes sind hier bei Flaute und Saugwind Varianten zu beobachten!).
2. An der Vorderseite der Gewitterwolke bildet sich eine walzenförmige Wolke, der sog. *Böenkragen* (auch: *Böenwalze*) mit minutenlang anhaltenden Böen.
3. Es folgen nach kurzer Beruhigung schlagartig schwere Schauer mit Blitz und Donner. Achtung: jetzt kann sich auch Hagelschlag einstellen!
4. Die Schauer gehen in Regen über, dazu kühlt sich die Luft deutlich ab.
5. Auf der Rückseite der Gewitterwolke weht dann bis zur Wetterberuhigung noch böiger und stürmischer Wind aus unterschiedlichen Richtungen.

Gewitter ziehen vorwiegend in nordöstlicher Richtung. Wenn also von Ihnen aus gesehen in SW oder W Gewitterwolken aufziehen, dann ist Vorsicht geboten. Beachten Sie aber, daß auch ein im Süden stehendes Gewitter sich zu Ihnen hin ausbreiten kann.
Halten Sie sich bei heranziehendem Gewitter in Ufernähe auf! Bei unmittelbarer Gewittergefahr ist dann die einzig richtige Entscheidung in jedem Falle, das Wasser zu verlassen. Bleiben Sie unvorsichtiger Weise draußen, so gehen Sie ein nicht zu unterschätzendes Risiko ein.
Wenn Sie aber doch einmal den rechtzeitigen »Heimweg« versäumt haben und von Blitzen überrascht worden, dann denken Sie an richtiges Verhalten:

- Mast nicht als Blitzableiter wirken lassen, also Rigg ablegen.
- Nicht auf dem Brett stehen, sondern sich hinlegen bzw. möglichst eng auf dem Brett zusammenkauern.
- Erst nach Ende der Blitzgefahr an Land zurücksurfen.

Die Entfernung eines Gewitters kann man sich aus dem Zeitunterschied zwischen Blitz und Donner errechnen:

$$\frac{\text{Zeitunterschied in Sekunden}}{3} \approx \text{Entfernung in km}$$

Wetterinformationen

Prinzipiell sollte sich der Segelsurfer über die Wetterlage informieren, wobei er dazu mehrere Möglichkeiten hat:

- Wetterberichte in Radio und Fernsehen im Anschluß an die Nachrichten.
- Wetterberichte (teilweise mit Wetterkarte) in Tageszeitungen
- Fernsprechansagen und Telefonauskünfte spezieller Wetterstationen und Wetterämter (Allgemeiner Wetterbericht, See-Wetterbericht, Landwirtschafts-Wetterbericht, Sturmflutwarnung, Flugwetterwarten).

Besonders genaue Angaben für das Wetter im Bereich der deutschen Küste gibt der Wetterbericht, den der Fahrtensegler sehr schätzt: der *Seewetterbericht* des Seewetteramtes des Deutschen Wetterdienstes (ausgestrahlt über Radio Bremen, NDR und Deutschlandfunk).
Diesem Seewetterbericht entspricht auch der *Seewetterbericht für die Küsten- und Sportschifffahrt*, den von Mitte April bis Mitte Oktober das Seewetteramt im Fernsprechansagedienst der Deutschen Bundespost (Rufnummer 1169) verbreitet.
Häufig unterscheidet sich das örtliche Wetter eines Surfreviers erheblich von der Großwetterlage, weshalb es zum Surfen auf einem noch unbekannten Revier dringend anzuraten ist, sich über die dortige Wettertendenz zu informieren (z.B. bei einem Segelclub, einer Segel- oder Surfschule,

beim Hafenmeister, bei einem Bootsverleiher, bei der Wasserschutzpolizei, bei Wasserwacht bzw. DLRG).
Vergessen Sie auch keinesfalls, sich nach dem betreffenden **Sturmwarnsystem** zu erkundigen! Viele Segel- und Surfreviere sind mit einem solchen Sturmwarnsystem versehen, das jedem Segler und Surfer selbstverständlich bekannt sein muß. Das in älteren Surfbüchern noch beschriebene System einer Starkwind- und Sturmwarnung an den Küsten mit optischen Signalen gibt es zwischenzeitlich nicht mehr! Verbreitet auf Binnengewässern (z.B. auf den bayerischen Seen) ist aber ein Warnsystem mit Blinklichtern (siehe bei »Grundschein«, Seite 59).
Ein Tip noch: Vertrauen Sie nicht blindlings Wettervorhersagen und verlassen Sie sich nicht auf die Sturmwarnung. Beobachten Sie selbst laufend den Himmel und versuchen Sie selbst, sich ein Bild von der Wetterentwicklung zu machen!

Eigene Wettervorhersage, Wetterregeln

Auch ohne einen Wetterbericht können Sie sich durch sorgfältige und kritische Wetterbeobachtung (Luftdruck, Wind, Wolken, Sichtigkeit, Färbungen) Ihre eigene Vorhersage über das zu erwartende Wetter geben. Folgende Auswahl von Wetterregeln möge Ihnen helfen.

Beobachtung, Erscheinung	Wetterprognose
stetiges Steigen des Luftdrucks	Hoch naht, Wetterbesserung zu erwarten
stetiger, langsamer Luftdruckfall	Tief und schlechteres Wetter nahen
schneller Luftdruckfall	schnelle Wetterverschlechterung, viel Wind möglich
schneller Luftdruckanstieg	viel Wind oder Sturm
über 1 hPa Luftdruckfall/h	Sturm
Wind von morgens bis mittags zunehmend, abends abflauend	beständiges Wetter
Winddrehung nach tagelanger gleicher Richtung	Wetteränderung
gegen Abend zunehmender Wind	viel Wind und Regen
regelmäßige Erscheinung der Thermikwinde (Land- u. Seewind)	gutes Wetter
Thermikwinde bleiben aus	Wetteränderung
Bewölkungsabnahme	zunehmender Hochdruckeinfluß, Besserung
Bewölkungszunahme	evtl. Störung durch Tief
vereinzelte flache, niedrige Haufenwolken	schönes Wetter
stark aufquellende Wolkentürme	Gewitter und Böen
Wolken in mehreren Schichten und Höhen	Wetterverschlechterung bzw. Fortdauer eines veränderlichen Wetters
aus W aufziehende hohe Wolken	schlechtes Wetter
tiefblauer Himmel	Polarluft, es folgt oft Schauerniederschlag
blaßblauer Himmel	meist Wetterbeständigkeit
außergewöhnlich gute Fernsicht	Wetterverschlechterung, Frontannäherung
schlechte Sicht nach Regen	weitere Niederschläge
starkes Abendrot	gutes Wetter

Beobachtung, Erscheinung	Wetterprognose
starkes Morgenrot	schlechtes Wetter
Halo-Erscheinungen (Ringe) um Sonne oder Mond	schlechtes Wetter
schwefelgelb-grünlicher Sonnen-untergang	schlechtes Wetter
starkes Flimmern und Funkeln der Sterne	schlechtes, stürmisches Wetter
Sonne verschwindet abends hinter dunklen schwarzen Wolken	schlechtes Wetter

Solche Wind- und Wellenverhältnisse sind nur etwas für Könner – wenn ihre Sicherheit durch eine entsprechende Beaufsichtigung gewährleistet ist. Es handelt sich hier um etwa 8 Windstärken (Beaufort-Skala: »Von den Kammkanten beginnt Gischt abzuwehen ...«).

Gezeiten

Grundbegriffe

Die *Gezeiten* – auch *Tiden* genannt – sind Hebungen und Senkungen der Wasseroberfläche, mit denen

- Wasserstandsänderungen
- und Strömungen *(Gezeitenströme)*

verbunden sind, die bei manchen Küstenrevieren – z. B. auf der **Nordsee** – sehr deutlich und charakteristisch zur Geltung kommen. Die Gezeiten entstehen – ganz kurz und allgemein gesprochen – durch die Anziehungskraft zwischen Erde und Mond und zwischen Erde und Sonne und durch die Fliehkraft, die bei der Mondbewegung um die Erde auftritt. Während für den Segler wegen des teilweise beträchtlichen Tiefganges seiner Yacht der sich verändernde Wasserstand in einem Gezeitenrevier eine große Rolle spielt (und er sich deshalb auch genauer mit den Gezeiten befassen muß), haben für den Segelsurfer nur die Gezeitenströme eine spezielle Bedeutung.

HW = Hochwasser (= Eintritt des höchsten Wasserstandes einer Tide beim Übergang vom Steigen zum Fallen), NW = Niedrigwasser (= Eintritt des niedrigsten Wasserstandes zwischen zwei aufeinanderfolgenden Tiden beim Übergang vom Fallen zum Steigen), HWH = Hochwasserhöhe, NWH = Niedrigwasserhöhe, WT = Wassertiefe (= Kartentiefe + Höhe der Gezeit), H = Höhe der Gezeit (bezogen auf das örtliche Seekartennull), TS = Tidenstieg, TF = Tidenfall, HWZ = Hochwasserzeit, NWZ = Niedrigwasserzeit; das arithmetische Mittel aus TS und TF nennt man TH = Tidenhub.

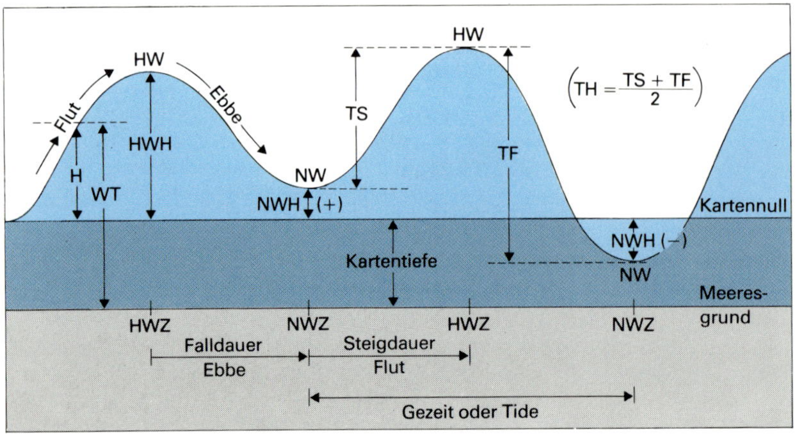

Begriffe:
Tide (oder *Gezeit*): Flut und nachfolgende Ebbe (= Spanne von einem Niedrigwasser bis zum folgenden Niedrigwasser).
Hochwasser (HW): Eintritt des höchsten Wasserstandes einer Tide.
Niedrigwasser (NW): Eintritt des niedrigsten Wasserstandes zwischen zwei Tiden.
Flut: Steigen von NW auf das nächste HW.
Ebbe: Fallen von HW auf das nächste NW.
Tidenstieg (TS): Höhenunterschied zwischen Niedrigwasserhöhe und Hochwasserhöhe.
Tidenfall (TF): Höhenunterschied zwischen Hochwasserhöhe und Niedrigwasserhöhe.
Tidenhub (TH): Höhe, um die der Wasserspiegel fällt und steigt: TH = (TS + TF) : 2
Springzeit: Zeit mit höchstem HW (halbmonatlich).
Nippzeit: Zeit mit niedrigstem HW (halbmonatlich).
Mittzeit: Mitte zwischen Spring- und Nippzeit.
Kartentiefe (KT): Sie ist in einer Seekarte angegeben und bezieht sich auf das Kartennull.
Kartennull (KN): Das Niveau, auf das die Tiefenangaben einer Seekarte bezogen sind, bei der Nordsee z. B. das *mittlere Springniedrigwasser*.
Die Zeitspanne zwischen zwei Hochwassern oder zwei Niedrigwassern beträgt etwa $12^1/_2$ Stunden.

Gezeitenströme

Wichtig für einen Surfer ist das Wissen um die *Gezeitenströme*. Bei Heranströmen = Steigen des Wassers (Flut) fließt der *Flutstrom*, umgekehrt fließt der *Ebbstrom* während der Ebbe. Der Zeitpunkt, in dem der Gezeitenstrom seine Richtung von Flutstrom zu Ebbstrom – und umgekehrt – ändert, heißt *Kentern des Stromes*. *Stillwasser* oder *Stauwasser* herrscht in dem Zeitraum, während dessen kein Gezeitenstrom festzustellen ist.

Achtung: Je nach Stromstärke und -richtung können Sie als Surfer Schwierigkeiten bekommen. Quer zur Fahrtrichtung herrschender Strom bedeutet Abdrift zur Seite, entgegenlaufender Strom bereitet Ihnen Probleme, wenn Sie kreuzen und Höhe gewinnen müssen.

Die Stärke des Stromes hängt jeweils ab von der Größe des Tidenhubs. Aufgrund der sog. *Zwölftelregel*, bei welcher der Tidenhub zerlegt wird, können wir wichtige Rückschlüsse ziehen. Nach dieser Regel gliedert sich der Tidenhub in folgender Weise:

1. Stunde = $^1/_{12}$ des Tidenhubs
2. Stunde = $^2/_{12}$ des Tidenhubs
3. Stunde = $^3/_{12}$ des Tidenhubs
4. Stunde = $^3/_{12}$ des Tidenhubs
5. Stunde = $^2/_{12}$ des Tidenhubs
6. Stunde = $^1/_{12}$ des Tidenhubs

Aus dieser Zwölftelregel ist zu ersehen, daß Tidenstieg bei Flut und Tidenfall bei Ebbe jeweils in der Mitte (3. und 4. Stunde) dreimal so groß sind wie zu Beginn bzw. am Ende (1. und 6. Stunde).

Ausschnitte von Karten aus dem Nordsee-Handbuch des Deutschen Hydrographischen Instituts, die die Gezeitenströme der Deutschen Bucht 2 Stunden vor und 5 Stunden nach dem Hochwasser bei Helgoland zeigen. Die Zahlen bedeuten Seemeilen pro Stunde (z. B. 2,7 = 2,7 sm/h).

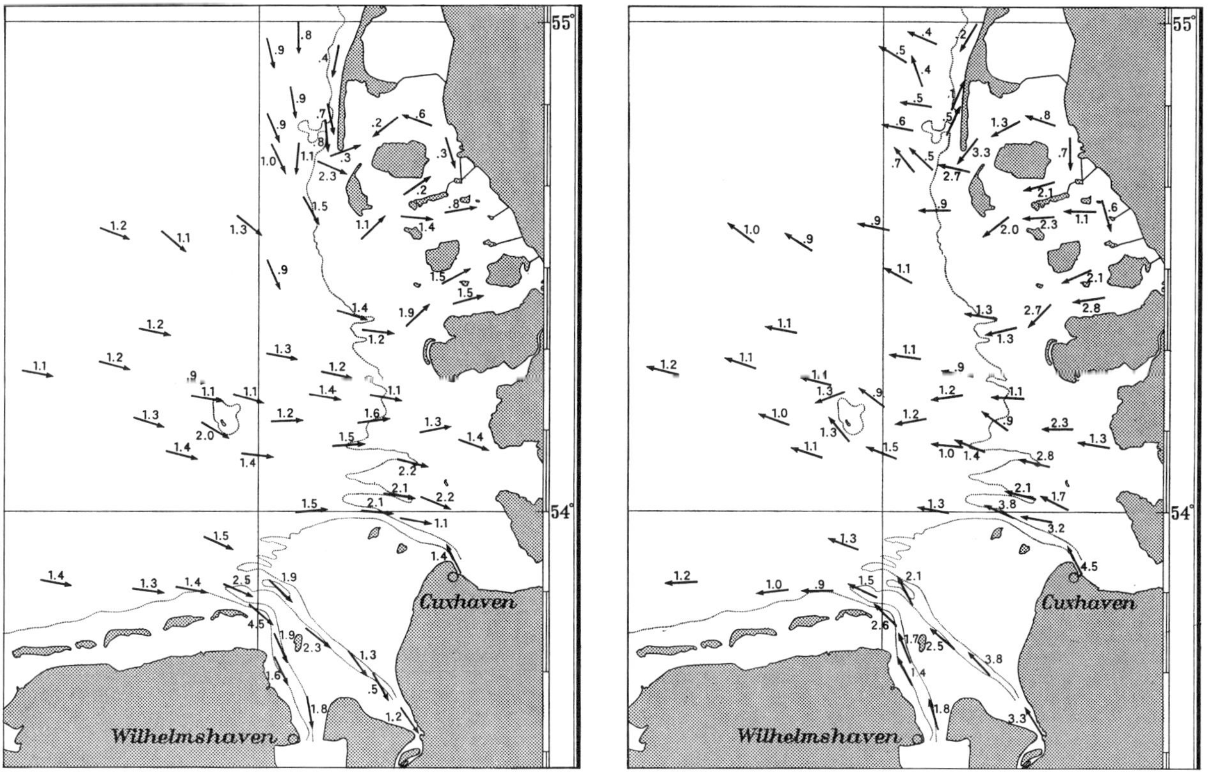

Somit herrscht während der 3. und 4. Stunde nach Hoch- bzw. Niedrigwasser eine besonders starke (und gegebenenfalls gefährliche) Strömung. Allerdings kann es auch örtliche Besonderheiten geben, z. B. mit einer stärksten Strömung in der 1. und 2. Stunde.
Der Tidenhub ist von Ort zu Ort verschieden, und er kann beträchtliche Maße annehmen, wenn sich der Flutstrom in Buchten, Meerengen, Rinnen oder Flußmündungen staut. Einen besonders hohen Tidenhub mit über 12 m weist z. B. St. Malo in Frankreich auf, in Wangerooge beträgt er dagegen rund 3 m und in Westerland knapp unter 2 m.
Im allgemeinen fließt der *Flutstrom* im Küstenbereich landwärts, der *Ebbstrom* seewärts. Formen des Meeresbodens, vorgelagerte Inseln, wechselnde Wassertiefen, spezielle Uferformationen, Priele bei Watten, Engstellen und Wind beeinflussen aber den Gezeitenstrom, werfen ihn aus seiner normalen Bahn und können ihn unberechenbar verstärken. Besonders zu beachten für Surfer ist der *Ebbstrom*, der eine zusätzliche gefährliche Steigerung erfahren kann, wenn sich ablandiger Wind dazugesellt. In diesem Falle wird die Abdrift größer als die Möglichkeit, Höhe zu gewinnen.

Hüten Sie sich als Surfer vor starkem Ebbstrom, z. B. bei Engstellen und ablandigem Wind. Sie können ganz schnell abgetrieben werden und innerhalb kurzer Zeit außer Sichtweite geraten.

Bei den auf S. 97 abgebildeten Gezeitenstrom-Kartenausschnitten kann man deutlich unterschiedliche Stromstärken und auch -richtungen erkennen. Bei Ebbstrom 5 Stunden nach Hochwasser ist z. B. herauszulesen, daß zwischen den Inseln Sylt, Föhr und Amrum ein Strom von 3,3 sm/h herrscht, das sind umgerechnet knapp über 6 km/h. Dies würde eine Abdrift von 1,5 km innerhalb von 15 Minuten bedeuten.

Information über Gezeitenströme

Anhaltspunkte über die herrschenden Gezeitenverhältnisse können Tonnen und Bojen geben. Der Grad ihrer Neigung und die Art ihrer »Bugwelle« ermöglichen allgemeine Rückschlüsse über die Stromrichtung (= Ebb- oder Flutstrom) und die Stromstärke. Als genauere Gezeiten-Informationsquelle zum Surfen, z. B. auf der Nordsee, benötigen Sie entweder die *Gezeitentafeln* (jährlich hrsg. vom DHI/DHI = *Deutsches Hydrographisches Institut*) oder den für Sie ausreichenden Auszug daraus, der in Form eines kleinformatigen Heftchens für wenig Geld zu erwerben ist. Dieser ebenfalls jährlich herausgegebene Auszug wird im »Volksmund« *Tidenkalender* genannt und trägt den genauen Titel: *Hoch- und Niedrigwasserzeiten für die Deutsche Bucht und deren Flußgebiete*. Dieser Kalender führt für *Bezugs-* und *Anschlußorte* die Hoch- und Niedrigwasserzeiten auf. Zusätzlich gibt er in eigenen Tabellen den mittleren Tidenhub und das mittlere Hochwasser an. Mit Hilfe dieses Heftchens können Sie für Ihren Surfort die jeweiligen Hoch- und Niedrigwasserzeiten und den Tidenhub ermitteln und feststellen, mit welchen Stromverhältnissen Sie rechnen müssen.

Beispiel: Am 10. Juli haben Sie um 14.00 Uhr vor, in List-West zu surfen. Welchen Strom haben Sie zu erwarten und wie groß ist der mittlere Tidenhub?
Lösung:
Sie blättern im Tidenkalender nach und stellen fest, daß List-West (als Anschlußort) in der Tabelle »Gezeitenunterschiede gegen Helgoland« zu finden ist. Für den Bezugsort Helgoland lesen Sie für 10. Juli ab: Erstes Hochwasser um 10.01 Uhr. Bei List-West finden Sie einen Gezeitenunterschied zum Hochwasser von + 1 Stunde und 56 Minuten. 1 Stunde und 56 Minuten zur Hochwasserzeit Helgoland um 10.01 Uhr addiert ergibt eine Hochwasserzeit von 11.57 Uhr in List-West. Um 14.00 Uhr sind in List-West rund 3 Stunden nach Eintritt des höchsten Wasserstandes vergangen, es herrscht Ebbstrom (in seiner stärksten Phase), also Vorsicht. Der mittlere Tidenhub beträgt 1,6 Meter.

Wenn Ihnen die Stromkalkulationen, die Sie sich aus dem Tidenkalender zusammenreimen können, zu wenig sind, dann erfahren

Sie Genaueres im *Stromatlas* des DHI (mit Gezeitenstromkarten), einiges auch in *Seehandbüchern* (z.B. *Nordsee-Handbuch* des DHI). Im Zweifelsfalle könnten Sie sich auch bei einheimischen Fischern und ortsansässigen Segel- oder Windsurfschulen erkundigen.

Regattasport

Ein Surfer sollte aus zwei Gründen eine gewisse Ahnung vom Regattasegeln und -surfen haben:

1. Grundkenntnisse und der Besitz des Segelsurfscheines ermöglichen ihm auch mal eine Teilnahme an einer Surfregatta, die ihm vielleicht viel Freude, zumindest aber ganz bestimmt einen großen Lernerfolg bringt.
2. Er sollte eine Wettfahrtveranstaltung mit Segelbooten oder Surfboards erkennen und beurteilen können, damit er andere nicht unsportlich behindert und ihnen Ärger bereitet.

Übrigens finden im Gegensatz zum Segeln Surfwettbewerbe nicht immer nur in der Art der anschließend erläuterten Dreiecksregatta statt. Beim Segelsurfsport haben sich auch noch weitere Wettkampfformen entwickelt, wie Funboardregatten auf speziellem Kurs ohne Kreuzstrecken oder mit Le-Mans-Start (vom Ufer aus), Parallelslalom, Brandungswettbewerbe (*Ins* und *Outs*) mit Le-

Ausschnitte aus dem Tidenkalender: Links die Hoch- und Niedrigwasserzeiten (Teil des Juli 1980) für den Bezugsort Helgoland, Mitte die Gezeitenunterschiede gegen Helgoland für einige Anschlußorte, rechts Tabelle über den mittleren Tidenhub (mittleres Hochwasser hier weggeschnitten). Die grau angestrichenen Stellen betreffen das Beispiel auf Seite 98.

Helgoland 1980

Tag	Juli HW		Juli NW	
	h m	h m	h m	h m
1 D	01 35	13 49	08 16	20 45
2 M	02 17	14 30	08 56	21 28
3 D	03 02	15 17	09 40	22 16
4 F	03 52	16 10	10 30	23 10
5 S 3	04 48	17 06	11 25	- -
6 S	05 45	18 05	00 04	12 23
7 M	06 45	19 10	01 02	13 27
8 D	07 50	20 20	02 07	14 38
9 M	08 57	21 28	03 16	15 49
10 D	10 01	22 31	04 23	16 55
11 F	10 59	23 26	05 23	17 53
12 S 0	11 48	- -	06 14	18 42
13 S	00 13	12 31	06 57	19 24
14 M	00 55	13 11	07 37	20 04
15 D	01 36	13 51	08 15	20 44
16 M	02 16	14 28	08 51	21 21
17 D	02 53	15 03	09 26	21 57
18 F	03 30	15 40	10 03	22 33
19 S	04 10	16 19	10 41	23 08
20 S 1	04 49	17 00	11 19	23 46
21 M	05 31	17 48	- -	12 04
22 D	06 26	18 51	00 36	13 06
23 M	07 33	20 04	01 42	14 20
24 D	08 42	21 13	02 56	15 34
25 F	09 43	22 13	04 04	16 37
26 S	10 37	23 05	05 00	17 30
27 S 2	11 24	23 51	05 50	18 17

Gezeitenunterschiede gegen Helgoland

Ort	HW	NW
	h m	h m
Lister Tief		
Ansteuerungstonne	+ 01 34	-
List - West	+ 01 56	+ 01 36
List	+ 02 46	+ 02 08
Munkmarsch	+ 02 50	+ 02 10
Hindenburgdamm - Nord	+ 02 55	-
Westerland	+ 00 52	+ 01 12
Vortrapp - Tief		
Amrum		
Kniep - Sand	+ 01 30	+ 01 20
Odde	+ 01 52	-
Hörnum - Tief		
Hörnum - Odde	+ 01 50	+ 01 15
Hörnum, Hafen	+ 02 14	+ 01 36
Rantumer Bucht	+ 02 50	+ 02 00
Steenack	+ 02 50	+ 02 05
Nösse	+ 02 53	-
Hindenburgdamm - Süd	+ 02 54	-
Föhrer Ley Nord	+ 02 45	+ 02 45
Norder Aue		
Amrum, Amrum - Hafen (Wittdün)	+ 01 34	+ 01 31
Föhr, Wyk	+ 02 15	+ 02 00
Föhrer Ley Süd	+ 02 44	+ 02 53
Südwesthörn	+ 02 42	-
Dagebüll	+ 02 26	+ 02 24
Süder Aue		

Mittlerer Tidenhub und mittleres Hochwasser (in Metern)

Ort	MTH
Schleswig-Holstein	
Helgoland	2,4
Sylt	
List West	1,6
List	1,8
Westerland	1,7
Hörnum, Hafen	2,0
Rantumer Bucht	2,0
Steenack	2,1
Nösse	2,2
Föhrer Ley Nord	2,3
Norder Aue	
Amrum-Hafen, Wittdün	2,6
Föhr, Wyk	2,8
Föhrer Ley Süd	2,7
Dagebüll	2,9
Süder Aue	
Hooge	2,8
Schlüttsiel	3,2
Rummelloch	2,8
Norder Hever	
Süderoog	2,8
Pellworm, Hafen	3,2
Strucklahnungshörn	3,3
Arlauschleuse	3,5
Butter-Loch	3,4
Strand Süd	3,3

0 : Neumond 1 : Erstes Viertel 2 : Vollmond 3 : Letztes Viertel

Mitteleuropäische Zeit

Mans-Start durch die Brandung und Umrunden einer Boje.

Segler und Surfer in der Regatta haben zwar keinerlei Sonder- oder Vorrechte, aber man sollte aus sportlicher Fairneß Rücksicht auf sie nehmen und sie nicht behindern.

Regatta, Wettfahrt, Wertung

Eine Segel- oder Surfregatta (sie unterscheiden sich im Grunde nicht!) besteht normalerweise aus mehreren Wettfahrten, die an einem oder mehreren Tagen ausgetragen werden. Eine einzelne *Wettfahrt* beginnt 5 Minuten vor dem Start mit dem Vorbereitungssignal und endet mit dem Zieldurchgang. Für jede Wettfahrt erhält man Punkte, die dann zum Gesamtergebnis der Regatta addiert werden. Anzustreben sind jeweils möglichst wenig Punkte. Üblich ist bei uns das DSV-Punktsystem, das sich etwas unterscheidet von dem bei olympischen Regatten angewandten System:

	DSV-System	olympisches System
1. Platz	0 Punkte	0 Punkte
2. Platz	1,6 Punkte	3 Punkte
3. Platz	2,9 Punkte	5,7 Punkte
4. Platz	4 Punkte	8 Punkte
5. Platz	5 Punkte	10 Punkte
6. Platz	6 Punkte	11,7 Punkte
7. Platz	7 Punkte	7+6 Punkte
8. Platz	8 Punkte	8+6 Punkte
usw.		

Alle Wettfahrten werden nach den *Internationalen Wettsegelbestimmungen* (IWB) der IYRU (International Yacht Racing Union = Weltseglerverband), im deutschsprachigen Bereich ergänzt durch die *Zusatzbestimmungen* des DSV (bzw. des Österreichischen Segel-Verbandes) ausgetragen. Dazu kommen noch die *Sonderbestimmungen (Segelanweisungen)* des Veranstalters.

Regattabahn

Die allgemein übliche Regattabahn besteht aus einem durch 3 Bahnmarken gekennzeichneten Dreieckskurs, der Kreuz- und Raumwindstrecken dazu eine Vorwindstrecke enthält.

Wird beim Ankündigungssignal (10 Minuten vor dem Start) eine grüne Flagge oder Tafel auf dem Startschiff gesetzt, so verläuft der Kurs rechts herum (die Bahnmarke 2 liegt von der Startlinie aus gesehen auf der rechten Seite),

Regattabahn, Kurs rot = links herum. Der Start erfolgt prinzipiell genau gegen den Wind, d.h. es beginnt mit einem Kreuzkurs zur Tonne 1. Von Bahnmarke 1 zu Nr. 2 und Nr. 3 geht's auf Raumschotskurs, der Weg von Nr. 1 zurück zu Nr. 3 ist eine Vorwindstrecke. Ins Ziel wird immer von 3 kommend gekreuzt.

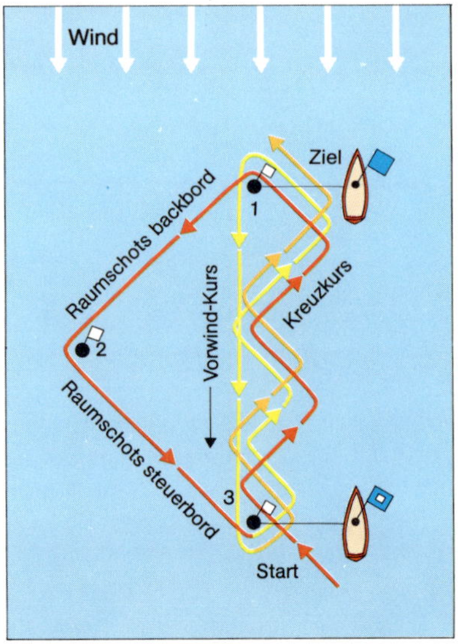

Das sind die wichtigsten bei einer Regatta verwendeten Flaggen und Stander. Der Buchstabe »B« ist die von den Seglern selbst mitgeführte Protestflagge, die aber Surfer bei einem Protestfall nicht zeigen müssen.

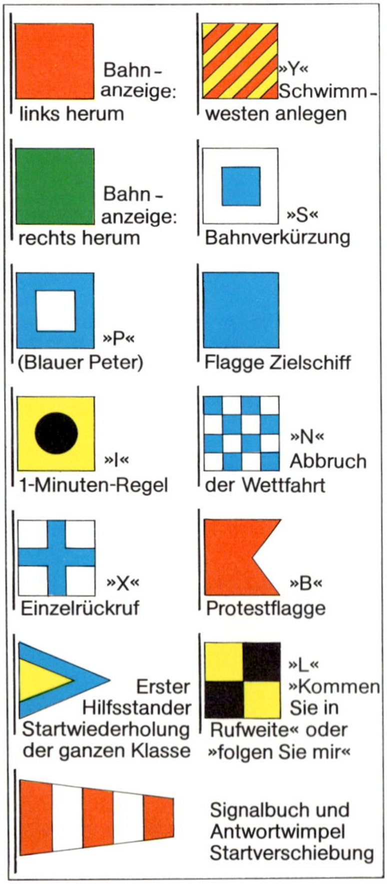

und die Tonnen bleiben beim Runden auf der Steuerbordseite. Bei roter Flagge oder Tafel führt alles links herum (Bahnmarke 2 liegt links). Die vollständige Bahn, die abzusegeln oder -surfen ist, lautet nun

- entweder: Start – 1 – 2 – 3 – 1 – 3 – Ziel, wie bei olympischen Regatten zumindest bisher immer üblich
- oder mit einem Dreieck mehr: Start – 1 – 2 – 3 – 1 – 3 – 1 – 2 – 3 – Ziel, wie auf kleineren Revieren häufig und auch bei der Kieler Woche üblich. Bei evtl. notwendiger Bahnverkürzung entfällt in der Regel wieder das zweite Dreieck.

Zwar ist die Regattabahn für Segler und Surfer identisch, aber in der Regel werden für Surfregatten etwas kleinere Bahnschenkel gewählt, sodaß die Wettfahrtzeiten kürzer sind als bei den Seglern. Die IWB bemerken dazu in einem kleinen Anhang für Segelsurfbretter: »Als angemessene Zeitbegrenzung für jeden Durchgang gilt eine Dauer von 45 bis 60 Minuten«.

Start und Ziel

Start und Ziellinie werden durch zwei Begrenzungsbojen markiert oder durch eine solche Boje und das Start- bzw. Zielschiff. Das Startverfahren dauert 10 Minuten:

- 10 Minuten vor dem Start ertönt meist in Form eines Schusses das *Ankündigungssignal*, bei welchem die Bahnanzeige (rot oder grün) und die Klassenflagge gesetzt wird.
- 5 Minuten später erfolgt das *Vorbereitungssignal* (Schuß), wobei die Flagge »P« (der sog. *Blaue Peter*) als optisches Zeichen hochgezogen wird. Von diesem Augenblick an gelten die Wettfahrtregeln.
- Nach weiteren 5 Minuten ist der ***Startschuß*** fällig, mit ihm werden Ankündigungs- und Vorbereitungssignal gestrichen (*streichen* = niederholen).

Segeln mehrere Klassen, so erfolgen die Starts meist in Abständen von 10 Minuten. In solchem Falle gilt das Startsignal jeweils gleichzeitig als Ankündigungssignal für die nachfolgende Klasse.

Bei einem **Frühstart** werden entweder die Schuldigen per *Einzelrückruf* (optisches Zeichen: Flagge »X«) zur Umkehr und zum erneuten Starten aufgefordert, oder die Wettfahrtleitung gibt einen *Allge-*

meinen Rückruf (Flagge »1. Hilfsstander«) und wiederholt den Startvorgang.
Um weitere Frühstarts zu erschweren tritt dann meist die *Ein-Minuten-Regel* (Flagge »l«) in Kraft, die besagt, daß jeder ausgeschlossen wird, der innerhalb der letzten Minute vor dem Start die Linie überfährt. Der Ausschluß entfällt, wenn der Betroffene über eine der Verlängerungen der Startlinie ins Startvorfeld zurückkehrt, um dann zu starten.
Weitere auf dem Startschiff bei Bedarf gebräuchliche Flaggen (z. B. Schwimmwestenzwang, Bahnverkürzung oder Abbruch der Wettfahrt) sind aus der Abbildung Seite 100) zu ersehen. Als Zeichen für das **Ziel** beim Zielschiff dient eine blaue Flagge. Ein Boot oder Surfboard fährt durchs Ziel, sobald irgendein Teil des Rumpfes oder Boards, der Ausrüstung oder Besatzung (in normaler Lage befindlich!) die Linie aus der Richtung der letzten Bahnmarke kommend überquert.

Definitionen

Richtiger Kurs: Der Kurs, den ein Boot oder Surfbrett nach dem Startsignal unabhängig von den anderen segeln bzw. surfen würde, um so schnell wie möglich durchs Ziel zu gehen.

Lee und Luv: Lee ist die Seite auf der ein Segelfahrzeug sein Großsegel führt, oder falls es im Wind liegt, geführt hat. Diese Seite ist für ein Surfbrett ergänzend definiert als die Seite, »auf der es sein Großsegel führen würde, um Fahrt voraus zu machen, wobei die Mastkrängung außer Betracht bleibt«.

Klar achteraus – klar voraus – überlappen: Ein Boot oder Surfboard liegt von einem anderen Boot oder Brett klar achteraus, wenn es sich hinter dessen gedachter Heck-Querablinie befindet. Das andere Fahrzeug liegt dann klar voraus. Wird die Querablinie geschnitten, so ist eine Überlappung hergestellt.

Kenterung: Ein Segelsurfbrett gilt als gekentert von dem Zeitpunkt, wo sein Masttopp das Wasser berührt, bis zu dem Zeitpunkt, wo der Masttop vom Wasser freikommt.

A liegt klar achteraus von B, C überlappt D, und G liegt zwar klar achteraus von E – befindet sich aber trotzdem mit ihm in Überlappung, da F dazwischensteht und beide überlappt.

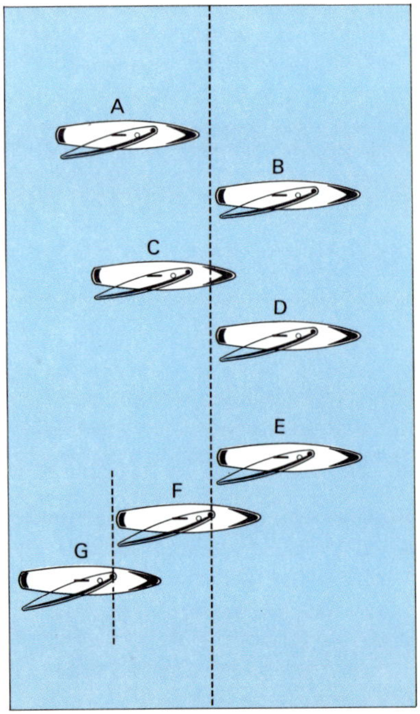

Regeln

Ausweichregeln: Die beiden wichtigen Grundregeln »Bb-Bug vor Stb-Bug« und »Lee vor Luv« entsprechen den normalen Ausweichregeln, die wir von den Verordnungen her kennen. Es gibt aber innerhalb einer Regatta Abweichungen vom Wasserverkehrsrecht und Sonderbestimmungen. Beim Überholen weichen z. B. die Regeln von der BinSchStrO in der Form ab, daß sich der Überholer zwar auch freihalten muß, die Überholseite aber freigestellt ist. Ergänzend ist auch etwas zum **Überholen in Luv** (»Luvkampf«) ausgesagt: Das Boot/Brett, das in

Luvkampf: B wird von A überholt und darf luven, bis A die Position »Mast querab« erreicht hat. B muß dann wieder abfallen auf den richtigen Kurs.

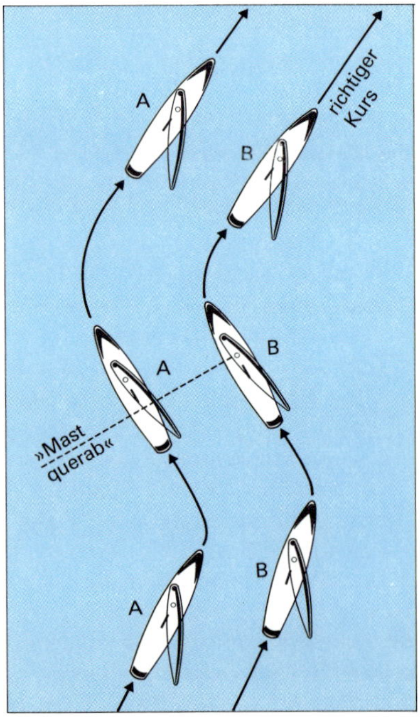

Luv überholt wird, darf zunächst durch Anluven den Überholvorgang zu verhindern versuchen. Das Luven darf so lange praktiziert werden, bis der Überholer so weit vorgekommen ist, daß sich der Steuermann (von seinem normalen Platz querab peilend) auf gleicher Höhe des Mastes des Leefahrzeuges befindet. Beim Surfboard ist der »normale Platz« an der Achterkante Schwertschlitz; als Mast gilt hier der Mastfuß.

Während des Manövrierens: Während des *Wendens* oder *Halsens* muß man sich von den anderen freihalten. Eine Wende dauert von dem Augenblick, in dem das Board durch den Wind gegangen ist bis auf einen Amwindkurs bzw. bis zum Vollstehen des Segels. Eine Halse dauert vom Kreuzen der Längsachse durch das Segelunterliek bis zum Vollstehen des Segels auf dem neuen Bug. Ein *gekentertes* Segelsurfbrett gilt während des Aufrichtens als wendend oder halsend, und zwar von dem Zeitpunkt des Freikommens des Masttopps aus dem Wasser, bis das Segel vom Wasser frei ist und voll steht.

Zwei volle Kreise schlagen: Verletzungen der Wegerechtsregeln können wiedergutgemacht werden durch das Drehen von zwei vollen Kreisen (Brettdrehung von 720°), sobald man sich in freiem Wasser befindet. Die Kreise können in beliebiger, müssen jedoch beide in derselben Richtung ausgeführt werden.

Runden einer Bahnmarke: Werden Bahnmarken falsch gerundet oder berührt, so sind sie noch einmal vollständig und korrekt zu umfahren. Wenn zwei oder mehrere Surfbretter gleichzeitig eine Marke nach dem Start runden wollen, so hat das am meisten innen surfende Brett Wegerecht, wenn es zwei Brettlängen vor der Tonne eine *Überlappung* hergestellt hat. Surfen allerdings zwei oder mehrere Personen auf verschiedenem Bug auf Kreuzkurs, so gilt speziell für die Luvboje (Bahnmarke 1) zuerst die Regel »Backbordbug vor Steuerbordbug!«

Der Segelsurfer A hat die Innenposition, dazu ist eine Überlappung hergestellt. B und C dürfen also A nicht von der Bahnmarke wegdrängen.

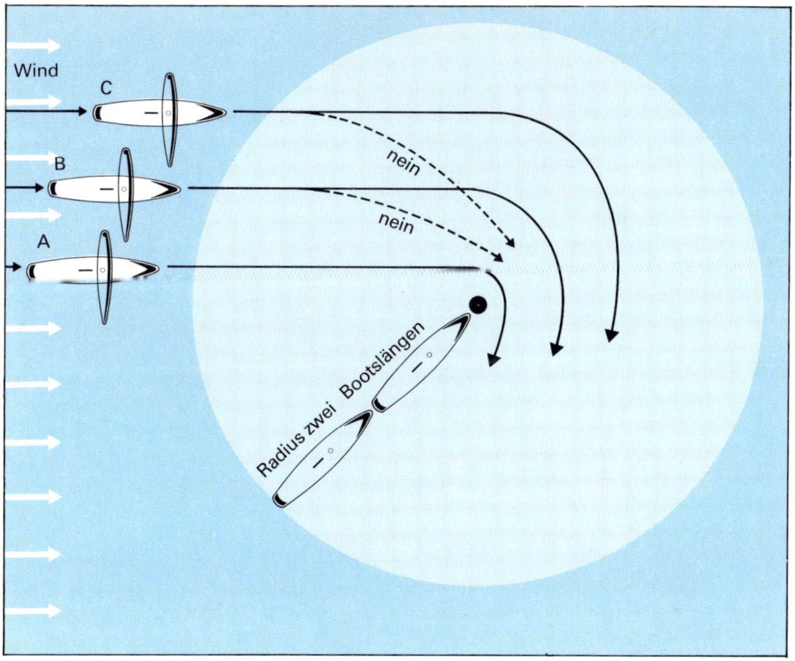

Zum Schluß des Regattateils sei noch an das gegenseitige rücksichtsvolle Verhalten der Wassersportler untereinander appelliert: Sie als Regattateilnehmer mögen für Freizeitsurfer und -segler Verständnis haben, die – eigentlich immer ohne bösen Willen – in Ihre Bahn geraten sind und Ihren Ärger herausfordern. Schimpfen und Fordern von Sonderrechten hilft nichts: Sie müssen auf alle Fälle die gesetzlichen Regeln einhalten!
Und Sie als Freizeitsurfer mögen Verständnis für die Regattasportler haben, denen jede Kursbehinderung oder Windablenkung Nachteile bringt. Halten Sie sich möglichst frei, wenn Sie ein Regattafeld erkennen!

Wasserverkehrsrecht

Verkehrs-vorschriften

Ähnlich wie der Straßenverkehr durch spezielle Verkehrsordnungen geregelt ist, ist der Verkehr auf dem Wasser durch einschlägige Verordnungen geregelt. Es gibt auch Verkehrszeichen, Vorfahrtsregeln und Ausrüstungsvorschriften. Unterschiedliche Reviergegebenheiten und -ansprüche haben verschiedene Verkehrsregelungen zur Folge. Die Vorschriften auf dem Wasser sind deshalb (leider) nicht einheitlich: man hat es je nach Revier mit speziellen Verordnungen zu tun.

Zunächst ist zwischen den Verordnungen für den Küstenbereich und solchen für den Binnenbereich zu unterscheiden.

Auf den Wasserflächen im deutschen **Küstenbereich** gelten folgende zwei Verordnungen:

- *Seestraßenordnung (SeeStrO)*
- *Seeschiffahrtstraßen-Ordnung (SeeSchStrO)*

Beim **Binnenverkehrsrecht** ist zu unterscheiden zwischen den *Bundeswasserstraßen (Binnenschiffahrtsstraßen)* und den *Landesgewässern*.

Das für die einzelnen deutschen **Bundeswasserstraßen** (z.B. Rhein, Mosel, Donau, Neckar, Main, Main-Donau-Kanal, Westdeutsche Kanäle usw.) geltende Verkehrsrecht ist in vier Verordnungen enthalten:

- *Binnenschiffahrtsstraßen-Ordnung (BinSchStrO)*
- *Donauschiffahrtspolizeiverordnung (DonauSchPV)*
- *Moselschiffahrtspolizeiverordnung (MoselSchPV)*
- *Rheinschiffahrtspolizeiverordnung (RheinSchPV)*

Diese vier Verordnungen stehen sich gegenseitig keineswegs entgegen sondern sind aufeinander abgestimmt. Es mußte nur die Eigenart der verschiedenen Flüsse durch spezielle Bestimmungen berücksichtigt werden.

Bei den einzelnen unter der Ver-

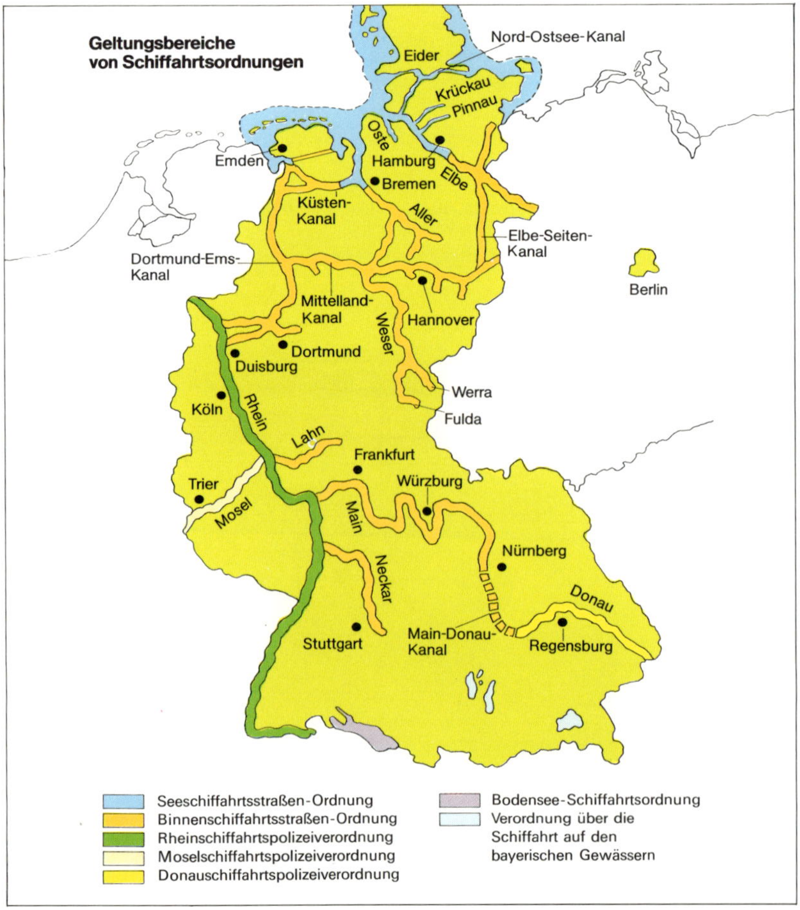

waltung von Ländern, Gemeinden oder sonstigen Organen stehenden **Landesgewässern** – z. B. Bayerische Gewässer, Berliner Wasserstraßen, Bodensee, Schluchsee, Steinhuder Meer usw. – gibt es jeweils die entsprechende Verordnung, über die Sie sich gegebenenfalls informieren müssen. Beispiele:

- *Verordnung für die Schiffahrt auf den bayerischen Gewässern (Schiffahrtsordnung -SchO-)*
- Die internationale *Verordnung über die Schiffahrt auf dem Bodensee (Bodensee-Schiffahrtsordnung)*
- *Verordnung über den Verkehr auf dem Steinhuder Meer*

Neben den bisher genannten Verordnungen sind gegebenenfalls auch noch spezielle Verordnungen für *Häfen* zu beachten.

Wichtig: Vor Befahren unbekannter Gewässer haben Sie die Pflicht, sich über die besonderen örtlichen Vorschriften zu informieren! Wenn Sie nicht die betreffende Verordnung zur Hand haben, so könnten Sie sich an einige Stellen zwecks Information wenden (siehe Seite 58).

Beachten Sie, daß Sie als Segler einzustufen sind, da nach den einzelnen Verordnungen ein Segelsurfbrett ein Kleinfahrzeug unter Segel bzw. ein Segelfahrzeug ist. Ihr Surfboard muß also wie ein Segelboot ausweichen!

Binnenschiffahrtsstraßen-Ordnung

Allgemeine Bestimmungen

Definitionen

- *Fahrzeug:* See- und Binnenschiffe einschließlich Kleinfahrzeuge und Fähren sowie schwimmendes Gerät.
- *Kleinfahrzeuge:* Fahrzeug von weniger als 20 m Länge; ausgenommen Schlepp- oder Schubfahrzeuge, Passagierfahrzeuge, die zur Beförderung von mehr als 12 Fahrgästen zugelassen sind, und Fähren.
- *Fahrzeug mit Maschinenantrieb:* Ein Fahrzeug mit eigener in Tätigkeit gesetzter Triebkraft. Benützt ein Segelfahrzeug unter Segel gleichzeitig den Motor, muß es wie ein Maschinenfahrzeug ausweichen.
- *Segelfahrzeug:* Fahrzeug unter Segel, das keinen Motor benützt.
- *Stilliegen:* Ankern, festgemacht oder auf Grund gelaufen.
- *Fahren:* Nicht geankert, nicht festgemacht oder nicht auf Grund sitzend.
- *Nacht:* Der Zeitraum zwischen Sonnenunter- und -aufgang.
- *Tag:* Der Zeitraum zwischen Sonnenauf- und -untergang.

Schiffsführung, Sorgfaltspflicht, Hilfeleistung

Der Schiffsführer (der Segelsurfer ist Schiffsführer, nachdem ein Segelsurfbrett als Kleinfahrzeug unter Segel eingestuft ist!) trägt die Verantwortung für das Boot (und die Besatzung), er muß körperlich, geistig und fachlich »geeignet« sein. Seine Eignung gilt als vorhanden, wenn er ein Schifferpatent für die Fahrzeugart und die befahrene Strecke besitzt. Sofern keine Führerscheinpflicht besteht (wie zum Segelsurfen!), kann im Zweifelsfalle die Eignung durch einen Verbandsführerschein nachgewiesen werden.

Der Schiffsführer – also auch der Surfer – hat alle Maßnahmen zu treffen, die die allgemeine **Sorgfaltspflicht** und die Übung der Schiffahrt gebieten, um

- die Gefährdung von Menschenleben,
- Beschädigungen anderer Fahrzeuge oder Schwimmkörper, Beschädigungen der Ufer, der Regelungsbauwerke sowie von Anlagen jeder Art in der Wasserstraße oder an ihren Ufern oder
- eine mehr als nach den Umständen unvermeidbare Behinderung oder Belästigung anderer

zu vermeiden.

Zur Sorgfaltspflicht gehört auch, daß ein Surfer besonders Rücksicht zu nehmen hat auf Badende und Schwimmer.

Bei unmittelbar drohender **Gefahr** müssen die Schiffsführer alle Maßnahmen treffen, die die Umstände gebieten, auch wenn sie dadurch gezwungen sind, von den Bestimmungen der BinSchStrO abzuweichen. Sind Menschen gefährdet, so ist jeder Schiffsführer zur **Hilfeleistung** verpflichtet, sofern dies mit der eigenen Sicherheit vereinbar ist.

Tagbezeichnungen von Fahrzeugen

Viele Fahrzeuge sind tagsüber zum Führen bestimmter **Tagzeichen** verpflichtet (gilt nicht für Kleinfahrzeuge). Außerdem gibt es spezielle Situationen (Fahrzeug in Not oder manövrierunfähig), die durch ein Tagsignal angezeigt werden können. Wenn Sie als Surfer auch selbst solche Signale nicht verwenden, so sollten Sie als Verkehrsteilnehmer auf einer Binnenwasserstraße doch gegebenenfalls solche Signale verstehen können, um sich dann richtig zu verhalten. Die wichtigsten dieser Signale ersehen Sie aus unseren Abbildungen auf dieser und der folgenden Seite.

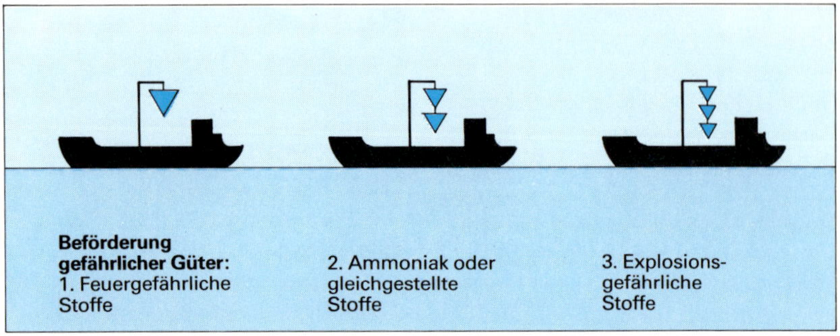

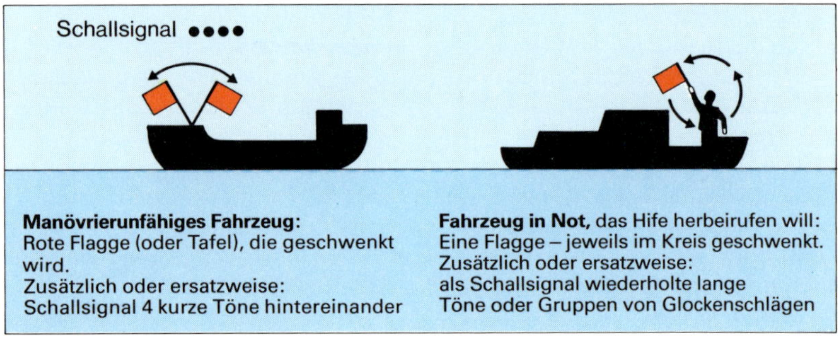

Tagzeichen nach der BinSchStrO.

Schallsignale

Auch wenn Sie als Surfer (Kleinfahrzeug unter Segel) von der Verpflichtung befreit sind, **Schallsignale** abzugeben, so sollten Sie doch unbedingt die wichtigsten dieser Signale kennen und deuten können, um die Verhaltensweisen der Großschiffahrt richtig einzuschätzen. Schallsignale bestehen aus etwa 1 Sekunde dauernden kurzen (●) oder etwa 4 Sekunden dauernden langen (▬) Tönen bzw. aus Kombinationen von solchen Tönen.

Achtung: Diese Signale werden von der Großschiffahrt nur gegeben, wenn erforderlich – und nicht unbedingt gegenüber Kleinfahrzeugen!

Signal	Bedeutung	Signal	Bedeutung
▬	Achtung	▬ ●	Ich wende über Steuerbord
●	Ich richte meinen Kurs nach Steuerbord	▬ ● ●	Ich wende über Backbord
● ●	Ich richte meinen Kurs nach Backbord	▬ ▬ ●	Ich will an Ihrer Steuerbordseite überholen
● ● ●	Meine Maschine geht rückwärts	▬ ▬ ● ●	Ich will an Ihrer Backbordseite überholen
● ● ● ●	Ich bin manövrierunfähig	● ● ● ● ●	Man kann mich nicht überholen
●●●●●●●● Folge sehr kurzer Töne	Gefahr eines Zusammenstoßes		

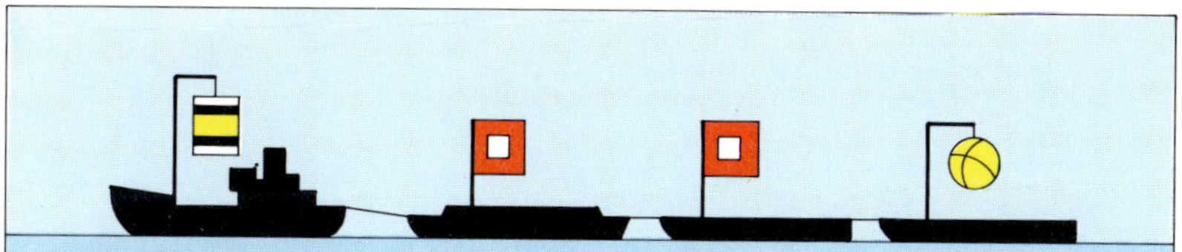

Schleppverband
Schlepper: gelber Zylinder mit je einem schwarzen und weißen Streifen unten und oben.
Geschleppte(s) Fahrzeug(e): rote Flagge mit weißem Quadrat; das letzte: gelber Ball

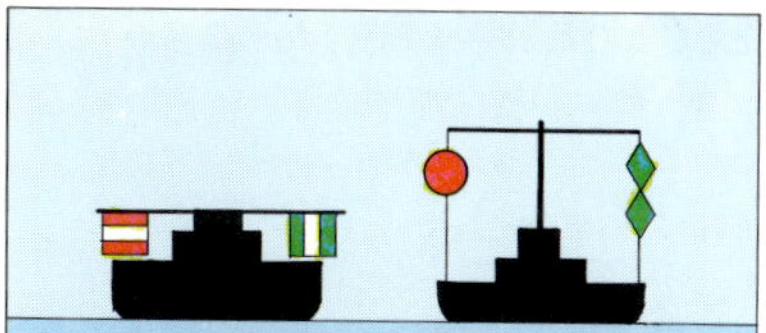

Schwimmende Geräte bei der Arbeit, und Fahrzeuge, die in der Wasserstraße Arbeiten, Peilungen oder andere Messungen ausführen und dabei **stilliegen:** die roten Signale an der für die Durchfahrt nicht freien Seite, die grünen Signale an der freien Seite

Ankerlieger, deren Anker die Schiffahrt gefährden können:
Kennzeichnung des Ankers durch einen gelben Döpper

Kennzeichnung von Fischernetzen oder Fischereigeräten

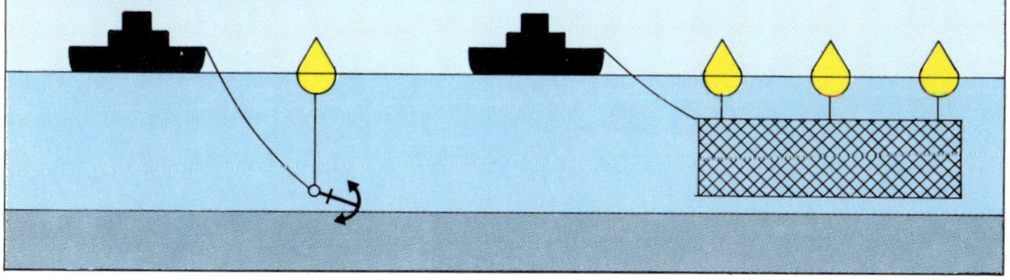

Schwimmende Geräte bei der Arbeit, wenn sie gegen Sog oder Wellenschlag geschützt werden müssen, dazu **festgefahrene** und **gesunkene Fahrzeuge:** Rote Flagge an der für die Durchfahrt verbotenen Seite, rot/weiße Flagge an der für die Durchfahrt freien Seite

Tagzeichen nach der BinSchStrO.

▬ ▬ *Notsignal*
wiederholte Töne

Gruppen von Glockenschlägen

Geraten Schiffe mit explosiven, brennbaren, giftigen oder radioaktiven Stoffen in eine gefährliche Situation, und droht entsprechende Gefahr, so wird das aus einer Folge von kurzen und langen Tönen bestehende *Bleib-weg-Signal* gegeben.

● ▬ ● ▬ *Bleib-weg-Signal*
fortlaufend
mindestens
15 Minuten lang

Wichtig für jeden Segelsurfer: Das Beherrschen der Wasserverkehrsregeln. Hier muß z. B. das Motorboot allen Surfern ausweichen. Der rote Surfer hat den Wind von Stb, er hat Vorfahrt vor den beiden anderen, die den Wind von Bb haben.

Schiffahrtszeichen

Ähnlich wie unser Straßenverkehr mit Hilfe von vielerlei Verkehrsschildern und Lichtern geregelt wird, wird auch der Wasserverkehr auf den Schiffahrtsstraßen durch solche Zeichen (= *Schiffahrtszeichen*) in die richtigen Bahnen geleitet.
Man unterscheidet:

- *Gebotszeichen:* Rotumrandete Vierecke mit einem schwarzen Symbol in der Mitte.
- *Verbotszeichen:* Vorwiegend rotumrandete Vierecke mit einem schwarzen Symbol und schrägem rotem Querstrich.
- *Hinweiszeichen:* Vorwiegend blau mit einem weißen Symbol in der Mitte.

Rote Lichter oder Flaggen drücken ein Verbot aus, grüne Lichter (bzw. ein grün-weiß-grünes Schild) bedeuten als Hinweiszeichen eine Erlaubnis, und gelbe Zeichen haben empfehlenden Charakter (empfohlene Durchfahrtsöffnung). Die Zeichen, die für Sie als Surfer eine Bedeutung haben können, nachdem Sie Ihren Sport ja auch auf einer Binnenschiffahrtsstraße ausüben dürfen, ersehen Sie aus unserer Abbildung.

Die Schiffahrtszeichen, die Sie als Surfer auf einer Binnenschiffahrtsstraße kennen müssen:

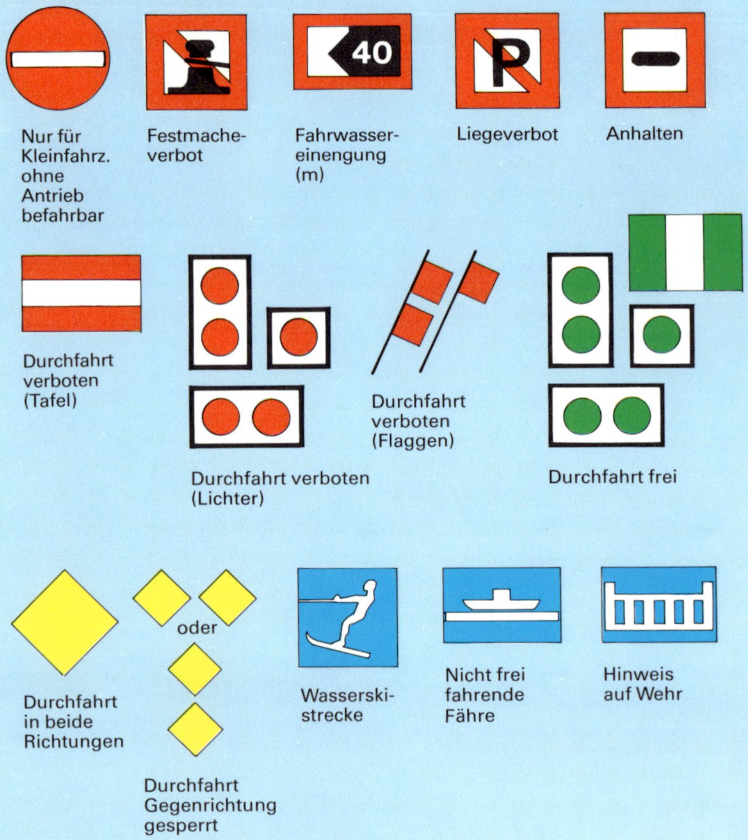

Spezielle Verbots- und Hinweiszeichen für Segler und Segelsurfer:
1 = Fahrverbot für Segelfahrzeuge,
2 = Verbot des Segelsurfens,
3 = Fahrerlaubnis für Segelfahrzeuge,
4 = Erlaubnis zum Segelsurfen.
Nachdem ein Segelsurfbrett als Segelfahrzeug gilt, betreffen die beiden Zeichen für Segelfahrzeuge (1 und 3) auch einen Segelsurfer!

Fahrwasser-bezeichnung

Ein *Fahrwasser* ist der Teil einer Wasserstraße, der den örtlichen Umständen nach vom durchgehenden Schiffsverkehr benutzt wird. Eine *Fahrrinne* ist der Teil des Fahrwassers, in dem für den durchgehenden Schiffsverkehr bestimmte Breiten und Tiefen vorhanden sind, deren Erhaltung angestrebt wird. Für Fahrwasser und Fahrrinnen sind bestimmte Kennzeichnungen und Begrenzungen vorgesehen, wobei sich auf den Binnenwasserstraßen »rechts« und »links« auf die Richtung »Talfahrt« (= stromabwärts) bezieht.

- **Rechte Seite:** Rote Betonnung, roter Zylinder als mögliches Toppzeichen. Bei Hindernissen, Abzweigung, Einmündung und Hafeneinfahrt rot-weiße Farbe und roter Zylinder als Toppzeichen.
- **Linke Seite:** Grüne Betonnung, grüner Kegel (Spitze oben) als mögliches Toppzeichen. Bei Hindernissen, Abzweigung, Einmündung und Hafeneinfahrt grün-weiße Farbe und grüner Kegel (Spitze oben) als Toppzeichen.
- **Spaltung:** Rot-grün waagerecht gestreifte Betonnung, rot-grün waagerecht gestreifter Ball

Bezeichnung der Fahrrinne:

Linke Seite

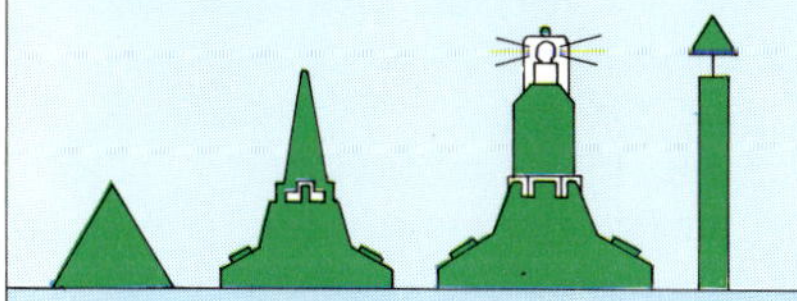

Farbe: grün
Form: Spitztonne (auch Leuchttonne), Schwimmstange
Toppzeichen (wenn vorhanden): grüner Kegel – Spitze oben –
Feuer (wenn vorhanden): grünes Taktfeuer (in der Regel mit Radarreflektor)

Spaltung

Farbe: rot-grün waagerecht gestreift
Form: Kugeltonne (auch Leuchttonne), Schwimmstange
Toppzeichen (wenn vorhanden): rot-grün waagerecht gestreifter Ball
Feuer (wenn vorhanden): weißes Funkel- oder Gleichtaktfeuer (in der Regel mit Radarreflektor)

Rechte Seite

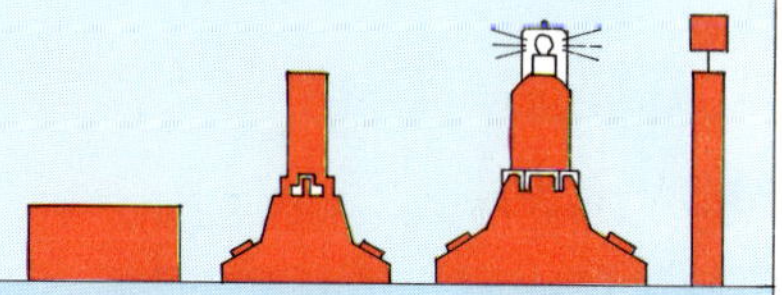

Farbe: rot
Form: Stumpftonne (auch Leuchttonne), Schwimmstange
Toppzeichen (wenn vorhanden): roter Zylinder
Feuer (wenn vorhanden): rotes Taktfeuer (in der Regel mit Radarreflektor)

Bezeichnung von Hindernissen in oder an der Wasserstraße:

Linke Seite

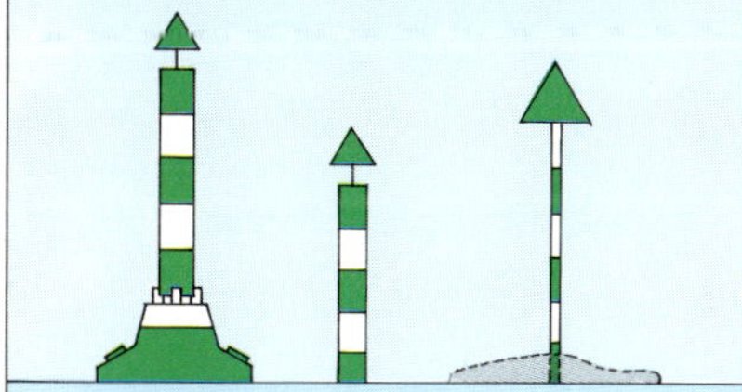

Farbe: grün-weiß gestreift
Form: Spierentonne (auch Leuchttonne), Schwimmstange oder feste Stange
Toppzeichen: grüner Kegel – Spitze oben –
Feuer (wenn vorhanden): grünes Taktfeuer (in der Regel mit Radarreflektor)

Spaltung

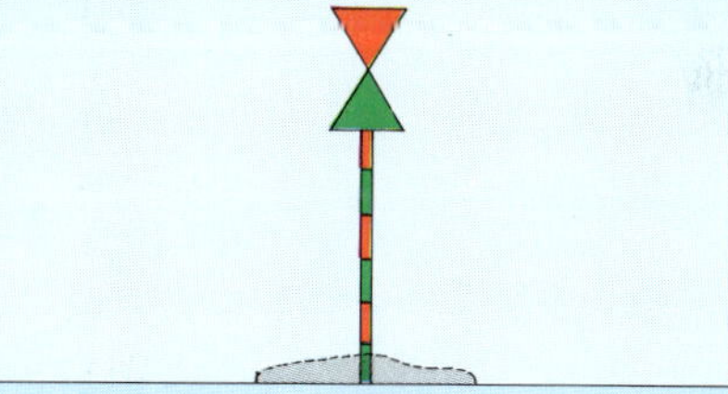

Farbe: rot-grün
Form: Stange mit Toppzeichen
Toppzeichen: roter Kegel – Spitze unten – über grünem Kegel – Spitze oben –
Feuer (wenn vorhanden): weißes Funkel- oder Gleichtaktfeuer

Rechte Seite

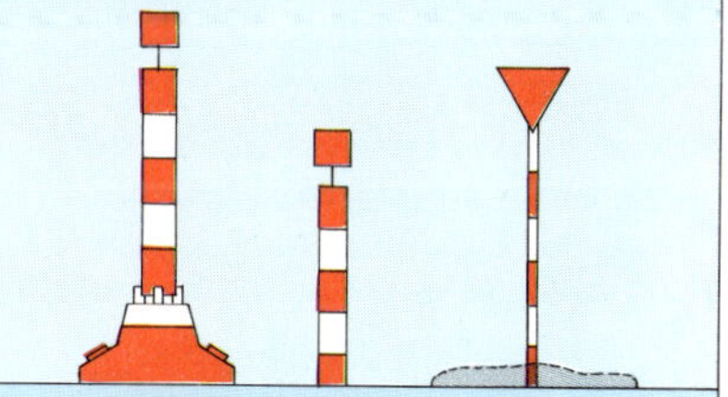

Farbe: rot-weiß waagerecht gestreift
Form: Spierentonne (auch Leuchttonne), Schwimmstange oder feste Stange
Toppzeichen: roter Zylinder, bei fester Stange roter Kegel – Spitze unten –
Feuer (wenn vorhanden): rotes Taktfeuer (in der Regel mit Radarreflektor)

als mögliches Toppzeichen. Bei Hindernissen rot-grüne Stange mit rotem Kegel (Spitze unten) über grünem Kegel (Spitze oben) als Toppzeichen.

Mit einem Segelsurfbrett ist zwar das Fahren auf den Binnenschiffahrtsstraßen erlaubt (im Gegensatz zu den Seeschiffahrtstraßen!) – die von der Berufsschiffahrt benutzten Bereiche sind jedoch zu meiden!

Fahr- und Ausweichregeln

1. Bei Nacht und unsichtigem Wetter besteht für **Segelsurfer** allgemeines Surfverbot!

2. Sportfahrzeuge – also auch Segelsurfer – müssen folgende für **alle Fahrzeuge** geltenden Fahrregeln beachten:

- Begegnen oder Überholen ist nur gestattet, wenn das Fahrwasser ausreichend breit ist.
- Überholmanöver dürfen erst begonnen werden, wenn die gefahrlose Ausführung sichergestellt ist.
- Kurs und Geschwindigkeit dürfen nicht so geändert werden, daß die Gefahr eines Zusammenstoßes entsteht.

3. Für **Kleinfahrzeuge** – also auch Segelsurfer – gelten außerdem noch besondere Fahrregeln:

- Kleinfahrzeuge müssen Großfahrzeugen ausweichen.
- Kleinfahrzeuge mit Maschinenantrieb müssen anderen Kleinfahrzeugen ausweichen.
- Kleinfahrzeuge ohne Maschinenantrieb (z.B. Ruderboote) müssen den unter Segel fahrenden Kleinfahrzeugen ausweichen.

4. Segelnde Kleinfahrzeuge – also auch Segelsurfer – müssen untereinander wie folgt ausweichen:

- Wenn sie den Wind nicht von derselben Seite haben, müssen das Segelboot und der Surfer, die den Wind von Backbord haben, dem anderen ausweichen (also: »Backbordbug vor Steuerbordbug«).
- Wenn sie den Wind von derselben Seite haben, müssen der luvseitige Segler oder Surfer dem leeseitigen Segelfahrzeug ausweichen (also: »Lee vor Luv«).
- Wenn ein Fahrzeug mit Wind von Backbord ein Fahrzeug in Luv sichtet und nicht mit Sicherheit feststellen kann, ob das andere Fahrzeug den Wind von Bb oder von Stb hat, muß es dem anderen ausweichen. (Siehe auch Abb. S. 116.)
- Das Überholen muß auf der Luvseite erfolgen.

Spezieller Hinweis: Die Regelung, daß ein Ruderboot einem Fahrzeug unter Segel ausweichen muß, halten wir für problematisch, da bei Wind ein Surfer einem Ruderer weit überlegen ist. Seien Sie als Surfer also fair und weichen einem Ruderboot freiwillig aus!

Seestraßenordnung und Seeschiffahrtstraßen-Ordnung

Verkehrsvorschriften und Geltungsbereich

Wie zu Beginn der Gesetzeskunde schon erwähnt, gelten auf den Wasserflächen im deutschen Küstenbereich – genau gesagt auf den deutschen Seeschiffahrtstraßen – zwei Verordnungen: die *Seestraßenordnung* (SeeStrO) und die *Seeschiffahrtstraßen-Ordnung* (SeeSchStrO).
Die Seestraßenordnung ist international und gilt auf hoher See. Sie gilt zwar auch in den Hoheitsgewässern der Bundesrepublik, da aber ihre Bestimmungen für die deutschen Seeschiffahrtstraßen nicht ganz ausreichen, tritt dazu noch die nationale Vorschrift, nämlich die Seeschiffahrtstraßen-Ordnung, in Kraft.

Die SeeSchStrO ergänzt die Vorschriften der SeeStrO, wobei sie auf den deutschen Küstengewässern Vorrang hat, sofern sie zu einer Bestimmung der SeeStrO in Widerspruch steht. Innerhalb der Fahrwasser gilt die SeeSchStrO.

Zusätzlich zur SeeSchStrO sind gegebenenfalls auch die *Bekanntmachungen der Wasser- und Schiffahrtsdirektionen (WSD) Nord und Nordwest zur SeeSchStrO* zu beachten.

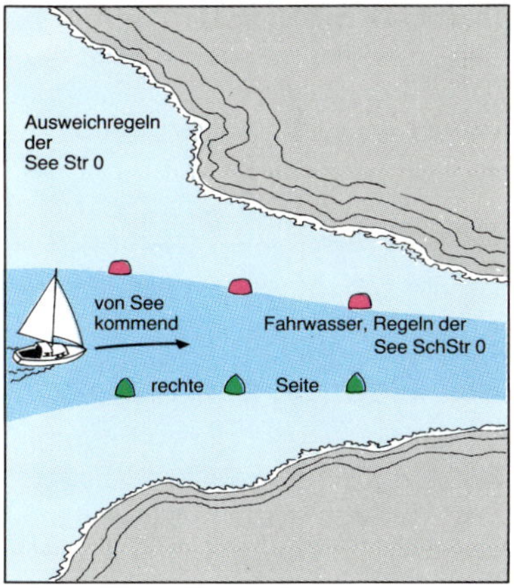

Ein von See einlaufendes Schiff hat an seiner Stb-Seite die Stb-Seite des Fahrwassers.

Die *Seeschiffahrtstraßen* sind, grob gesagt, die Wasserflächen zwischen der Küste und der 3-Seemeilen-Grenze, einschließlich Förden und Buchten sowie noch bestimmte – in § 1 der SeeSchStrO aufgeführte – Teile der angrenzenden Binnenwasserstraßen. Unter *Fahrwasser* versteht die SeeSchStrO Wasserflächen,

- die durch Seezeichen begrenzt oder gekennzeichnet sind
- oder die – soweit nicht begrenzt oder gekennzeichnet – für die durchgehende Schiffahrt bestimmt sind.

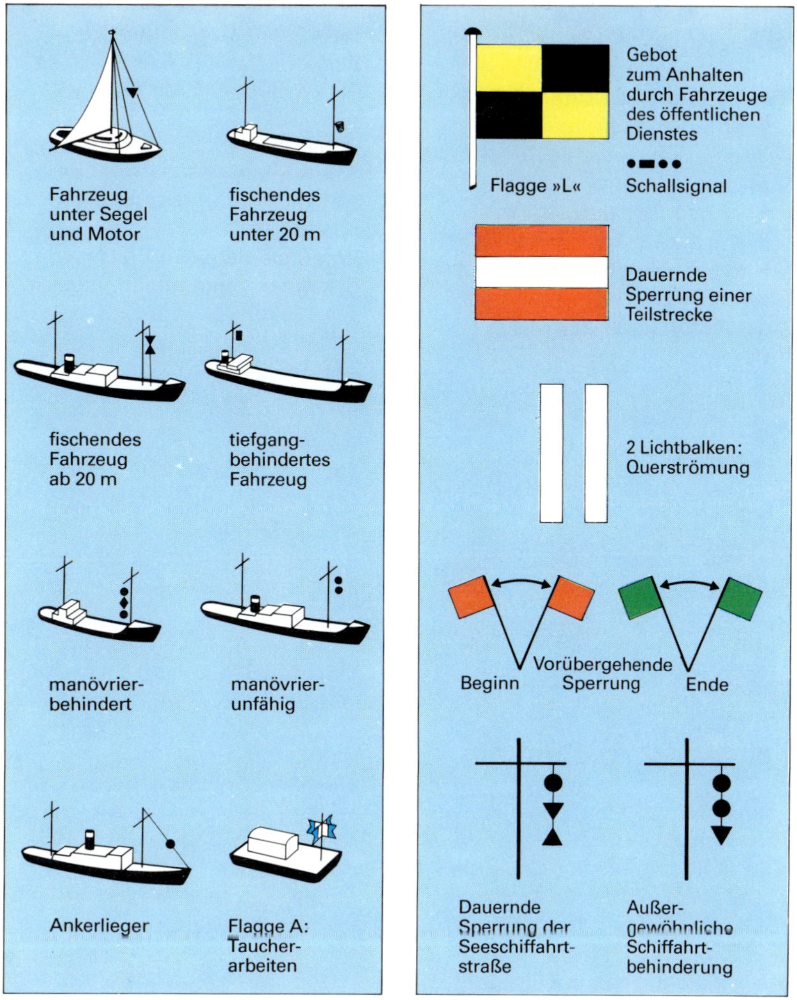

Für Segelsurfer wichtige Tagsignalkörper und Schiffahrtzeichen nach der SeeSchStrO.

Tagbezeichnungen, Schiffahrtzeichen, Schallsignale

Auch auf den Seeschiffahrtstraßen sind für bestimmte Fahrzeuge bzw. Situationen **Tagzeichen** vorgeschrieben. Bei den hierfür verwendeten Signalkörpern handelt es sich um Zylinder, Rhombus, Stundenglas, Kegel und Ball – jeweils in schwarzer Farbe. Fischereifahrzeuge verwenden auch einen Korb. Die Signale, die Ihnen als Surfer bekannt sein müssen, ersehen Sie aus unserer Abbildung. Beachten Sie dabei, daß nur das *Segelfahrzeug unter Segel und Motor* (Kegel, Spitze unten) Ihnen ausweichen muß. Allen anderen Fahrzeugen müssen Sie ausweichen!
Wichtige **Schiffahrtzeichen** haben Sie schon bei der BinSchStrO kennengelernt. Sie gelten auch auf den Seeschiffahrtstraßen.

Einige Zeichen, die Sie auf unserer Abbildung finden, müssen Sie sich aber jetzt noch dazumerken. Bei den **Schallsignalen** decken sich grundlegende Signale, wie *Achtung* (▬), *Kursänderung nach Stb* (●), *Kursänderung nach Bb* (● ●), *ich arbeite rückwärts* (● ● ●) oder *Bleib-weg-Signal* (●▬●▬ usw.) mit solchen der BinSchStrO.
Zusätzlich müssen Sie sich jetzt merken:

▬●●●● ▬●●●●	Allgemeines Gefahr- und Warnsignal

Dieses in zwei Gruppen tönende Signal dient zur Warnung,

- wenn ein Fahrzeug durch ein anderes oder es durch dieses selbst gefährdet wird.

Fahrwasserbetonnung

Fahrwasser im Küstenbereich werden nach dem *Betonnungssystem »A«* gekennzeichnet. Man unterscheidet dabei *laterale Zeichen* (Seitenbezeichnung), *Mitte-Fahrwasser-Zeichen*, *Kardinale Zeichen* (Richtungsbezeichnung), *Einzelgefahr-Zeichen*, *Sonderzeichen* und *Zeichen für Sperrgebiete*.

Laterale Zeichen

Diese Zeichen dienen der Seitenbezeichnung eines Fahrwassers, also der Backbordseite und der Steuerbordseite.
Die **Backbordseite** des Fahrwassers ist gekennzeichnet durch

- *rote* Stumpf-, Leucht- oder Spierentonnen, gegebenenfalls mit einem *roten Zylinder* als Toppzeichen. Im Watt auch Stangen mit aufwärtsgerichtetem Besen oder Pricken (*Pricke* = junges Bäumchen, oft Birke).

> Im allgemeinen hat ein von See kommendes Fahrzeug die rechte Seite (= die Steuerbordseite) des Fahrwassers an seiner rechten Seite (= seiner Steuerbordseite).
> Bei Wattfahrwassern hat ein aus westlicher Richtung (einschließlich Nord, ausschließlich Süd) kommendes Fahrzeug die Steuerbordseite des Fahrwassers auf seiner Steuerbordseite.

Die **Steuerbordseite** ist gekennzeichnet durch

- *grüne* Spitz- oder Leuchttonnen, gegebenenfalls mit einem *grünen Kegel* (Spitze oben) als Toppzeichen. Im Watt auch Stangen mit Toppzeichen oder abwärtsgerichtetem Besen.

Sind die Zeichen numeriert, tragen sie an der Stb-Seite eines Fahrwassers, von See beginnend, fortlaufende ungerade, an der Bb-Seite gerade Ziffern.

Mitte-Fahrwasser-Zeichen

Sie bezeichnen die Mitte eines Fahrwassers, zudem können sie als Ansteuerungszeichen ausliegen. Es handelt sich um

- *rot-weiß* senkrecht gestreifte Kugel-, Leucht-, Spierentonnen oder Stangen (Stangen evtl. auch ohne Farbe), gegebenenfalls mit einem *roten Ball* als Toppzeichen (bei Spierentonne und Stange immer Toppzeichen!).

Kardinale Zeichen

Diese Zeichen markieren *allgemeine Gefahrenstellen*, z. B. Untiefen, Wracks oder sonstige Hindernisse. Sie werden in Verbindung mit den Kompaßrichtungen verwendet und geben an, in welcher Richtung, von der Gefahrenstelle her gesehen, die günstigste Passierseite liegt. Das Gebiet um die Gefahrenstelle ist dazu in vier Quadranten aufgeteilt, und die Betonnung erfolgt nördlich, östlich, südlich oder westlich dieser Stelle. Die Zeichen sind immer *schwarz* und *gelb* waagerecht verschieden unterteilt und tragen verschieden angeordnete schwarze *Doppelkegel* als Toppzeichen:

- Norden: Schwarz über gelb, beide Spitzen oben.
- Osten: Schwarz-gelb-schwarz, Spitzen auseinander.
- Süden: Gelb über schwarz, beide Spitzen unten.
- Westen: Gelb-schwarz-gelb, Spitzen zueinander.

> **Merkregel:** Den Tonnenanstrich kann man sich an Hand der Spitzen der Toppzeichen merken: die Spitzen zeigen immer zum Schwarz.

Einzelgefahr-Zeichen

Auf eine Gefahrenstelle, die eine geringere Ausdehnung hat und an allen Seiten passiert werden kann, wird durch ein Einzelgefahr-Zeichen aufmerksam gemacht. Es handelt sich um

- *schwarze* Leucht-, Baken-, Spierentonnen oder Stangen mit einem breiten waagerechten *roten Band*. Toppzeichen: *zwei schwarze Bälle* übereinander.

Backbordseite des Fahrwassers

Fahrwassermitte

Steuerbordseite des Fahrwassers

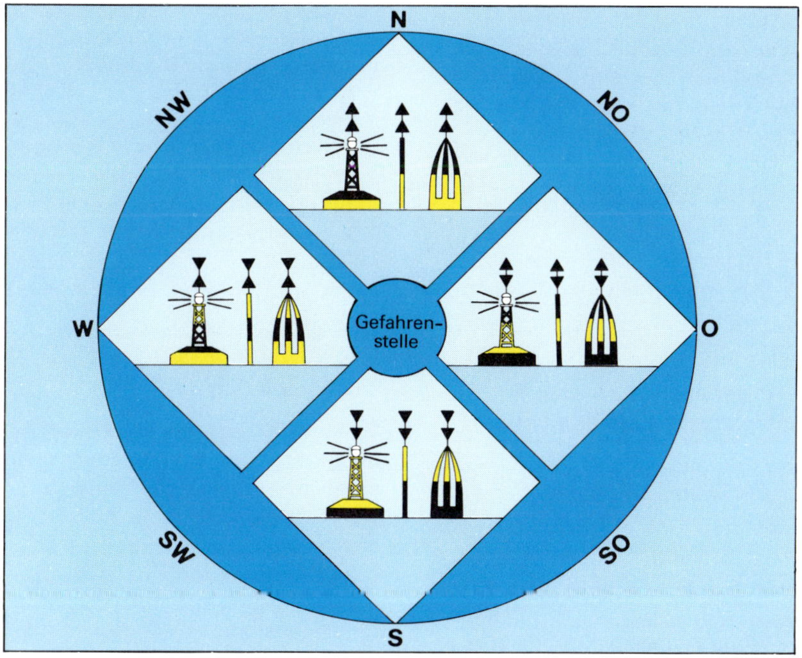

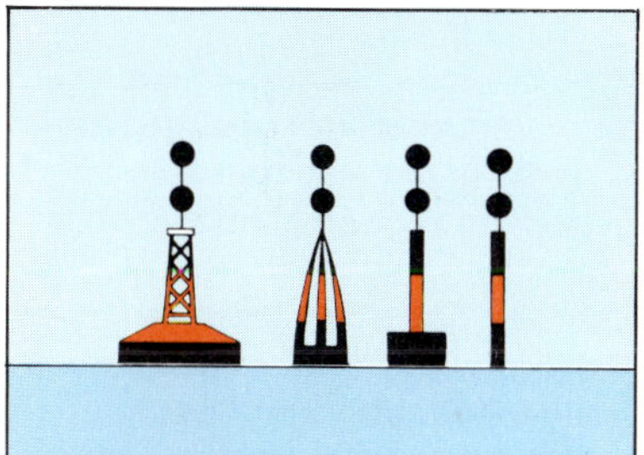

Einzelgefahrenstelle

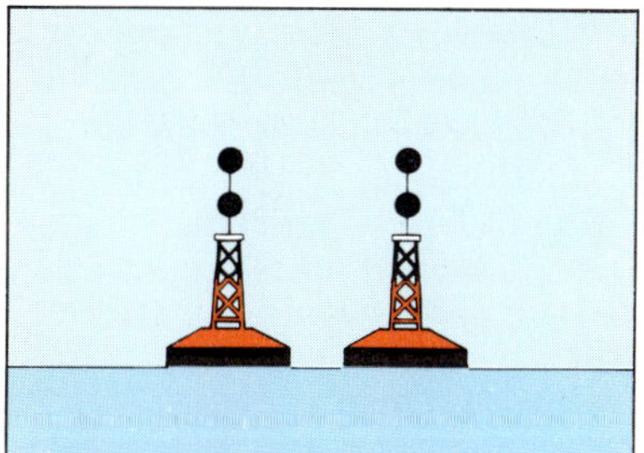

Neue Gefahrenstelle

Besondere Gebiete und Stellen

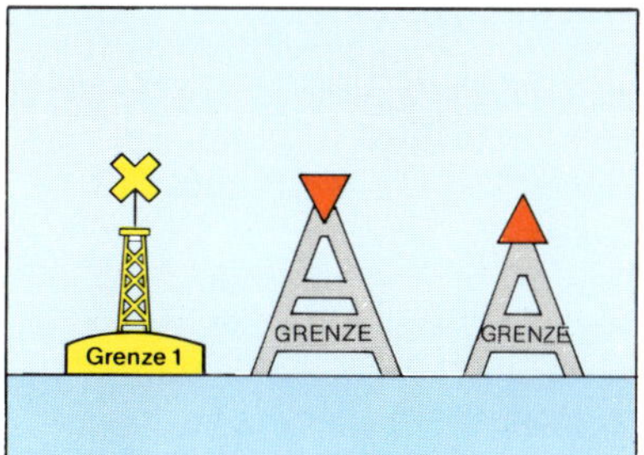

Grenze zur DDR

Sperrgebiet (militärisch oder zivil)

Bei *neuen Gefahrenstellen* verwendet man wegen der besonderen Umstände ein solches Zeichen (bzw. auch ein kardinales Zeichen) jeweils doppelt.

Sonderzeichen
Sonderzeichen dienen als Markierung besonderer Gebiete oder Stellen (z. B. militärische Übungsgebiete, Baggerschüttstellen, Rohrleitungen, Grenze zur DDR). Es handelt sich um

- *gelbe* Faß-, Leucht-, Spierentonnen oder Stangen, gegebenenfalls mit einem *gelben liegenden Kreuz* als Toppzeichen.

Zeichen für Sperrgebiete
Die Grenzen von Sperrgebieten (militärisch oder zivil) werden durch folgende Tonnen mit der schwarzen Aufschrift »Sperrgebiet« oder »Sperr-G.« bezeichnet:

- *Gelbe* Faß- oder Leuchttonnen mit einem – von oben gesehen – rechtwinkligen *roten Kreuz*, oder Stangen mit einem breiten *roten Band*. Gegebenenfalls Toppzeichen (bei Stangen immer): *gelbes liegendes Kreuz*.

Fahrregeln

Merken Sie sich gleich als erstes eine für Sie sehr wichtige Regel der Seeschiffahrtstraßen-Ordnung:

> Im Fahrwasser ist das Surfen verboten!

Genau lauten die einschlägigen Bestimmungen dazu (§ 31 der SeeSchStrO):

»(3) Das Fahren mit einem Segelsurfbrett ist verboten
1. im Fahrwasser mit Ausnahme der von der Strom- und Schifffahrtpolizeibehörde bekanntgemachten Fahrwasser,
2. außerhalb des Fahrwassers auf den von der Strom- und Schifffahrtpolizeibehörde bekanntgemachten Wasserflächen.«

Liest man wir zum Punkt 2 dieser Regel in der *Bekanntmachung der Wasser- und Schiffahrtsdirektion Nord zur SeeSchStrO* nach, so findet man hier eine genauere Erläuterung bzw. ein weiteres Sie betreffendes Verbot:

> In den Bereichen bis 200 m vor Hafeneinfahrten, vor Anlegestellen und Liegestellen sowie auf Reeden ist das Segelsurfen verboten.

Der genannte § 31 spricht noch ein weiteres Surfverbot aus:

> Bei Nacht und verminderter Sicht ist das Surfen verboten!

Der genaue Wortlaut (§ 31 (4)): »Auf den freien Wasserflächen darf bei Nacht, bei verminderter Sicht und während der von der Strom- und Schiffahrtpolizeibehörde bekanntgemachten Zeiten nicht Wasserski gelaufen oder mit einem Segelsurfbrett gefahren werden.«
Wie hat sich ein Surfer gegenüber Badenden und Schwimmern zu verhalten? Auch wenn darüber die SeeSchStrO keine direkte Regel enthält, so ist diesbezüglich doch eine klare Aussage aus § 3 Abs. 1 »Grundregeln für das Verhalten im Verkehr« abzuleiten. Dort heißt es: »Jeder Verkehrsteilnehmer hat sich so zu verhalten, daß die Sicherheit und Leichtigkeit des Verkehrs gewährleistet ist und daß kein anderer geschädigt, gefährdet oder mehr, als nach den Umständen unvermeidbar, behindert oder belästigt wird. Er hat insbesondere die Vorsichtsmaßregeln zu beachten, die Seemannsbrauch oder besondere Umstände des Falles erfordern«.
Also kurz gesagt:

> Surfen Sie nicht in der Nähe von Badenden, denn diese dürfen weder gefährdet noch behindert oder belästigt werden.

Nun die Sie betreffenden Fahr- und Ausweichregeln der Seestraßenordnung:

1. Ausführung der Manöver: Jedes Manöver zur Vermeidung eines Zusammenstoßes muß, wenn es die Umstände zulassen, entschlossen, rechtzeitig und so ausgeführt werden, wie gute Seemannschaft es erfordert. Zu dieser guten Seemannschaft gehört z. B., daß man das Manöver auch deutlich fährt und – sofern man nicht wendet und wegdreht – hinter dem Heck des anderen, ohne ihn zu behindern, passiert.

2. Ausweichpflichtiger und Kurshalter: Zu unterscheiden ist zwischen einem *ausweichpflichtigen* Fahrzeug und dem *Kurshalter*. Der Ausweichpflichtige muß möglichst frühzeitig und durchgreifend handeln, um sich gut klar zu halten. Der Kurshalter dagegen muß Kurs und Geschwindigkeit beibehalten. Der Kurshalter darf jedoch zur Abwendung eines Zusammenstoßes selbst manövrieren, sobald klar wird, daß der Ausweichpflichtige nicht angemessen nach diesen Regeln handelt.

3. Maschinenfahrzeug und Surfer: Nach der Gesetzgebung muß ein Maschinenfahrzeug (= jede Art von Wasserfahrzeug mit Maschinenantrieb) einem Segelfahrzeug – also auch einem Segelsurfbrett – ausweichen.

Halten Sie sich aber unbedingt frei von der Großschifffahrt, die nicht so schnell manövrierfähig ist, und die Sie als Surfer leicht übersehen kann!

4. Segelfahrzeuge untereinander: Es gelten zunächst genau die gleichen Grundregeln, die Sie von der BinSchStrO oder einer Landesverordnung her kennen. Zur Erinnerung in Kurzfassung:

- Fahrzeug mit Wind von Stb vor solchem mit Wind von Bb.
- Lee vor Luv.

Dazu kommt auch noch folgende Regelung: Wenn jemand auf Steuerbordbug ein Fahrzeug in Luv sichtet und nicht mit Sicherheit feststellen kann, auf welchem Bug dieses segelt, muß er dem anderen ausweichen.

5. Überholen: Jedes Fahrzeug muß beim Überholen dem anderen ausweichen. Eine spezielle Überholseite ist dabei nicht vorgeschrieben. Ist nicht sicher zu erkennen, ob man ein anderes Fahrzeug überholt, so muß man dies annehmen und entsprechend handeln.

6. Segelfahrzeug und andere Fahrzeuge: Ein Segelfahrzeug in Fahrt muß ausweichen:

- einem manövrierunfähigen Fahrzeug
- einem manövrierbehinderten Fahrzeug
- einem fischenden Fahrzeug
- einem tiefgangbehinderten Fahrzeug (hier heißt die Regel genau: »Jedes Fahrzeug mit Ausnahme eines manövrierunfähigen oder manövrierbehinderten muß, sofern die Umstände es zulassen, vermeiden, die sichere Durchfahrt eines tiefgangbehinderten Fahrzeugs zu behindern).

7. Enge Fahrwasser: Ein innerhalb eines engen Fahrwassers oder einer Fahrrinne fahrendes Schiff hat Vorfahrt. Ein Queren ist dann verboten, wenn dadurch die Durchfahrt eines Fahrzeugs behindert wird, das nur innerhalb eines solchen Fahrwassers oder einer solchen Fahrrinne sicher fahren kann.

8. Verkehrstrennungsgebiete: Bei Verkehrstrennungsgebieten handelt es sich um eine Art von »Autobahnen« auf See, um durch Trennlinien oder Trennzonen in Einbahnwege geteilte Schiffahrtswege, auf denen nur in Fahrtrichtung rechts gefahren werden darf. In der Seekarte ist ein solches Gebiet durch Verkehrsrichtungspfeile und Trennzone deutlich markiert. Wenn Sie aber aus irgendeinem Grund ein solches Gebiet nicht ganz meiden können, dann beachten sie die folgenden für Sie zutreffenden Verhaltensregeln:

Als Surfer sollten Sie ein Verkehrstrennungsgebiet oder seine Nähe unbedingt meiden. Es herrscht hier »Autobahnverkehr«, der für Sie gefährlich ist!

- Das Queren von Einbahnwegen ist soweit wie möglich zu vermeiden; ist man jedoch zum Queren gezwungen, so muß dies möglichst im rechten Winkel zur allgemeinen Verkehrsrichtung erfolgen.
- Außer beim Queren oder beim Einlaufen in einen Einbahnweg oder beim Verlassen eines Einbahnweges darf ein Fahrzeug in der Regel nicht in eine Trennzone einlaufen oder eine Trennlinie überfahren (Ausnahme in Notfällen zur Abwendung einer unmittelbaren Gefahr).
- Ein Fahrzeug, das ein Verkehrstrennungsgebiet nicht benutzt, muß von diesem einen möglichst großen Abstand halten.
- Ein Fahrzeug von weniger als 20 m Länge oder ein Segelfahrzeug darf die sichere Durchfahrt eines Maschinenfahrzeuges auf dem Einbahnweg nicht behindern.

Auf den folgenden Abbildungen finden Sie nochmal wichtige Fahrregeln der SeeStrO zusammengefaßt.

Beachten Sie, daß das Ausweichen früher, als hier dargestellt, erfolgen muß!

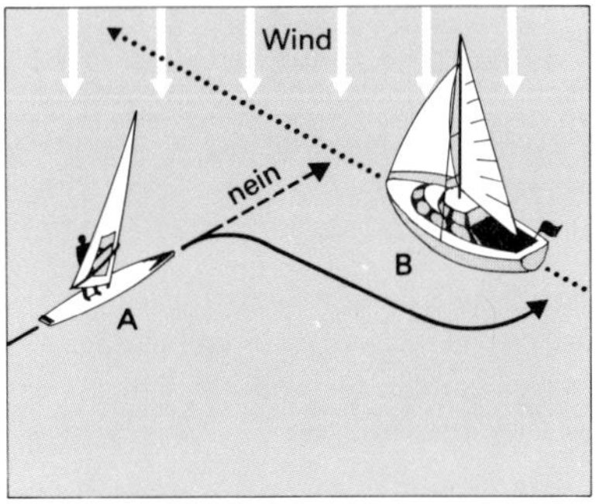

A hat den Wind von Backbord und muß ausweichen.

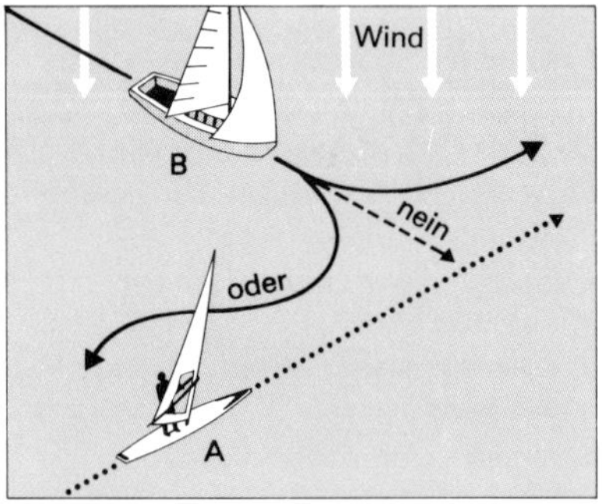

A und B haben den Wind von derselben Seite, B ist das luvwärtige Boot und muß ausweichen.

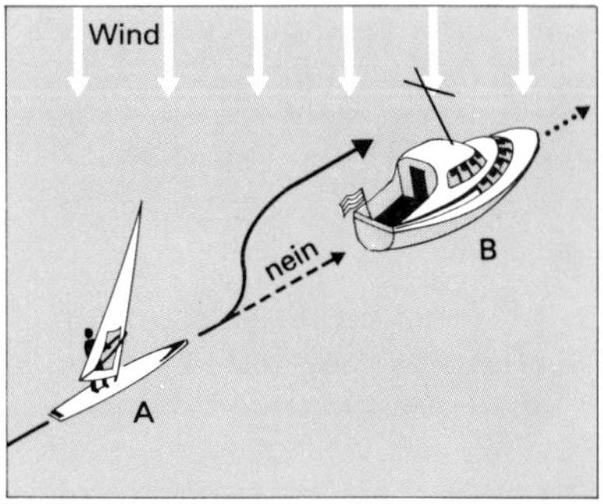

A ist überholendes Fahrzeug und muß ausweichen. Dies gilt unabhängig von der Antriebsart.

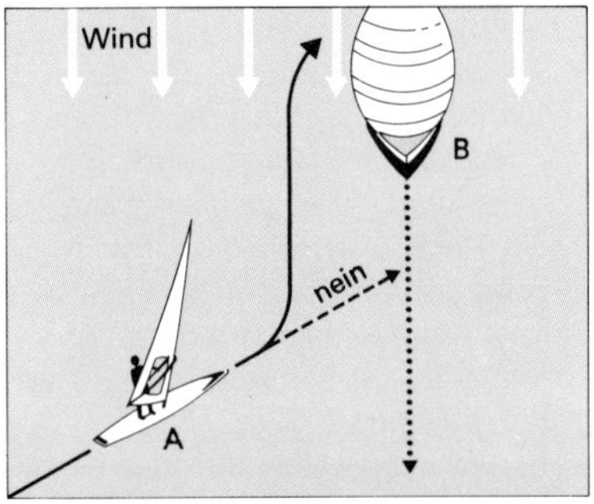

A hat den Wind von Backbord, es kann aber bei der Luvyacht nicht mit Sicherheit feststellen, ob sie den Wind von Bb oder Stb hat. A muß daher ausweichen.

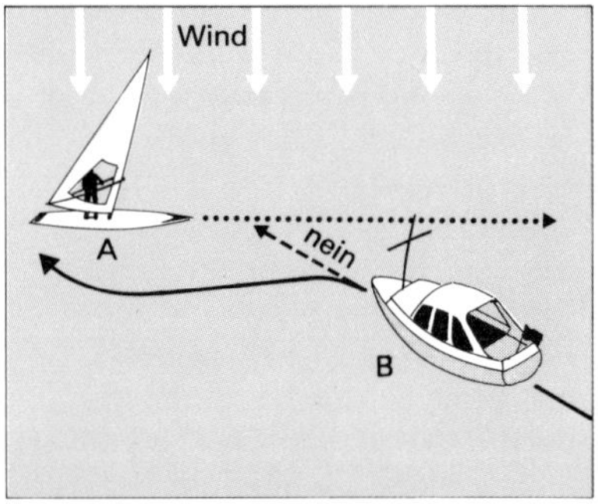

B ist Maschinenfahrzeug und muß dem Segelfahrzeug A ausweichen.

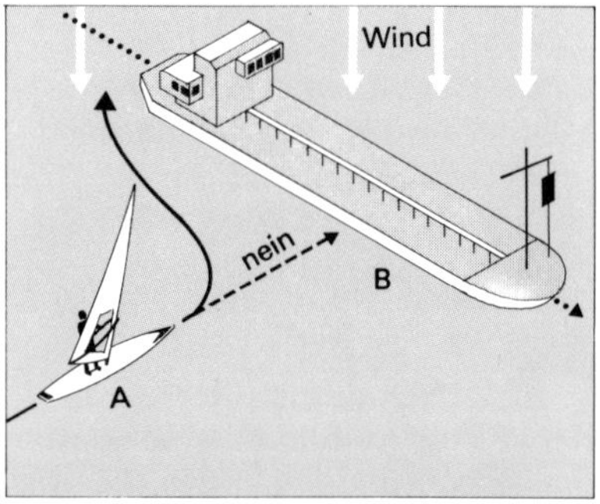

B ist ein tiefgangbehindertes Fahrzeug. A muß vermeiden, dessen sichere Durchfahrt zu behindern und somit ausweichen.

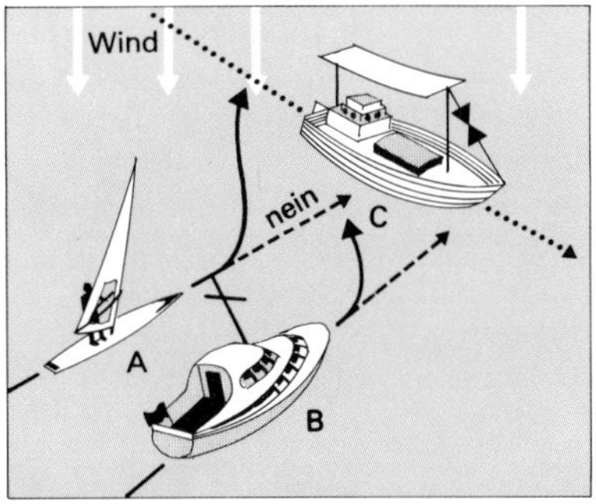

C ist fischendes Fahrzeug. Das Maschinenfahrzeug B und das Segelfahrzeug A müssen ausweichen.

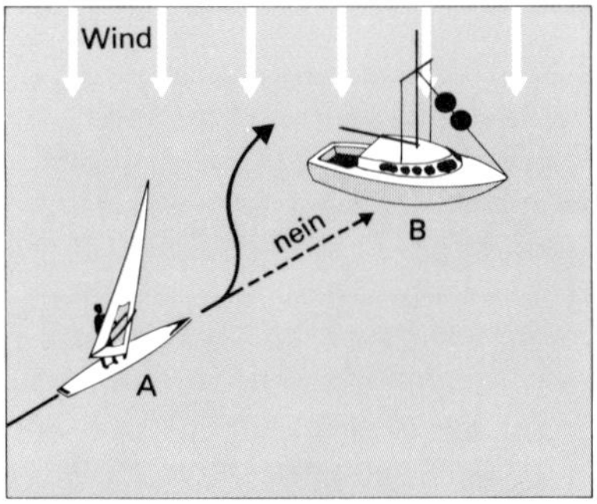

A (Motor- oder Segelfahrzeug) muß dem manövrierunfähigen Fahrzeug B ausweichen.

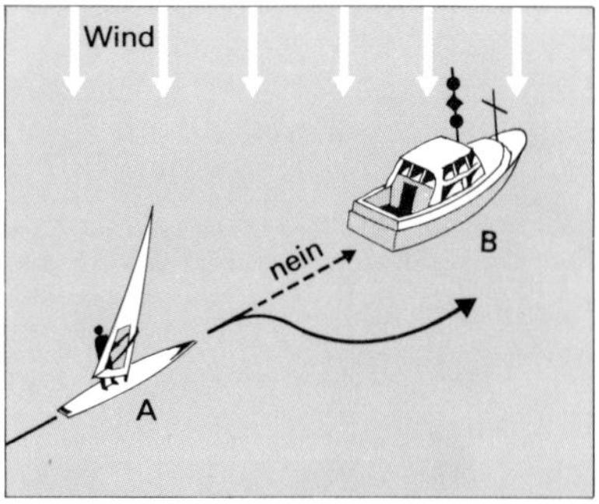

A muß dem manövrierbehinderten Fahrzeug B ausweichen.

3. Ausblick in die Fortgeschrittenen-Technik

Wichtige Manöver und Techniken

Die Manöver für den Grundschein (siehe 1. Teil des Buches) bilden das Grundgerüst für den Segelsurfanfänger. Beherrscht er diese Fertigkeiten, vollzieht sich unbewußt und ohne erkennbare Einschnitte der Wandel vom Anfänger zum Fortgeschrittenen. Der Wunsch, stärkeren Wind und Welle zu meistern, höhere Geschwindigkeiten zu erreichen oder Manöver schneller und flüssiger durchzuführen, verlangt auch Änderungen an den Bewegungsabläufen. Die Grundfertigkeiten zeichnen sich aus durch bewußt einfach gehaltene Bewegungsabläufe, die Mißerfolge beim Einstieg in eine neue Sportart vermindern sollen und schnellen Lernerfolg garantieren.
Die sportliche Technik im Bereich des Fortgeschrittenen und des Könners orientiert sich an der optimalen, den äußeren Bedingungen angepaßten Ausführung der Bewegungsabläufe.
Der Ausblick in den Fortgeschrittenenbereich soll und kann keinen Überblick über alle Möglichkeiten geben, die dem Segelsurfer noch offenstehen.
Er soll helfen

- bestimmte Situationen zu meistern (Strandstart)
- bei stärkerem Wind Kraft zu sparen (Trapeztechnik)
- alle Möglichkeiten des Geräts zu nutzen (Steuern mit Brett und Rigg)
- schnelle Bewegungsabläufe zu verstehen (Wende, Halse).

Strandstart

Reviere mit brechenden Wellen im Uferbereich erlauben es nicht mehr, Rigg und Brett ins Wasser zu bringen, das Segel aufzuholen, die Grundposition einzunehmen und zu starten, wie es am Anfang des Buches beschrieben wurde. Die ständige Bewegung des Wassers und die Schubkraft der auflaufenden Wellen stören nicht nur die Erhaltung des Gleichgewichts, sondern spülen Brett und Rigg ans Ufer zurück, bevor es gelingt, auch nur das Segel aufzuholen. Der *Strandstart* ermöglicht es, ohne Segelaufholen direkt in die Fahrstellung zu gelangen und damit auch brechende Wellen zu queren.
Dieser Start ist jedoch nicht nur ein »Muß« in Brandungsrevieren, sondern bietet auch auf Binnenseen eine elegante und kraftsparende Möglichkeit, vom Ufer wegzukommen.
Günstige Voraussetzungen für die Durchführung eines Strandstarts sind

- Ufer und Ufernähe frei von Badegästen und Schwimmern
- flach abfallender Sand- oder Kiesstrand
- Windrichtung leicht auflandig, parallel zum Ufer oder leicht ablandig
- Wellenkämme parallel zum Ufer.

Solche Verhältnisse trifft man häufig am Meer an, wo Wind und Welle nicht immer die gleiche Richtung aufweisen.

> Der Strandstart darf nicht in belebten Badezonen durchgeführt werden.
> Verzichten sollte man bei auflandigem Wind oder Felsstränden.

1 An der Luvseite stehen, eine Hand am Mast, die andere am Heck.

2 Im knietiefem Wasser Brett fallen lassen, Segelhand an den Gabelbaum, dirigieren des Brettes durch Drücken oder Ziehen mit dem Rigg.

3 Masthand an den Gabelbaum, Anholen des Segels.

4 Hinteren Fuß in die Brettmitte stellen.

5 Aufrichten des Riggs, auf das Brett ziehen lassen.

6 Fahrt aufnehmen.

Hinweis:
Die folgende Beschreibung des Ablaufs eines Strandstarts bezieht sich auf ein Revier mit flach abfallendem Strand und Wind parallel zum Ufer.

Der Ablauf des Strandstarts:

- Tragen Sie Ihr Brett und Rigg in gewohnter Weise ans Ufer und befestigen Sie den Mastfuß. Das Schwert wird nach hinten geklappt. Legen Sie das Brett mit dem Bug zum Wasser zeigend ab, das Rigg in Lee des Brettes.
- Greifen Sie mit einer Hand den Mast in Nähe des Gabelbaumes und gehen Sie auf die Luvseite des Brettes. Mit der anderen Hand kippen Sie das Brett auf die Leekante und umfassen das Heck oder die Finne (Bild 1).
- Schieben Sie nun Brett und Rigg quer zu den auflaufenden Wellen ins Wasser. Ziehen Sie dabei das Rigg mit gestrecktem

Arm nach Luv; das Gewicht des Riggs liegt weitgehend auf dem Mastfuß (Bild 1).

- Erreichen Sie etwa knietiefes Wasser (Änderungen des Wasserspiegels durch Wellenbewegung beachten), lassen Sie das Brett fallen und greifen mit der freien Hand an den Gabelbaum, ohne das Segel anzuholen. Das Rigg ist schräg Richtung Heck und nach Luv geneigt (Bild 2).
- Halten Sie nun das Brett im rechten Winkel zur Welle, indem Sie mit Hilfe des Riggs gegen den Mastfuß drücken oder ziehen und dadurch ein Abfallen oder Anluven erreichen (Bild 2).

> Drückt man mit dem Rigg gegen den Mastfuß, dreht der Bug nach Lee, das Brett fällt ab.
> Zieht man, dreht der Bug nach Luv, das Brett luvt an.

Das Drücken oder Ziehen mit dem Rigg erreichen Sie durch kleine Schritte in Richtung Bug (= Drücken) oder Heck (= Ziehen).

> **Wichtig:** Das Dirigieren des Brettes mit dem Rigg gelingt nur, solange Sie hinter der Brettmitte stehen.

- Beobachten Sie während des Dirigierens des Brettes auch die ankommenden Wellen. In einer Folge kleinerer Wellen greifen Sie mit der Masthand auf den Gabelbaum und holen das Segel an. Eine Steuerung des Brettes ist nunmehr auch in bekannter Weise durch Neigung des Riggs in Verlängerung der Segelsehne nach Luv (abfallen) oder Lee (anluven) möglich. Neigen Sie weiterhin das Rigg heckwärts, um den Segeldruck gering zu halten (Bild 3).
- Stellen Sie nun den hinteren Fuß in die Brettmitte (Bild 4).
- Richten Sie das Rigg durch Strecken der Arme auf, lassen Sie sich durch den wachsenden Segeldruck auf das Brett ziehen (Bild 5) und nehmen Fahrt auf (Bild 6).

Hinweis: Der Strandstart gelingt am leichtesten, wenn der Wind parallel zur Uferlinie weht.
Dies ermöglicht einen günstigen Halbwindstart. Je auflandiger der Wind bläst, desto schwieriger wird der Strandstart, da man im spitzen Winkel zur Welle starten muß. Dabei wird das Brett leicht quer gestellt und von den Wellen in Richtung Ufer versetzt.

Anlanden:
Richtiges Verhalten beim Erreichen des Ufers ist ebenso bedeutend wie ein gekonnter Strandstart. Die von unerfahrenen Surfern unterschätzte Schubkraft der Wellen gefährdet nicht nur das Material, sondern unter Umständen auch die Gesundheit von Personen.

Beachten Sie:
- Fieren Sie rechtzeitig auf, um die Fahrt zu verlangsamen.
- Steigen Sie in hüft- bis knietiefem Wasser auf der Luvseite des Brettes nach hinten ab.
- Fassen Sie mit der Segelhand unter das Heck und heben Sie das Brett an.
- Halten Sie das killende Rigg nur mit der Masthand frei über der Wasseroberfläche.
- Schieben Sie Brett und Rigg vorwärts auf das Ufer.

Masthand am Mast, Heck anheben und das Brett auf das Ufer schieben.

Trapezsurfen

Segelsurfen ist ganz sicher keine Sportart, die besonders hohe Anforderungen an die Kraft des Sportlers stellt. Eine ausgefeilte Technik, ein gefühlvoller Umgang mit der Kraft »Wind« und das *Trapez* als kraftsparende Hilfe ermöglichen auch weniger muskelbepackten Surfern und Surferinnen, starken Wind noch zu meistern. Das *Trapez* hilft nicht nur, den Spaß am Surfen ohne Ermüdung über längere Zeit zu erhalten, sondern erfüllt auch eine wichtige Sicherheitsfunktion. Auf größeren Gewässern gehört das Trapez und das »Fahrenkönnen mit Trapez« zur *Sicherheitsausrüstung* des Segelsurfers (siehe bei »Sicherheit und Gesundheit«).
Sinnvoll ist der Einsatz des Trapezes allerdings nur bei stärkerem Wind (ab 3 Bft) und entsprechendem Fahrkönnen. Voraussetzung: Das Beherrschen der richtigen Segelstellung auf allen Kursen. Ein zu frühes Verwenden dieses Hilfsmittels kann Fahrstil und Technik verderben.
Der Einsatz des Trapezes erfordert Kenntnisse über die richtige Befestigung der *Trapezleinen* und ein gezieltes Herantasten an seine Wirkung. Eine Reihe von Übungen helfen, die Scheu vor dem »dritten Arm« des Surfers zu vermeiden.

Befestigung der Trapezleinen:
Es gibt im Handel eine Reihe von Hilfen, die *Trapezleinen* zu befestigen. Alle sollen zwei Anforderungen erfüllen:

- Schonung der Gabelbaumbeschichtung.
- Leichte Lösbarkeit bzw. Verschiebbarkeit.

Zwei empfehlenswerte Lösungen:

1. Man setzt Trapezklammern aus Kunststoff auf den Gabelbaum, führt die Leinen durch zwei Bohrungen und sichert mit Achtknoten.
2. Man legt eine ausreichend lange Trapezleine (ca. 1,50 m) zweimal um den Gabelbaum und knüpft einen Achtknoten um die feste Part. Dieser *laufende Achtknoten* läßt sich auch auf dem Wasser lockern und verschieben.

Laufender Achtknoten.

Position und Länge der Trapezleinen:
Stellt man an Land das Rigg an den Wind und wandert von der gewohnten Position der Arme mit den Händen soweit zusammen, daß sie sich berühren, findet man die Stelle am Gabelbaum, an dem die Kräfte im Gleichgewicht sind. Das Rigg darf weder mit dem Mast, noch mit dem Gabelbaumende wegdrehen. Von diesem Punkt gleichweit entfernt, befestigt man in Schulterbreite die Trapezleinen. Um ein Fahren mit mittlerer Beugung der Arme bei eingehängtem Trapez zu erreichen, sollte der Durchhang der Leinen ca. der Unterarmlänge entsprechen.

Bei richtig befestigtem Trapeztampen kann das Rigg ohne Hände im Gleichgewicht gehalten werden.

Technik des Trapezfahrens:
Wie jedes Manöver sollten auch der Einsatz des Trapezes als kraftsparende Fahrhilfe mit Übungen vorbereitet und wichtige Hinweise zur Technik beachtet werden.
Auf dem Wasser (bei mittlerem Wind) und auch an Land (bei schwachem Wind) sollten geübt werden:

- Ein- und Aushängen der Trapeztampen in den Haken
- Fahrstellung mit Trapez
- Fieren und Anholen mit eingehängtem Trapez
- kleine Steuerbewegungen, im Trapez hängend
- Stürzen nach Lee und Luv (nur im Wasser).

Das **Einhängen** des Trapeztampens in den Haken erfolgt durch

Körper gestreckt, Arme leicht gebeugt, der Windkraft entgegen lehnen.

ein Heranziehen des Riggs an den Körper. Der dabei in Schwingung geratene Tampen läßt sich leicht in den Trapezhaken einhängen. Zum Aushängen wird das Rigg mit beiden Armen kurz an den Körper herangezogen, wobei der Tampen sich von alleine aus dem Haken löst.
Beim Fahren mit Trapezhilfe lehnt sich der gestreckte Körper gegen die zu haltende Windkraft. Die Arme sind leicht gebeugt, die Hände liegen dicht neben den Befestigungspunkten des Trapeztampens am Gabelbaum.
Beim **Fieren** oder **Anholen des Riggs** während des Trapezfahrens muß – um ein ungewolltes Aushängen zu vermeiden – stets der ganze Körper bei gleichbleibender Armbeugung nach vorne (= Fieren) bzw. zurückgedreht (= Anholen) werden.

Die **Steuerung mit dem Rigg** ist bei eingehängtem Trapez auf kleine Steuerbewegungen beschränkt. Dazu kann das Rigg – wiederum bei gleichbleibender Armbeugung – in mäßigem Umfang in Verlängerung der Segelsehne nach Luv oder Lee verschoben und ein geringes Anluven oder Abfallen erzielt werden. Bei größeren Steuerbewegungen hängt man sich vorher aus dem Trapeztampen aus.
Stürze, im Trapez hängend, sind mit Ausnahme von »Schleuderstürzen« (Drehsturz nach vorne) weitaus ungefährlicher als oftmals vermutet wird. Bei Stürzen nach *Luv* läßt sich, im Wasser liegend, der Trapeztampen leicht vom Haken abstreifen. Bei Drehstürzen müssen notfalls die Schnellverschlüsse der Trapezweste gelöst werden, um sich zu befreien. Beim Drehsturz und bei Stürzen nach *Lee* gilt es, mit beiden Händen den Gabelbaum festzuhalten und ihn vom Körper wegzudrükken, bis das Rigg im Wasser liegt.

Sturz nach Lee im Trapez: Mit beiden Händen den Gabelbaum wegdrücken.

Steuern mit Brett und Rigg

Im Kapitel »Brettsteuerung« auf Seite 76 wurde bereits ausgeführt, daß dem fortgeschrittenen Segelsurfer neben dem Rigg auch das Brett zum Steuern zur Verfügung steht. Dies wirkt wie auf S. 123 oben dargestellt!
Betrachtet man die »Kurve« des Brettes beim Anluven oder Abfallen, so läßt sich einfacher sagen:

- Bei Brettern mit Schwert wird die kurvenäußere Seite eingedrückt.
- Bei Brettern ohne Schwert wird die kurveninnere Seite eingedrückt.

Bei längeren Brettern mit Schwert überwiegt der Steuereinfluß des Schwertes, während bei kürzeren Brettern ohne Schwert bzw. mit vollständig versenktem Schwert die äußere Form des Brettes und die Finne für den Steuereffekt verantwortlich sind.
Bei Brettern mit kleinen oder teilversenkten Schwertern kann keine eindeutige Aussage über das Steuerverhalten gemacht werden. Abhängig von der Fahrgeschwindigkeit und dem entsprechend veränderten Lateralplan reagieren sie unterschiedlich.
In der Regel steuern wir immer **mit Brett und Rigg.** Der Steuereffekt des Brettes ist jedoch abhängig von den hydrodynamischen Kräften am Unterwasserschiff. Mit zunehmender Windstärke und damit auch steigender Fahrgeschwindigkeit nimmt die Wirkung der *Brettsteuerung* zu und überwiegt bei weitem den Effekt der *Riggsteuerung*. Bei

	Anluven	Abfallen
Bretter mit Schwert	Leekante ins Wasser drücken	Luvkante ins Wasser drücken
Bretter ohne Schwert	Luvkante ins Wasser drücken	Leekante ins Wasser drücken

In Zahlen läßt sich der jeweilige Anteil von Brett- und Riggsteuerung etwa so ausdrücken:

Fahrgeschwindigkeit	Steuerung mit dem Rigg	Steuerung mit dem Brett
gering	75% und mehr	25% und weniger
mittel	50%	50%
hoch	25% und weniger	75% und mehr

Abfallen ohne Schwert:
Bei stärkerem Wind das Körpergewicht zur Kurvenmitte hin verlagern.

schwachem Wind und damit geringerer Geschwindigkeit verhält es sich genau umgekehrt.
Auch bei starkem Wind unterscheidet sich das **Steuern mit dem Rigg** nicht von der bereits im Anfängerunterricht gelernten Technik. Wir neigen das Rigg in Verlängerung der Segelsehne nach Luv (abfallen) oder nach Lee (anluven).
Dabei ist es unerheblich, ob das Rigg aufrecht steht oder – bei stärkerem Wind – nach Luv geneigt ist. Bei starkem Wind erhöhen sich allerdings alle wirkenden Kräfte, weshalb Fehler, wie ein killendes oder zu dichtes Segel auch besonders wirksam werden.

Steuern mit dem Brett

Bretter mit Schwert:
Zum *Abfallen* setzt man nach einleitender Riggsteuerung den vorderen Fuß heckwärts an die Luvseite des Brettes. Das kurveninnere Bein ist gebeugt. Das nahezu gestreckte äußere Bein drückt die Luvkante ins Wasser. Dabei darf das Körpergewicht keinesfalls mit zur Luvseite des Brettes verlagert werden. Es bleibt über der Brettmitte oder muß bei stärkerem Wind, entgegen der nach außen ziehenden Windkraft, zur Kurvenmitte hin verlagert werden.

Abfallen mit Brett- und Riggsteuerung: Einsetzen der Luvkante bei Brett **mit** Schwert.

Abfallen mit Brett- und Riggsteuerung: Einsetzen der Leekante bei eingeklapptem Schwert.

6 Masthand an den Gabelbaum.

5 Segelhand greift den Gabelbaum, Segel anholen.

4 Mast fassen und zügig nach Luv ziehen.

Der Kurvenradius verkleinert sich umso mehr, je weiter das Körpergewicht zum Heck verlagert wird. Der vordere Teil des Brettes steigt aus dem Wasser, wodurch sich der Drehwiderstand verringert. Allerdings muß durch das Absinken des Hecks ein starker Geschwindigkeitsverlust in Kauf genommen werden. Beim *Anluven* werden gleichzeitig mit beginnender Riggsteuerung das hintere Bein heckwärts an die Leekante gesetzt und die Kante ins Wasser gedrückt.

Bretter ohne Schwert:

Abfallen:

Nach wiederum einleitender Riggsteuerung ist das hintere Bein an die Leekante des Brettes zu stellen. Das kurvenäußere Bein nahezu gestreckt, das kurveninnere Bein gebeugt, erfolgt ein Eindrücken der Leekante in das Wasser.

Auch hier bleibt bei wenig Wind das Körpergewicht über der Brettmitte. Bei stärkerem Wind ist eine Verlagerung zur Kurvenmitte hin notwendig, um nicht von der Windkraft nach außen gezogen zu werden.

Wichtig: Die Riggsteuerung darf durch die Brettsteuerung nicht ungünstig beeinflußt werden. Falsche Segelstellung hebt den Steuereffekt des Brettes oftmals wieder auf.

Zum *Anluven* wird mit beginnender Riggsteuerung das hintere Bein an die Luvkante gesetzt und die Kante eingedrückt. Das durch die Belastung erreichte Ankanten des Brettes unterstützt das Anluven.

Schiften während einer schnellen Halse.

Schnelle Halse

3 Masthand nahe am Mast, Segelhand lösen.

Die *schnelle Halse* ist das wohl häufigste Manöver auf Funboards. Doch auch auf Allround und Allroundfunboards gilt die gekonnte Halse als ein flüssiges, schnelles Manöver, dessen Beherrschung viel Spaß macht.

Bewegungsablauf:

- Fallen Sie ab mit Hilfe von Brett- und Riggsteuerung, bis das Brett über den Vorwindkurs hinaus, auf neuem Raumwind- oder Halbwindkurs fährt (Bild 1).
- Lassen Sie das Segel während des Abfallens unverändert im richtigen Anstellwinkel zum Wind, bis der Vorwindkurs erreicht wird. Dreht nun das Brett weiter auf den neuen Raumwind- oder Halbwindkurs zeigt das Schothorn nach Luv, und das Segel wird nicht mehr vom Vorliek, sondern vom Achterliek her angeströmt. Sie fahren »Schothorn voraus« (Bild 2).
- Nach kurzer Fahrt »Schothorn voraus« ändern Sie die Fußstellung entsprechend dem neuen Kurs (Bild 2).

2 »Schothorn voraus«, die Fußstellung dem neuen Kurs anpassen.

- Nun kann das Segel geschiftet werden: Sie rutschen mit der Masthand näher an den Mast, und lösen die Segelhand vom Gabelbaum (Bild 3). Während nun der Wind das Rigg umklappen läßt, faßt die freie Hand (alte Segelhand) den Mast und zieht das Rigg zügig nach Luv (Bild 4).
- Die neue Segelhand ergreift den Gabelbaum und holt das Segel an (Bild 5).
- Nach erneuter Beschleunigung des Brettes auf neuem Bug nehmen Sie die Masthand vom Mast an den Gabelbaum (Bild 6).

1 Abfallen mit Brett- und Riggsteuerung.

Schnelle Wende

Die *schnelle Wende* hat sicher nicht das spektakuläre Aussehen einer gekonnten Halse, sie gehört jedoch zum »Pflichtprogramm« eines jeden guten Surfers.

Bewegungsablauf:

- Sie luven mit Hilfe von Brett- und Riggsteuerung an.
- Während des Anluvens greift die Masthand unterhalb des Gabelbaumes an den Mast (Bild 1). Das vordere Bein stellen Sie bugwärts dicht vor den Mast, den Fuß in die geplante Drehrichtung des Körpers vorgedreht (Bild 2).
- Das Segel dichthaltend, luven Sie weiter an, bis der Bug **durch** den Wind gedreht hat. Das Segel ist jetzt über das Heck gezogen (*»überzogenes Segel«* – Bild 3).
- Nach kurzem Anholen, stoßen Sie sich vom hinteren Fuß ab und lösen die Segelhand vom Gabelbaum (Bild 3).
- Während nun die Segelhand an den Mast greift (Wechsel der Hand am Mast) drehen Sie sich mit zwei kleinen Schritten um den Mast herum auf die andere Brettseite (Bild 4).
- Noch während der Körperdrehung zieht die neue Masthand das Rigg energisch nach Luv. Die hintere Hand (neue Segelhand) greift an den Gabelbaum (Bild 5).
- Das vordere Bein steht vor dem Mast, das hintere heckwärts vom Mast (Bild 5).
- Den Körper nach hinten und Luv lehnend, holen Sie das Segel an (Bild 5).
- Mit dem Anfahren fallen Sie ab auf Amwindkurs, nehmen den vorderen Fuß in die entsprechende Position hinter den Mast und legen die Masthand auf den Gabelbaum (Bild 6).

6 Abfallen auf Amwindkurs, vorderen Fuß hinter den Mast, Masthand an den Gabelbaum.

5 Masthand zieht das Rigg nach Luv, Segel anholen.

4 Mit kleinen Schritten um den Mast gehen, wechseln der Hand am Mast.

1 Während des Anluvens Masthand an den Mast.

2 Vorderen Fuß dicht vor den Mast stellen.

3 Segel überzogen, abstoßen vom hinteren Fuß, Segelhand lösen.

Mit dem Segel-Lehrplan auf Erfolgskurs

Segel-Lehrplan
Diese umfassende Lehrplan-Serie in 7 Einzelbänden erscheint in enger Zusammenarbeit mit dem Deutschen Segler-Verband.
Kompetente Fachleute auf dem Gebiet des Segelunterrichts fassen alles zusammen, was über Technik und Theorie, Ausrüstung und Ausbildung für alle Bereiche des Segelsports theoretisch bekannt ist und in der Praxis gelehrt wird. Durch die bewährte Kombination von Text, Foto und Grafik entsteht ein informativ-anschauliches Lehrplan-Programm.

Uli Finckh
Segel-Lehrplan 1: Jüngstensegeln
Durch spielerisches Üben zu Grundlagen des Segelns und Beherrschung des Bootes: Grundwissen zum Nachschlagen und Selbstlernen.
104 Seiten, 62 Fotos, 69 zweifarbige Zeichnungen

Toni Bäurle/Roland Denk
Segel-Lehrplan 2: Grundschule
Grundlagenwissen, Grundsegelfertigkeiten und -techniken, ohne Ballast für den Anfänger ausführlich dargestellt.
142 Seiten, 127 Fotos, 79 zweifarbige Zeichnungen, 2 Bildserien

Roland Denk
Segel-Lehrplan 3: Führerscheine A + R
Segelschule bis zu den Führerscheinen für Binnenfahrt (A) und Revierfahrt (R) mit allen Prüfungsfragen.
3., völlig neubearbeitete Auflage, 166 Seiten, 105 Fotos, 209 Zeichnungen, mit Prüfungsfragen-Beiheft: 36 Seiten, 53 Zeichnungen

Roland Denk
Segel-Lehrplan 4: Führerschein BR mit Sportboot-Führerschein
Prüfungsstoff zu Navigation, Seemannschaft, Rechtskunde und Wetterkunde
2., völlig neubearbeitete Auflage (Neuausgabe), 163 Seiten, 40 Fotos, 283 Zeichnungen, mit Prüfungsfragen-Beiheft: 36 Seiten, 88 farbige und 38 s/w-Zeichnungen, 20 farbige Seekarten

Uwe Minge
Segel-Lehrplan 5: Führerschein BK + C mit Sportseeschiffer-/Sporthochseeschifferzeugnis
Erstmals in einem Band: der gesamte Prüfungsstoff für die Führerscheine BK (Große Küstenfahrt) und C (Seefahrt).
190 Seiten, 165 zweifarbige und 29 s/w-Zeichnungen

Toni Bäurle/Roland Denk/Gerd Keglmaier
Segel-Lehrplan 6: Segelsurfschein mit Grundschein
Alle wesentlichen Aspekte des Segelsurfsports, basierend auf dem DSV-Lernzielkatalog, unter Berücksichtigung der aktuellen Situation im Führerscheinwesen.
128 Seiten, 54 Farbfotos, 42 s/w-Fotos, 132 Zeichnungen, mit Prüfungsfragen-Beiheft: 24 Seiten

Uli Finckh
Segel-Lehrplan 7: Regattasegeln
Segeltechnik, Bootsbeherrschung, Taktik, Sicherheit, Trainingsmethoden, Wettfahrt, Organisation.
191 Seiten, 14 Fotos, 256 Zeichnungen

In unserem Verlagsprogramm finden Sie Bücher zu folgenden Sachgebieten:
Garten und Zimmerpflanzen · Natur · Haus- und Heimtiere · Angeln, Jagd, Waffen · Sport und Fitness · Wandern und Alpinismus · Auto und Motorrad · Essen und Trinken, Gesundheit · Basteln, Handarbeiten, Werken.
Wünschen Sie Informationen, so schreiben Sie bitte an:
BLV Verlagsgesellschaft, Postfach 400320, 8000 München 40

BLV Verlagsgesellschaft München